마인드맵으로 술술 풀어 가는 용어 사전 사회편

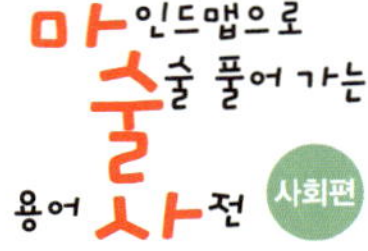

초판 1쇄 발행 2012년 9월 14일

지은이   김지혜, 서효진, 김은주, 오세라

펴낸이   김선기
펴낸곳   (주)푸른길
출판등록번호   제16-1292호
출판등록일자   1996년 4월 12일
주소   (137-060) 서울시 서초구 방배동 1001-9 우진빌딩 3층
전화   02-523-2907
팩스   02-523-2951
홈페이지   www.purungil.co.kr
이메일   pur456@kornet.net

ISBN 978-89-6291-206-7 43300

이 도서의 국립중앙도서관 출판시도서목록(CIP)은 e-CIP홈페이지(http://www.nl.go.kr/ecip)와 국가자료공동목록시스템
(http://www.nl.go.kr/kolisnet)에서 이용하실 수 있습니다.(CIP제어번호: CIP2012003948)
책값은 뒤표지에 있습니다.

지은이 　김지혜 · 서효진 · 김은주 · 오세라
기획·감수 　이두현
　　　　　전국사회과교과연구회
　　　　　두리쌤사회과교육연구소

푸른길

머리말

사회 변동과 정보 교류의 속도가 빨라짐에 따라 하루에도 수많은 용어와 개념이 탄생하고 사라집니다. 언제 어디서든 정보에 접속할 수 있는 기회가 많은 요즘 아이들은 온라인 공간에서 탄생하는 신조어에 매우 익숙합니다. 예를 들면 우리가 먹는 것으로만 아는 '갈비'는 '갈수록 비호감'이라는 뜻으로도 쓰입니다. 이들과 '통맹'(소통할 줄 모르는 사람)인 나는 매년 신조어 사전을 검색해 읽어야 어느 정도 뜻을 파악할 수 있게 되었습니다. 이는 아이들 세대가 정보를 얻는 곳이 주로 이슈가 된 검색어가 강조되는 온라인 포털 공간에 집중되어 있고, 이러한 온라인 공간은 쉽게 공유되기 때문입니다. 이로 인해 온라인 공간에서 이슈가 되지 않은 용어나 개념은 매우 낯설어 합니다.

이러한 우리 아이들이 경제·사회·문화·정치·법 현상의 '근간'을 이해하기 위해서는 온라인 공간을 통해 이루어지는 가십성 이슈를 넘어, 현상이 표출되기까지의 과정을 학습하고 해당 현상을 분석할 수 있는 정도의 안목을 갖게 하는 것이 필요합니다. 이에 중등 교육 과정을 분석하여 필요한 용어·개념·원리·이론을 추출하고, 이들을 검색이 용이한 사전의 형태로 만들기로 했습니다. 그러나 온라인 공간에서 신조어 습득에 익숙한 아이들에게 시중의 답답한 백과사전식으로 기술된 용어 사전은 내용 습득에 어려움을 주므로, 아이들의 흥미와 이해를 돕기 위해 주변 개념과의 연계성을 한눈에 볼 수 있는 마인드맵으로 그 용어가 지니는 위상과 맥락을 확인하는 방법을 고안하였습니다.

　이 책의 특징은 이렇습니다. 첫째, 마인드맵을 활용하여 전체 구조를 파악하고 용어가 전체 구조의 어떠한 위치에 있는지 파악할 수 있도록 하였습니다. 둘째, 한자와 원어를 제공함으로써 그 용어의 의미를 알 수 있도록 하였습니다. 셋째, 용어의 설명을 기존의 백과사전과는 달리 이해하기 쉽게 풀어 썼습니다. 넷째, 선생님들의 티칭 노하우가 축적된 팁을 쉬운 표현으로 제공하였습니다.

　한편 이 책을 통해 보다 많은 사람들이 사회 현상 관련 용어에 대해 좀 더 쉽게 접근할 수 있기를 바랍니다. 자녀를 둔 학부모님도 아이들의 학습 과정을 지켜만 보는 것이 아니라 함께 읽는다면 사회 현상 전반에 걸쳐 더욱 풍부한 소양을 갖출 수 있을 것입니다. 이 책은 국민 기본 소양으로서의 교육 과정에 기초하여 경제 · 사회 · 문화 · 정치 · 법 전반에 걸친 용어를 쉽게 풀어 제공하고 있으므로 단순한 참고서의 성격을 뛰어넘습니다. 다시 말하면 학습 도서이자 일반인이 교양을 쌓고 넓히는 과정에도 도움을 줄 수 있도록 만들어진 일반 교양서로서의 성격을 동시에 지니고 있습니다.

　한 장 한 장 넘기며 새로운 용어와 마인드맵을 통해 사회 현상의 의미를 이해하는 것뿐만 아니라, 사회 현상을 분석할 수 있는 관점과 안목이 형성되어 가는 과정의 즐거움을 느낄 수 있기를 기대합니다.

　연구 결과를 토대로 쉽게 쓰여질 것이라 생각했으나 집필을 시작한 후 3년이라는 긴 시간이 흐르게 되었습니다. 어려운 과정 속에서 기획과 출판에 도움을 주신 이두현 선생님, 집필하는 데 함께 노력해 주신 김지혜, 김은주, 오세라 선생님, 이 책이 출판되기까지 하나하나 신경 써 주신 푸른길 출판사 김선기 사장님과 염교희 부장님께 감사를 표하는 바입니다.

저자　서효진

CONTENTS

차례

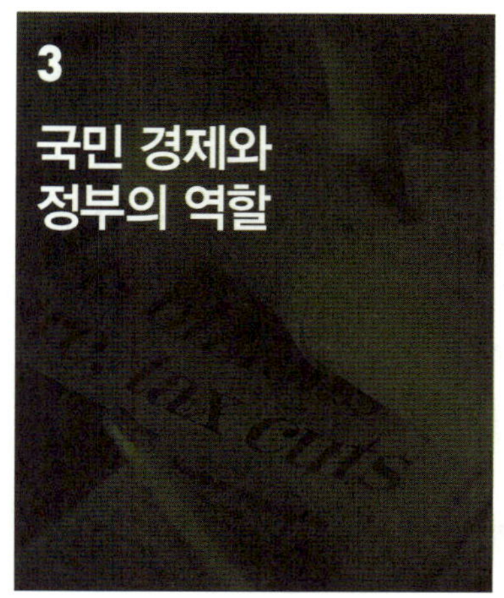

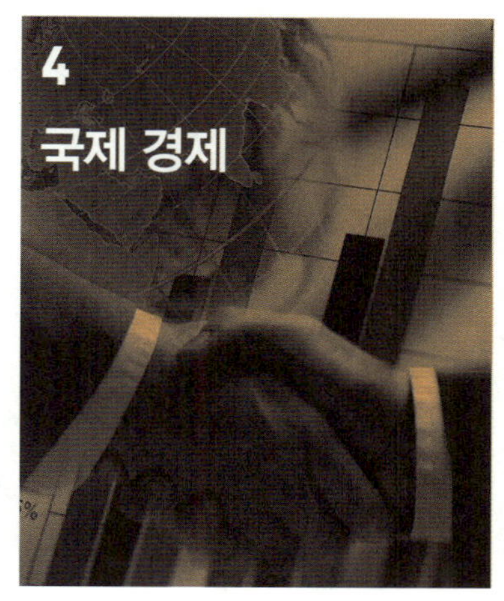

CONTENTS

차례

5 사회·문화 현상

6 개인 생활과 사회 구조

CONTENTS

차례

9

현대 사회와 사회 변동

10

민주주의와 정치

11 정치 과정과 참여

12 우리나라의 민주 정치

CONTENTS

15 국제 정치와 법

1장

경제생활과 경제 문제의 발생

경제 활동

생산 요소

경제 주체

경제 객체

(자원의) 희소성

경제의 기본 문제

기회비용

합리적 선택

경제 체제

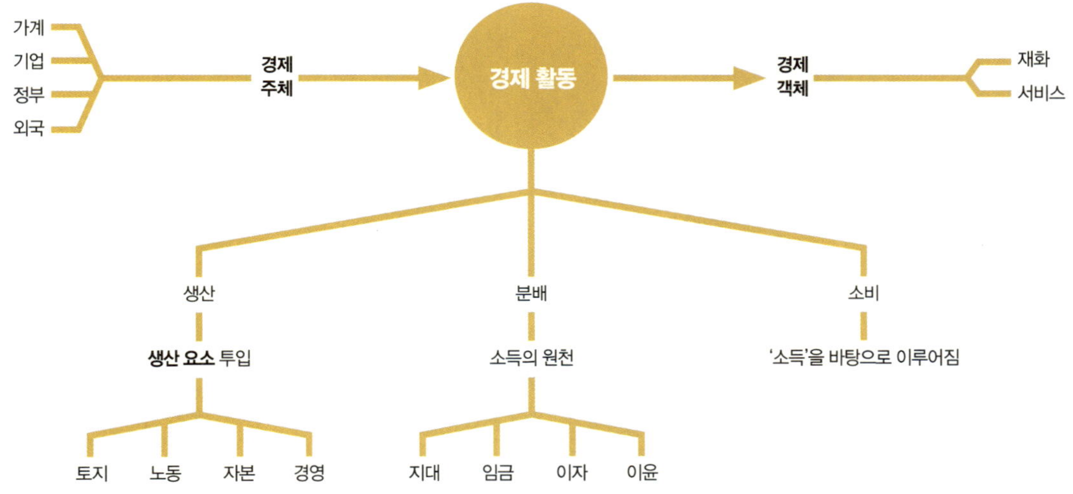

가계
기업
정부
외국
경제 주체
경제 활동
경제 객체
재화
서비스
생산
분배
소비
생산 요소 투입
소득의 원천
'소득'을 바탕으로 이루어짐
토지
노동
자본
경영
지대
임금
이자
이윤

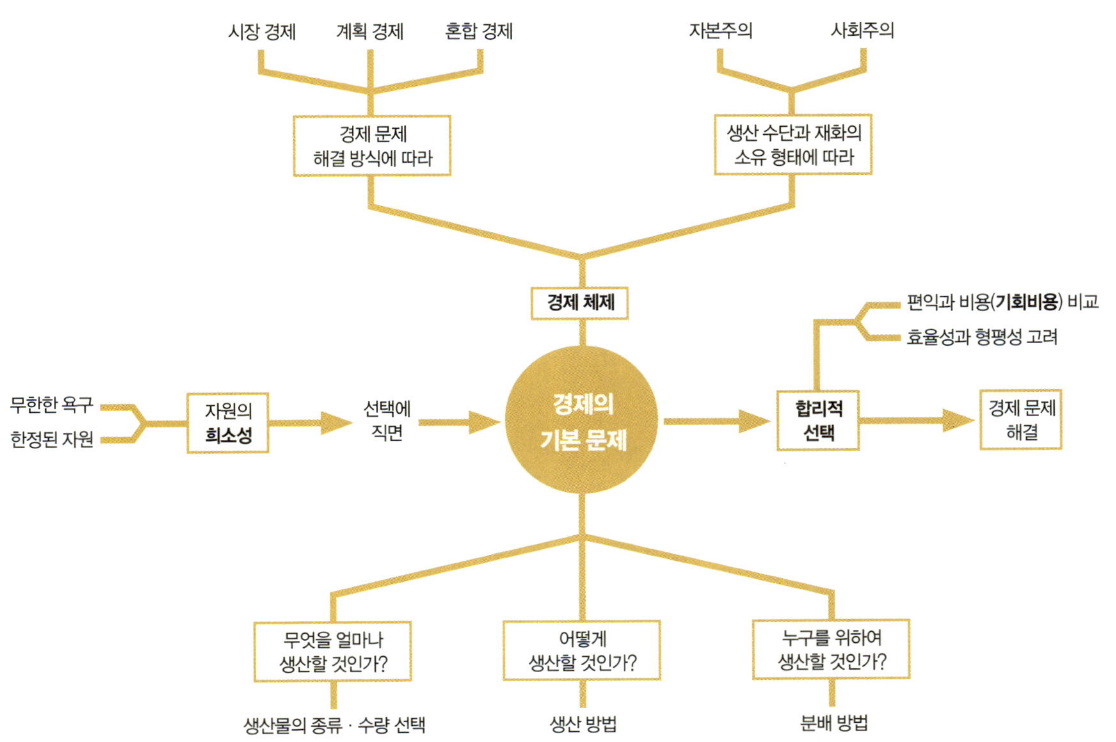

시장 경제
계획 경제
혼합 경제
자본주의
사회주의
경제 문제 해결 방식에 따라
생산 수단과 재화의 소유 형태에 따라
경제 체제
편익과 비용(기회비용) 비교
효율성과 형평성 고려
무한한 욕구
한정된 자원
자원의 희소성
선택에 직면
경제의 기본 문제
합리적 선택
경제 문제 해결
무엇을 얼마나 생산할 것인가?
어떻게 생산할 것인가?
누구를 위하여 생산할 것인가?
생산물의 종류 · 수량 선택
생산 방법
분배 방법

주제 **1**

경제 활동 〔다스릴 경 經, 구제할 제 濟, 살 활 活, 움직일 동 動〕

사람들에게 필요한 물질(재화)이나 활동(서비스)을 만들어서 나누고 사용하는 것

마인드 맵

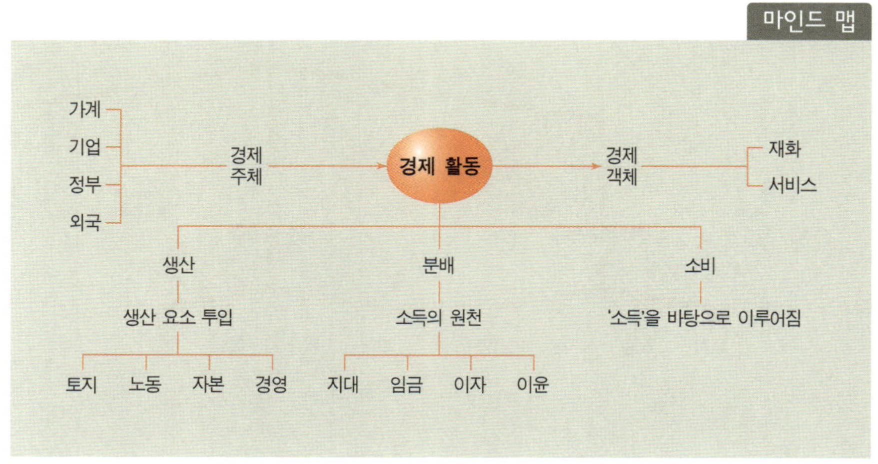

배고픔을 달래 줄 음식, 추위를 막아 줄 옷, 편안하게 쉴 수 있는 집 등 우리가 일상생활을 하기 위해서는 셀 수 없이 많은 것들이 필요하다. 이처럼 사람들의 다양한 필요를 채워 주기 위해 사용되는 물건이나 활동을 만들어서 나누고 사용하는 행위를 '경제 활동' 이라고 한다.

경제 활동의 종류

경제 활동은 크게 생산, 분배, 소비로 나눌 수 있다.

생산生産이란 사람들이 생활하는 데 필요한 것을 새롭게 만들거나 그전보다 가치를 더욱 증대시키는 활동이다. 예를 들어 자동차를 만들어 내는 것이나 빵을 굽는 것 모두 생산에 해당된다. 그뿐만 아니라 눈에 보이지는 않지만 사람들이 필요로 하는 어떤 활동을 하는 것도 생산에 해당된다. 교사가 하는 수업이라는 활동 그 자체만으로는 눈에 보이는 어떤 물건이 생기지는 않지만 결과적으로는 우리에게 필요한 지식을 얻을 수 있게 하므로 수업이라는 활동도 생산에 해당된다.

분배分配란 생산에 필요한 것들을 제공하고, 제공한 만큼 대가를 나누어 받는 활동이다. 이 대가는 소득이라고도 한다. 빵을 만들기 위해 밀가루 같은 원료를 제공한 사람은 원료비를, 노동력을 제공한 사람은 임금을, 공장의 토지를 빌려 준 사람은 지대▪를, 자본을 제공한 사람은 이자를 소득으로 나누어 받게 된다.

소비消費란 분배에서 얻은 소득을 가지고 생활에 필요한 것을 구입해서 만족감을 얻는 활동이다. 빵을 사고, 휴대 전화를 사용하고, 미용실에 가서 파마를 하고 만족을 얻는 활동이 소비에 해당된다.

▪**지대**(地代): 토지를 사용한 사람이 토지 사용의 대가로 토지 소유자에게 지급하는 금전이나 그 외의 물건

주제 **2**

생산 요소 〔날 생 生, 낳을 산 産, 중요할 요 要, 바탕 소 素〕
production factor

재화와 서비스 생산에 투입되는 경제 자원

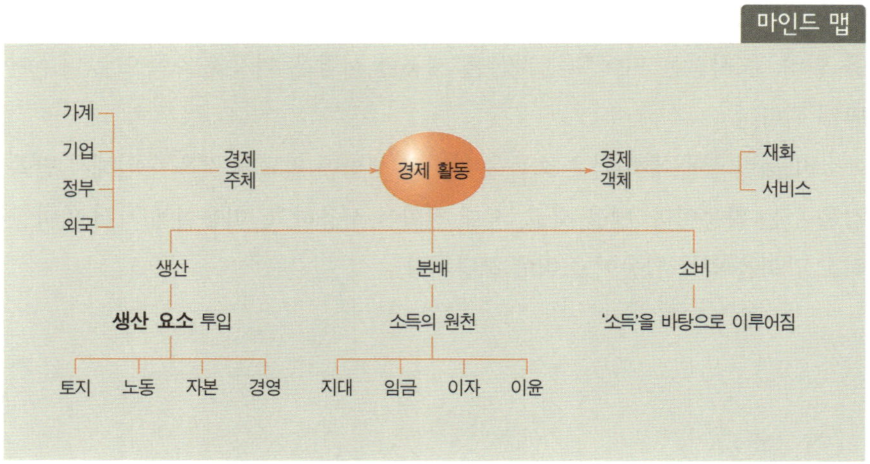

　빵 만드는 일에 누구보다도 자신이 있던 은승이는 자신만의 제과점을 차리기로 결심했다. 그런데 막상 제과점을 운영하려 하니 무엇부터 준비해야 할지 막막하기만 하다. 은승이가 제과점을 차리고 빵을 생산해 판매하기 위해서는 무엇을 준비해야 할까?

　은승이가 제과점을 차리기 위해서는 우선 가게가 있어야 하고, 빵을 구워 내는 데 필요한 각종 기계들이 필요할 것이다. 이것들이 준비가 되면 빵을 굽고 판매하는 것을 도와줄 사람들도 고용해야 한다. 이후 밀가루와 우유 등 각종 재료를 구입해야 실제 빵을 구울 수 있다. 이와 같이 은승이가 제과점을 차리고 빵을 굽는 생산 과정에서 사용되는 모든 것들을 '생산 요소'라고 한다.

4대 생산 요소

토지, 노동, 자본을 3대 생산 요소라고 하는데, 여기에 3대 생산 요소를 결합하는 능력인 '경영'을 포함시켜 4대 생산 요소라고 부르기도 한다. 생산 요소 역시 경제 자원으로 희소성■을 가지기 때문에 제공의 대가로 지대, 임금, 이자, 이윤을 얻게 된다.

① 토지(자연 자원)

땅, 하천, 지하자원 등 자연에서 얻는 생산 요소를 의미한다. 과거 농업 사회에서는 자연 자원 중에서 토지가 가장 중요한 생산 요소였다. 기술의 발달과 운송 수단의 변화 등으로 노동과 자본에 비해 점차 감소하고 있지만, 어디에 입지하느냐에 따라 이윤의 차이가 날 수 있기 때문에 여전히 중요한 생산 요소이다. 토지를 제공한 사람은 그 대가로 '지대地代'를 받는다.

② 노동(인적 자원)

생산을 하기 위해 인간이 하는 모든 정신적 · 육체적 노력을 노동이라고 한다. 사람들은 노동력을 제공한 대가로 '임금'을 받는다. 전통적 의미에서 노동이란 별다른 교육을 받지 않은 사람도 제공할 수 있는 것이라고 여겨져 왔다. 그러나 최근 정보 사회가 되면서 오랜 교육을 통해 지식과 정보의 축적을 이룬 사람만이 제공할 수 있는 노력에 대해서는 인적 자본이라는 표현을 사용한다. 이는 마치 정보나 기술이 자본을 축적하듯 시간과 돈을 투자해야 하기 때문에 붙여진 것이다. 정보 사회가 발달할수록 이와 같은 형태의 노동이 더욱 강조되고 있다.

③ 자본(물적 자원)

자본이란 크게 두 가지 의미로 나눌 수 있다. 즉 자본재실물 자본라고 하여 생산에 이용되는 기계, 건물, 원자재■와 같은 생산 수단을 지칭하기도 하고, 자본화폐 자본이라고 하여 금융 시장의 화폐, 증권, 수표 등을 의미하기도 한다. 원래 자본이란 자본재만을 의미하였으나 화폐 자본을 즉시 실물 자본으로 바꿀 수 있기 때문에 일상적으로는 이 둘을 구분하지 않는 경우가 많다. 다시 말하면 자본이란 생산에 필요한 물건을 사는 데 드는 돈, 생산 설비, 도구를 의미하는 것이다. 자본 역시 다른 자원들처럼 희소성을 가지고 있기 때문에 생산 과정에 자본을 제공할 경우 '이자'라는 대가를 받는다.

④ **경영**經營

토지, 노동, 자본을 3대 생산 요소라고 한다. 그러나 이 세 가지 생산 요소를 어떻게 결합하고 이끄느냐에 따라 효율성에 차이가 날 수 있다. 경영이란 생산 요소들을 효율적으로 결합하고 조직하는 기업가의 능력이다. 비용을 최소화하기 위해 어떤 생산 요소를 이용할지, 어떤 생산 방법을 사용할지를 시장 상황에 따라 적절히 선택하고 조합할 수 있는 기업가의 능력은 무엇보다 중요하다. 경영을 한 대가로 기업가는 판매 수입에서 임금, 지대, 이자를 제외한 나머지 부분인 '이윤'■을 얻는다.

■**이윤**(利潤): 기업의 총수입에서 임금, 지대, 이자 등을 빼고 남는 순이익.

주제 **3**

경제 주체 〔다스릴 경 經, 구제할 제 濟, 주인 주 主, 몸 체 體〕

자기의 의지와 판단에 의하여 경제 활동을 행하는 개인이나 기업, 정부, 외국

마인드 맵

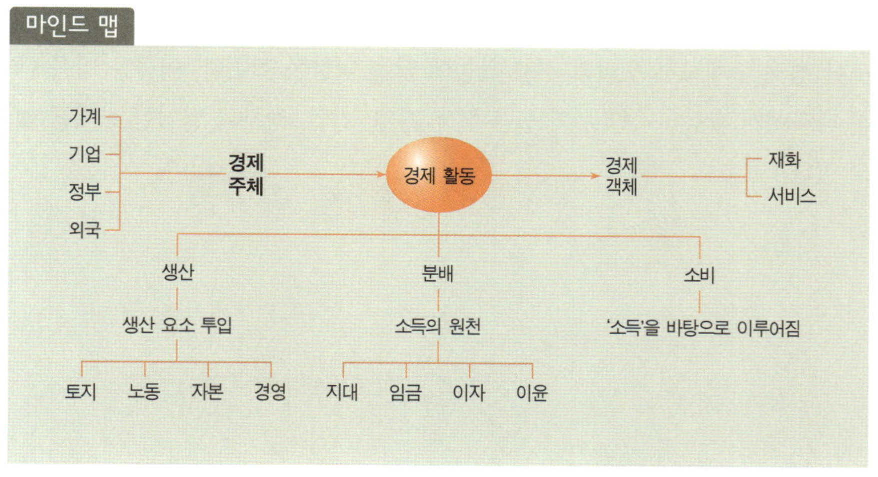

경제 활동을 하나의 연극이라고 한다면 그 연극의 주인공들을 '경제 주체'라고 한다. 그러나 경제 주체들은 연극 속 주인공들처럼 주어진 대본에 따라 움직이지 않고, 자신의 의지와 판단에 따라 주어진 상황에서 만족을 가장 극대화할 수 있는 합리적인 행동을 한다.

경제 주체의 종류

경제 주체는 크게 가계, 기업, 정부, 외국으로 나눌 수 있다.

가계는 경제 주체로서의 가정을 말하는데, 오랜 옛날부터 인간이 살아가는 데 필요한 기초적인 생산과 소비를 담당해 왔다. 오늘날에는 직접 생산을 하기보다 기업에게 생산 요소를 제공하고 그 대가로 소득을 얻어 소비 활동을

한다.

기업은 가계에서 제공한 생산 요소를 이용하여 사람들이 생활하는 데 필요한 재화와 서비스를 만들어 내는 생산 활동을 한다. 이렇게 기업이 만들어 낸 재화와 서비스는 가계가 소비한다.

정부는 가계와 기업의 경제 활동이 원활히 이어질 수 있도록 지원하는 역할을 맡은 경제의 또 다른 주인공이다. 정부는 가계와 기업으로부터 거두어들인 세금을 이용하여 국방·치안·의료·교육 등의 공공 서비스를 생산, 공급한다.

외국이란 다른 나라에서 활동하는 가계, 기업, 정부를 합하여 부르는 말이다. 오늘날은 국제적인 경제 교류가 활발하게 이루어지고 있기 때문에 '외국' 또한 경제 주체로서 우리의 경제 활동에 많은 영향을 끼친다. 이들은 비록 다른 나라에서 활동하지만 무역 등을 통해 가계, 기업, 정부와 밀접한 관계를 맺고 있다.

주제 **4**

경제 객체 〔다스릴 경 經, 구제할 제 濟, 손 객 客, 몸 체 體〕

경제 활동의 대상이 되는 물질(재화)이나 활동(서비스)

마인드 맵

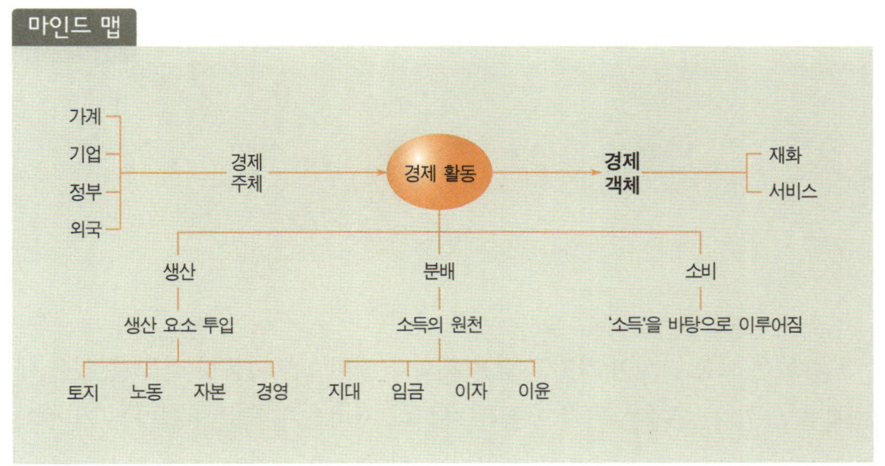

각 경제 주체들이 하는 경제 활동생산, 소비, 분배의 대상을 '경제 객체'라고 한다. 예를 들어 어머니가 요리를 하는 것에 비유하자면 요리라는 활동은 경제 활동, 어머니는 경제 주체, 음식은 경제 객체에 해당된다고 할 수 있다.

경제 객체의 종류

경제 객체는 크게 재화와 서비스로 구분된다.

재화財貨, goods란 우리가 볼 수 있는 형태를 가진 유용한 물질이다. 가방이나 음식 같은 것처럼 일상에서 만날 수 있는 많은 물건들이 바로 재화인 것이다.

서비스service란 용역■이라고도 하는데, 재화와 달리 눈에 보이는 형태는 없지만 사람에게 쓸모 있는 행위를 의미한다. 교사의 강의, 의사의 진료, 택배 기사의 제품 배달, 가수의 공연 등이 이에 해당된다.

■**용역**(쓸 용 用, 일 역 役): 유용하게 사용되는 쓸모 있는 행동.

주제 **5**

(자원의) 희소성 〔드물 희 稀, 적을 소 少, 성품 성 性〕
scarcity

사람들의 무한한 욕구에 비해 자원, 시간, 재화 등이 부족한 상태

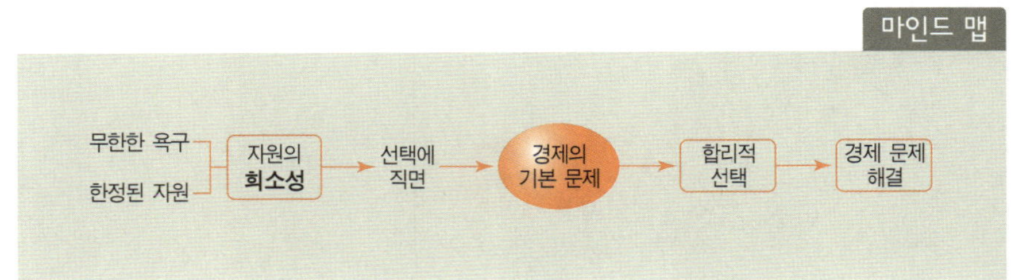

사람들은 보통 자신이 가지고 싶은 재화나 서비스를 마음껏 얻을 수 있을 때 행복을 느낀다. 문제는 가지고 싶은 재화나 서비스가 끝없이 많다는 것이다. 최신형 휴대 전화를 사면 한껏 좋다가도 더 새로운 기능을 가진 휴대 전화가 나오면 더 최신형으로 바꾸고 싶어지는 것처럼 말이다. 그러나 사람들의 욕구는 무한한 데 비해 그것을 충족시켜 줄 수 있는 자원은 늘 한정되어 있다. 사람들의 끝없는 욕구에 비해 자원은 드물고(稀: 희) 부족한(少: 소) 상태를 '희소성'이라고 한다.

희소성 때문에 사람들은 어쩔 수 없이 '선택'이라는 문제를 만나게 된다. 수많은 욕구들 중에서 어떤 욕구부터 충족시킬지 선택해야 하고, 그 욕구를 충족시키기 위해 어떤 자원을 어떻게 사용해야 할지도 선택해야 한다. 희소한 자원을 최대한 효율적으로 사용하여 욕구를 최대한 만족시킬 수 있는 선택을 찾아야 하는 것이다.

희소성에 따른 재화의 구분

재화는 희소성에 따라 경제재와 자유재로 구분되기도 한다. 재화들 중에서 희

소성이 있어서 경제적인 선택을 해야만 하는 재화를 경제재economic goods ▪라
고 한다. 반면에 희소성이 없어서 선택을 하지 않고 자유롭게 사용할 수 있는
재화를 자유재free goods ▪라고 한다.

물론 경제학에서 관심을 가지는 것은 우리 주변 재화의 대부분을 차지하는
경제재이다. 그러나 때때로 자유재가 경제재가 되기도 한다. 과거에는 공기나
물을 무한한 것으로 여겨 자유재로 분류했었다. 그러나 환경이 오염되면서 사
람들에게 필요한 깨끗한 공기와 물이 줄어들자 이들도 경제재로 여겨져 관심
의 대상이 되기도 한다.

▪ **경제재**(經濟財): 대가를
지불해야 얻을 수 있는 재
화로 책, 신발, 자전거 등이
있다.

▪ **자유재**(自由財): 무한으
로 존재하여 대가를 지불하
지 않아도 얻을 수 있는 재
화로 공기, 햇빛, 바닷물 등
이 있다.

주제 **6**

경제의 기본 문제

무엇을, 어떻게, 누구를 위해 생산할 것인가 하는 세 가지 기본적으로 해결해야 할 경제 문제

마인드 맵

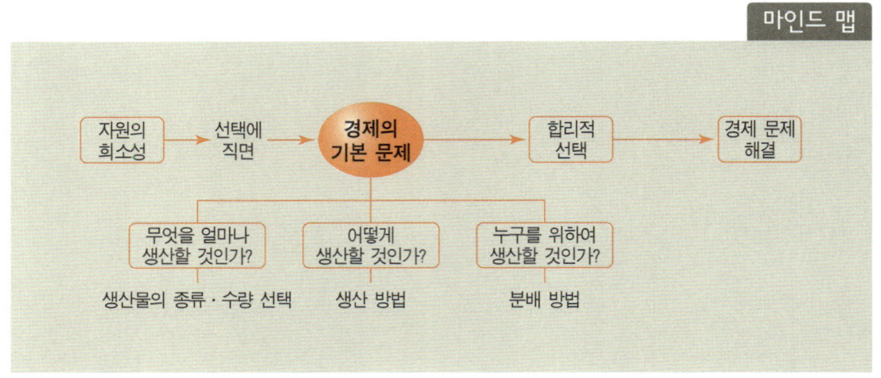

■**희소성**(稀少性): 사람들의 무한한 욕구에 비해 자원, 시간, 재화 등이 부족한 상태.

　자원의 희소성■ 때문에 가계, 기업, 정부 등의 모든 경제 주체는 항상 선택의 문제에 직면하게 된다. 모든 사회에서 경제 주체들이 만나는 기본적인 경제 문제는 크게 세 가지로 분류할 수 있다. 주어진 자원을 가지고 무엇을what, 어떻게how, 누구를 위하여for whom 생산할 것인가의 문제가 그것이다.

무엇을 얼마나 생산할 것인가?

시험 전날을 생각해 보자. 시험까지 시간은 얼마 남지 않았는데 공부해야 할 내용은 산더미이다. 시간 문제란 자원이 필요에 비해 부족한 상황, 즉 희소성 때문에 생긴 문제이다. 이 상황에서 우리는 선택을 해야 한다. 국어·영어·수학 중에서 어떤 과목을 몇 시간이나 공부할지 말이다.

　자원은 한정되어 있기 때문에 원하는 모든 것을 생산할 수는 없다. 제과점 주인은 밀가루라는 한정된 자원을 가지고 빵, 과자 중에서 무엇을 생산할지

선택해야 한다.

또 무엇을 생산할지 결정했다면 그 수량도 선택해야 한다. 1kg의 밀가루를 가지고 있다면 이 중에서 500g으로는 빵을 만들고 나머지 500g으로는 과자를 만들 수도 있고, 1kg의 밀가루 모두를 빵을 만들거나 과자를 만들 수도 있다. 경제의 기본 문제 중에서 첫 번째 문제는 결국 생산물의 종류와 그 수량을 선택하는 문제이다.

어떻게 생산할 것인가?

어떻게 생산할 것인가의 문제는 생산 방법을 선택하는 문제이다. 다시 시험 전날로 돌아가 보자. 공부하는 방법에는 여러 가지가 있을 수 있다. 종이에 내용을 써 보는 방법도 있고, 소리 내어 계속 읽어 보거나 친구와 서로 내용을 물어 보는 방법으로 공부를 할 수도 있다. 우리는 시험 전까지 얼마 남지 않은 시간 동안 최대한의 효율을 올릴 수 있는 방법을 선택하여 공부를 한다.

마찬가지로 빵을 만드는 방법에도 100% 손으로 만드는 방법, 기계로 만드는 방법 등이 있을 것이다. 제과점 주인은 이 중에서 비용을 적게 들이면서도 좀 더 맛있는 빵을 만드는 방법이 무엇인지 고민한 후 선택을 한다. 어떻게 생산할 것인가 역시 모든 경제 주체들이 직면하는 문제 중의 하나이다.

누구를 위하여 생산할 것인가? 누구에게 분배할 것인가?

누구를 위하여 생산할 것인가는 생산 활동으로 인해 발생한 생산물 및 소득을 누구에게 나누어 줄 것인가와 관련된 문제이다. 즉, 분배 방법을 선택하는 것이다. 제과점 주인이 드디어 맛있는 빵을 생산했다. 이렇게 생산된 빵을 어떤 사람에게 분배해야 하는지, 빵을 분배함으로 발생한 소득을 빵 생산에 참여한 사람들에게 어떤 방식으로 나누어 주어야 하는지가 바로 분배의 문제이다.

무엇보다 이 문제는 생산 요소를 제공한 사람들이 받는 대가와 관련되어 있기 때문에 생산에 기여한 정도에 따라 분배하는 방법이 다르다. 즉, 효율성에 따라 분배를 하는 것이다.

그러나 분배의 문제는 사회 여러 구성원들과 관련된 문제이다. 생산에 기여한 정도에 따라서만 분배한다면 능력이 부족한 사람들은 기본적인 최소의 생산물도 분배받기 어려울 수 있다. 이 경우에는 형평성이라는 기준에 따라 분배를 할 수도 있다.

그러나 무엇이 더 나은 분배 방법인지 결론을 내리기는 매우 힘들다. 어떤 사람은 기여한 정도에 따라 배분하는 것이 효율성뿐만 아니라 형평성에도 맞는 공평한 방법이라고 생각하지만, 어떤 사람은 기여 정도와 관계없이 모두에게 똑같이 나누어 주는 것이 공평하다고 생각할 수도 있다.

어느 사회에서나 효율성과 형평성을 두고 어떤 기준으로 분배를 할 것인가에 대한 고민은 계속되고 있으며, 이런 고민을 바탕으로 나름의 기준에 따라 사회마다 각자의 분배 방법을 만들어 가고 있다.

'무엇을 얼마나 생산할 것인가', '어떻게 생산할 것인가' 하는 문제는 자원 배분과 관련된 것으로 선택 기준은 '효율성'이지. 그런데 '누구를 위하여 생산할 것인가' 하는 문제는 생산물의 배분과 관련된 것으로 '효율성'과 '형평성' 모두를 선택의 기준으로 삼아야 해.

기회비용 〔베틀 기 機, 모을 회 會, 쓸 비 費, 쓸 용 用〕
opportunity cost

무엇인가를 선택함으로써 포기해야 하는 것들 중에서 최선의 것의 가치

마인드 맵

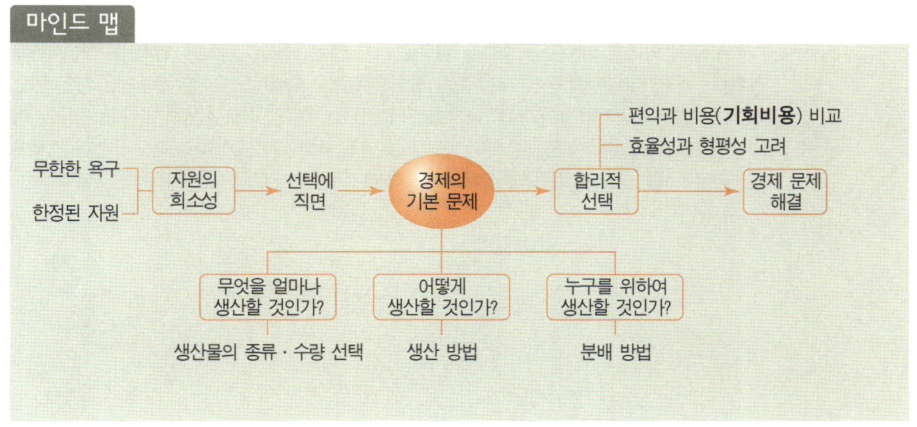

자원의 희소성으로 인해 우리는 늘 선택의 문제에 직면한다. 무엇인가를 얻기 위해서는 다른 어떤 것을 포기해야만 하는 것이다. 우리가 무엇인가를 선택함으로써 포기한 것의 가치를 '기회비용'이라고 한다.

예를 들어 친구들과 점심시간에 축구를 하기로 했다고 가정해 보자. 그런데 5교시에 영어 단어 시험을 보겠다고 한 선생님의 말씀이 생각났다. 점심시간은 한정되어 있기 때문에 만약 영어 단어 공부를 한다면 축구를 포기해야 하고, 이럴 경우 영어 단어 시험에서는 높은 점수를 얻을 수 있겠지만 축구를 하였을 때 얻을 수 있는 만족은 포기해야 한다. 이때 포기한 축구에서 얻을 수 있는 만족을 기회비용이라고 한다.

그런데 현실의 선택은 둘 중에서 하나를 고르는 단순한 것이 아닌 경우가 훨씬 많다. 점심시간에 영어 단어 공부 대신 축구를 하는 거 말고도 농구를 할 수도 있고, 음악 감상, 산책, 낮잠 자기 등을 할 수도 있다.

　그렇다면 영어 단어 공부를 위해 포기한 모든 대안을 기회비용으로 생각해야 할까? 그렇지 않다. 기회비용이란 포기한 수많은 대안 중에서 가장 가치가 큰 한 가지 활동의 가치만을 의미한다. 포기한 대안 중에서 축구를 했을 때의 만족이 가장 크다면 축구를 했을 때 얻을 수 있는 만족만이 기회비용이 되는 것이다.

> **Tip** 기회비용은 영어로 'opportunity cost'야. 어떤 선택을 함으로써 포기한 기회(opportunity)가 그 선택이 치러야 할 비용(cost)이 되는 거지.
> 하나 더! 좀 더 정확히 말하면 기회비용이란 선택에 따른 명시적 비용(현금 지출을 필요로 하는 비용)과 암묵적 비용(현금 지출을 필요로 하지 않는 비용)의 합이야. 앞서 든 점심시간의 예에서 축구, 영어 단어 공부, 낮잠 자기, 산책을 위해서 직접적으로 지불해야 하는 돈은 없었지? 이 경우는 명시적 비용이 '0'이기 때문에 명시적 비용을 따로 설명하지 않고, 암묵적 비용만으로 기회비용을 설명했던 거야. 명시적 비용에 대한 이야기가 따로 나오지 않은 경우에는 암묵적 비용을 기회비용으로 생각하도록 하자!

주제 **8**

합리적 선택

경제 활동의 목표를 달성하기 위해 비용은 최소화하고 편익은 최대화하는 선택을 하는 것

마인드 맵

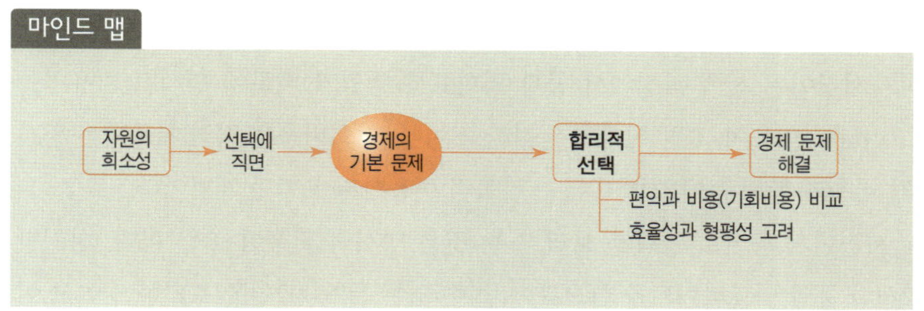

희소성■은 언제나 선택을 요구한다. 희소성의 문제에서 벗어나기 위해서는 어떤 기준에 따라 선택을 해야 할까? 바로 비용과 편익을 고려하여 의사 결정을 하면 된다. 비용보다 편익이 크면 그 안을 선택하고, 편익보다 비용이 클 경우 그 안을 선택하지 않으면 되는 것이다.

■**희소성(稀少性)**: 사람들의 무한한 욕구에 비해 자원, 시간, 재화 등이 부족한 상태.

편익

재화와 용역의 사용으로부터 얻어지는 주관적인 만족을 가리킨다. 예를 들어 영화를 보고 느끼는 만족감, 행복감, 즐거움의 정도가 편익이 되는 것이다. 물론 이것들은 주관적인 만족이기 때문에 사람에 따라 편익은 얼마든지 달라질 수 있다.

비용

소비된 가치의 크기, 즉 무엇인가 사용한 것의 대가를 뜻한다. 그런데 여기서 주의해야 할 점이 있다.

　예를 들어 서경이가 분식점에서 시간당 3,000원을 받고 아르바이트를 하고 있다고 가정해 보자. 마침 서경이가 아르바이트를 하는 시간에 민희가 영화를 보러 가자며 공짜 영화표를 가지고 왔다. 서경이는 '공짜 영화표를 얻어서 영화를 보러 가는 거니까 비용은 0원이고, 영화를 봐서 얻는 즐거움은 2,000원 정도 될 것 같아. 비용보다 얻을 수 있는 편익이 크니까 아르바이트를 하지 말고 영화를 보러 가야지.' 하고 생각할 수 있다. 서경이는 옳은 판단을 한 것일까? 아니다. 서경이는 비용을 잘못 계산하는 실수를 저질렀다.

　어떤 선택을 한 대가로 실제 지출하는 비용을 명시적 비용_{회계적 비용}이라고 한다. 서경이는 선택 과정에서 공짜 영화표를 얻었기 때문에 명시적 비용만을 고려하여 비용이 '0원' 이라고 생각한 것이다. 기회비용은 직접 지불되는 명시적 비용과 함께 눈에 보이지 않는 암묵적 비용까지 포함한 개념이다.

　서경이가 공짜로 영화를 보러 가는 것은 명시적 비용이 '0원' 이다. 하지만 2시간 동안 아르바이트를 함으로써 벌 수 있는 돈 6,000원을 포기한 것이고 이는 눈에 보이지는 않지만 지불되었기 때문에 암묵적 비용이라고 한다. 결국 서경이는 영화를 보기 위해 6,000원의 비용_{기회비용}을 지불한 것이다. 따라서 영화를 볼 때 편익은 2,000원이고 비용_{기회비용}은 6,000원이므로 서경이에게는 영화를 보지 않는 것이 합리적 선택이다.

　이와 같이 선택의 상황에서 편익은 최대화하고, 기회비용은 최소화하는 것이 바로 합리적 선택이다.

Tip　'편익' 이라는 표현뿐만 아니라 '효용' 이라는 단어를 사용하기도 해. 엄밀히 말하면 조금 다르지만 중·고등학생 수준에서는 같은 의미로 받아들이자구!

주제 **9**

경제 체제

〔다스릴 경 經, 구제할 제 濟, 몸 체 體, 억제할 제 制〕
economic system

인간들의 경제적 욕구를 충족시키기 위해 자원을 어떻게 사용할지를 결정하는 방식

마인드 맵

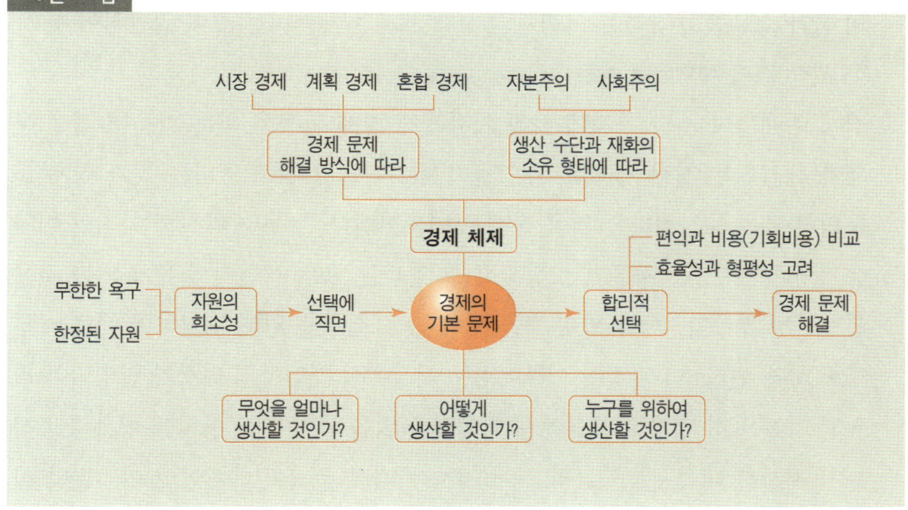

개인이 경제 문제에 직면하는 것처럼 사회도 희소성으로 인한 경제 문제에 직면하게 된다. 물론 그 형태는 사회에 따라 차이가 날 수 있다. 사회가 '무엇을, 어떻게, 누구를 위하여 생산할 것인가' 라는 경제의 기본 문제를 해결하기 위해 희소한 자원을 어떻게 사용하는가를 결정하는 방식을 '경제 체제' 라고 한다. 경제 체제 속에는 사회가 경제 문제를 해결하기 위해 만든 조직, 관련 법규, 가치관 등 모든 것이 종합되어 있다.

경제 체제의 분류

경제 체제는 크게 두 가지 기준에 의해 분류할 수 있다. 한 가지는 경제 문제를 해결하는 방식에 따라 분류하는 방법이다. 시장의 원리에 따라 경제 문제를

해결하는 경제 체제를 시장 경제 체제라 하고, 정부의 계획에 따라 경제 문제를 해결하는 체제를 계획 경제 체제라고 한다. 다른 한 가지는 생산 수단과 재화의 소유 형태에 따라 분류하는 방법이다. 개인의 사적 소유를 허용하는 경제 체제를 자본주의 경제 체제, 개인의 사적 소유를 인정하지 않고 국가나 공공 단체가 소유하는 경제 체제를 사회주의 경제 체제라고 한다. 대개의 경우 이 두 가지 기준은 서로 긴밀하게 연결되어 나타난다. 시장에서의 자유로운 경제 활동을 중시하는 시장 경제 체제는 사적 소유를 허용하는 자본주의 경제 체제를 바탕으로 하고, 국가의 역할을 강조하는 계획 경제 체제는 생산 수단의 국가 소유를 주장하는 사회주의 경제 체제를 채택하는 것이 일반적이다.

① 시장 경제 체제市場經濟體制 market economy system

경제 주체들이 시장 가격에 따라 자유롭게 경제 활동을 하는 가운데 경제 문제가 해결되는 경제 체제로, 개인들이 이기심을 가지고 있다는 것과 경제 활동의 자유를 보장한다는 것을 전제로 이루어진다. 누구나 자신의 사적인 이익을 추구할 수 있는 자유가 보장되고 그 결과는 모두 개인의 소유가 되는 것을 인정하는 것이다. 각 경제 주체들은 더 많은 소유를 위해 노력하며 때로는 경쟁도 하게 된다. 이 과정이 이루어지는 시장에서 개인들의 의사가 반영되어 결정된 가격은 각 경제 주체들에게 최선의 이익을 얻기 위해 어떻게 행동해야 하는지 지시를 내려 준다. 그리고 이 지시에 따라 움직이면 개인의 이익뿐만 아니라 사회 전체적으로도 이익을 얻을 수 있는 경제적 선택을 하게 되는 것이다.

애덤 스미스Smith, Adam는 가격, 즉 보이지 않는 손invisible hand의 신호에 따라 각자 자유롭게 사익을 추구하면 개인뿐만 아니라 사회 전체적으로도 이익을 얻을 것이라고 했다. 그의 이런 주장은 자유방임주의■라고 하여 시장 경제 체제의 사상적 기초가 되고 있다.

시장 경제 체제는 경제 활동의 자유를 보장하고 경쟁을 촉진하므로 창의성이 자극되고, 효율성이 높은 편이다. 그러나 선택의 자유를 강조한 나머지 경제적 무질서가 나타날 가능성이 있으며, 효율성을 중시하여 소득 분배의 불평등이 초래될 수도 있는 단점이 있다.

② 계획 경제 체제計劃經濟體制 planned economy system

경제 문제를 중앙 정부의 통제와 계획에 의해 해결하는 경제 체제이다. 국가는 생산 수단을 소유하고 이를 활용하여 경제 문제를 해결할 계획을 세워 각 경제 주체들에게 지시한다. 개인들은 각자 판단할 필요 없이 국가의 지시에 따라 행동하기만 하면 된다.

계획 경제 체제는 계획을 세우는 중앙 정부가 충분히 합리적인 선택을 할 경우 시장 경제 체제보다 효율적인 결과를 낳을 수도 있지만 현실적으로 합리적인 선택을 할 수 있을 만큼의 충분한 정보를 얻기 힘들다. 누가 어떤 일을 더 잘할 수 있을지, 누가 어떤 물건을 얼마나 필요로 하는지에 대한 모든 정보를 얻기란 불가능에 가깝기 때문이다. 충분한 정보를 얻는다 해도 이를 바탕으로 합리적인 판단을 할 수 있는 정부 관리가 많지 않다는 것도 문제이다. 게다가 국가에서 개인의 자유에 각종 제약을 가하기 때문에 개인의 의욕을 제한할 가능성도 높다. 계획 경제 체제를 채택했던 많은 국가들이 이를 포기하고 시장 경제 체제를 도입한 사실이 계획 경제 체제의 문제점을 잘 보여 주고 있다.

구분	시장 경제 체제	계획 경제 체제
생산 수단 소유	개인(사유)	국가, 공공 단체(국 · 공유)
의사 결정 주체	개별 경제 주체	중앙 정부
경제 문제 해결 수단	시장의 가격 기구	중앙 정부의 계획
경제 활동의 동기	개인의 이익(사익) 추구	사회 전체의 공익 실현

▲ 시장 경제 체제와 계획 경제 체제의 비교

③ 혼합 경제 체제

시장 경제 체제가 경제 문제를 효율적으로 해결할 것이라는 믿음은 오랜 시간 동안 이어졌으나 1930년대 대공황을 겪으면서 시장 경제 체제도 완벽하지 않음을 알게 되었다. 케인스Keynes는 시장도 완벽하지 않기 때문에 대공황을 해결하기 위해서는 정부의 적극적인 개입이 필요하다고 주장했다. 그의 주장에 따라 실시된 미국의 뉴딜 정책■은 대공황에서 벗어나는 데 큰 역할을 하였다.

이와 같이 시장 경제 체제의 문제점을 정부의 적극적 개입으로 완화시켜 나가는 형태의 경제 체제를 혼합 경제 체제 또는 수정 자본주의라고 한다. 시장 경제 체제와 계획 경제 체제의 요소 중에서 어느 것을 더 강조하느냐에 대한 차이는 있겠지만 오늘날 많은 국가들은 혼합 경제 체제를 채택하고 있다.

■ 뉴딜 정책(New Deal Policy): 1933년 미국의 루스벨트 정부가 대공황의 원인을 '유효 수요 부족'에서 찾아 정부가 적극적으로 경제 활동에 개입하여 유효 수요 창출을 통한 소득 증가를 시도한 정책.

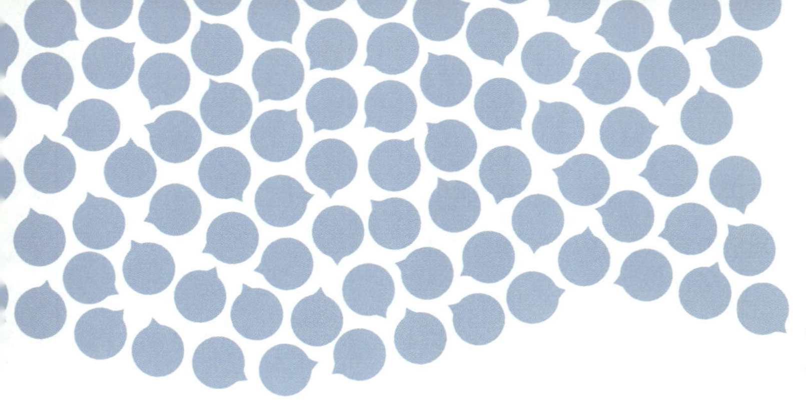

2장

시장과 시장 가격

- 시장
- 수요 / 공급
- 시장 가격
- 가격 탄력성
- 시장 실패

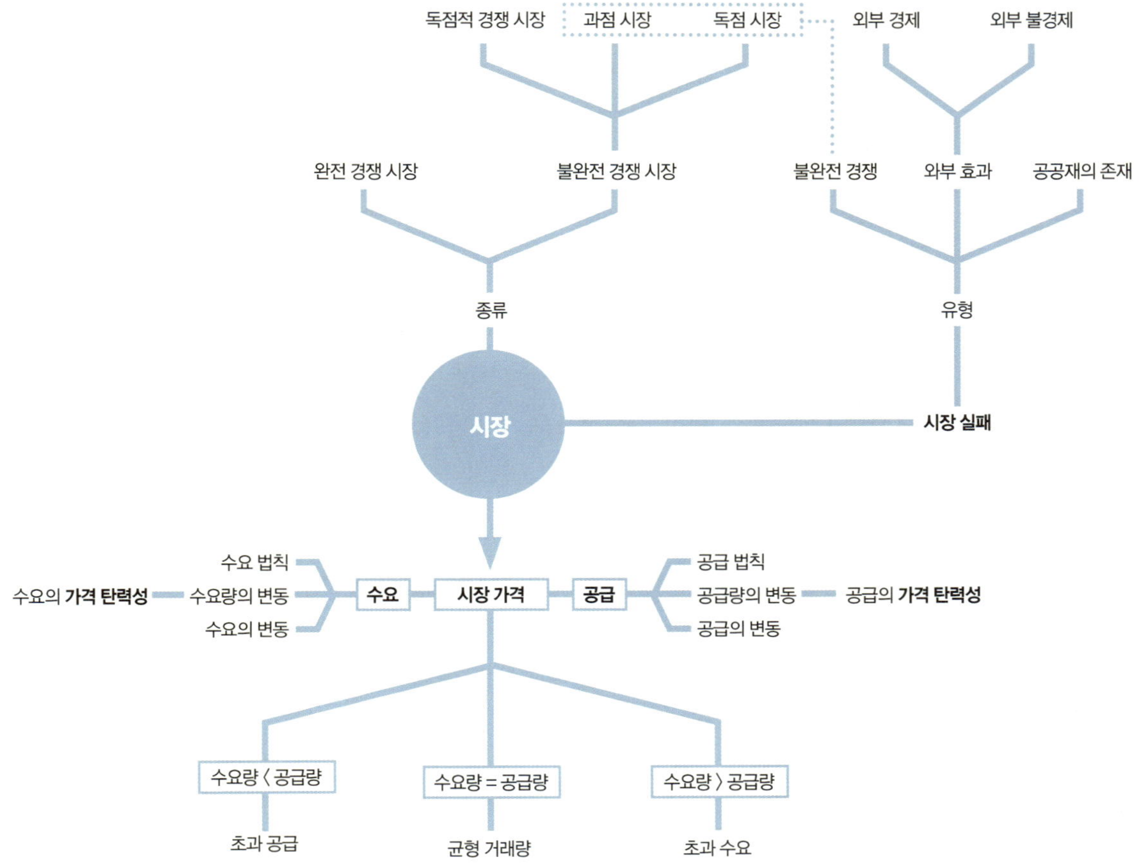
독점적 경쟁 시장
과점 시장
독점 시장
외부 경제
외부 불경제
완전 경쟁 시장
불완전 경쟁 시장
불완전 경쟁
외부 효과
공공재의 존재
종류
유형
시장
시장 실패
수요 법칙
공급 법칙
수요의 가격 탄력성
수요량의 변동
공급량의 변동
공급의 가격 탄력성
수요의 변동
공급의 변동
수요
시장 가격
공급
수요량 〈 공급량
수요량 = 공급량
수요량 〉 공급량
초과 공급
균형 거래량
초과 수요

시장 〔저자 시 市, 마당 장 場〕

수요자와 공급자 사이에 재화와 서비스의 거래가 이루어지는 일정한 장소 또는 관계

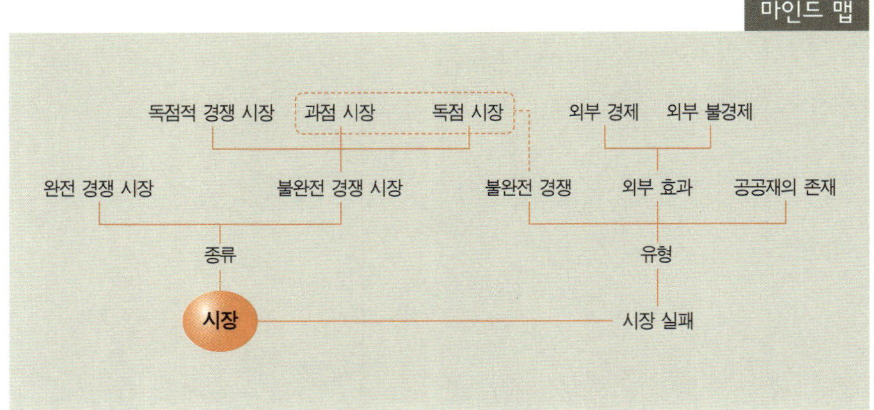

일상생활에서 시장이란 단어는 정말 흔하게 사용된다. 이때 시장이란 대개 물건을 팔고자 하는 사람과 사고자 하는 사람이 만나 상품을 사고파는 장소라는 의미이다. 그래서 우리는 시장이라는 단어를 들으면 동대문 시장이나 대형 쇼핑몰 등 눈에 보이는 장소를 떠올리게 된다. 그러나 경제학에서는 시장의 의미가 보다 넓고 추상적으로 사용된다.

시장이란 소비자와 생산자가 상품을 거래하는 과정으로 동대문 시장 같은 구체적 형태의 눈에 보이는 시장구체적 시장뿐만 아니라 노동력이 거래되는 노동 시장이나 자금이 거래되는 금융 시장, 인터넷을 통하여 물건을 사거나 파는 전자 상거래처럼 추상적 형태의 눈에 보이지 않는 시장추상적 시장도 모두 포함하는 포괄적인 개념이다.

시장의 종류

- 시장의 형태에 따른 분류
  - 구체적 시장
  - 추상적 시장
- 거래되는 상품에 따른 분류
  - 생산물 시장
  - 생산 요소 시장
- 경쟁 정도에 따른 분류
  - 완전 경쟁 시장
  - 불완전 경쟁 시장
    - 독점 시장
    - 과점 시장
    - 독점적 경쟁 시장

시장을 분류하는 방법은 여러 가지가 있다. 시장의 형태에 따라 구체적 시장과 추상적 시장으로 나눌 수도 있고, 거래되는 상품에 따라 생산물 시장과 생산 요소 시장■으로 분류하기도 한다.

또 시장에서 나타나는 경쟁의 정도에 따라 완전 경쟁 시장과 불완전 경쟁 시장으로 분류하는 방법도 있다. 이 중에서 불완전 경쟁 시장은 다시 독점 시장, 과점 시장, 독점적 경쟁 시장으로 세분할 수 있다.

■ **생산 요소 시장**(生産要素市場): 생산 과정에 투입되는 노동, 자본, 토지 등의 생산 요소가 거래되는 시장.

① 완전 경쟁 시장

수많은 공급자가 똑같은 상품을 판매하는 시장이다. 게다가 이 시장의 수요자나 공급자는 모두 가격, 품질 등과 같은 상품에 대한 모든 정보를 완벽하게 가지고 있다.

예를 들어 누군가가 돈을 많이 벌 수 있다는 사실을 알고 새롭게 시장에 들어오려 한다면 언제든지 자유롭게 들어오고 나가는 것이 가능한 곳이다. 그러다 보니 가장 경쟁이 치열하며, 수요자나 공급자 누구도 자기 마음대로 가격을 정하지 못하고 시장 기구에 의해 결정된 가격을 수용해야 하는 시장이다. 치열한 경쟁에서 살아남기 위해 기업과 소비자는 노력을 게을리할 수 없다. 따라서 완전 경쟁 시장은 효율적인 자원 배분이 이루어지는 가장 이상적인 형태의 시장이다. 그러나 현실에서 완전 경쟁 시장처럼 완전히 똑같은 상품을 거래하는 시장을 찾는 것은 매우 어려운 일이다.

② 독점 시장

새로운 기업이 시장에 자유롭게 진입할 수 없어 하나의 공급자만 존재하는 시장이다. 공급자가 하나이다 보니 경쟁이 전혀 없어 공급자는 자기 이익을 늘리기 위해 완전 경쟁이 이루어질 때보다 높은 가격에 상품을 공급한다. 수요자는 만족스럽지 못하지만 어쩔 수 없이 공급자가 제시한 가격에 상품을 구입할 수밖에 없다. 전력이나 철도 등을 그 예로 들 수 있다.

③ 과점 시장

우리나라의 이동 통신 시장처럼 소수의 공급자만 존재하는 시장이다. 과점 시장은 독점 시장처럼 하나의 공급자만 존재하는 것은 아니지만, 그렇다고 다수의 공급자가 존재하는 것도 아닌 형태이다. 공급자가 소수만 존재하기 때문에 서로에게 미치는 영향이 크다.

예를 들어 우리나라 통신 시장의 경우 3개의 통신사만 존재하기 때문에 소비자들이 요금을 비교하기가 수월한 편이다. 이런 상황에서 한 통신사라도 요금을 내린다면 소비자들은 더 저렴한 통신사를 선택할 것이고, 다른 통신사는 소비자를 잡기 위해 따라서 요금을 내릴 수밖에 없다. 그러나 과점 시장에서 공급자들은 서로 경쟁하기보다는 가격과 생산량을 협의하여 결정함으로써 이익을 추구하는 경우가 더 일반적이다.

④ 독점적 경쟁 시장

완전 경쟁 시장처럼 수많은 공급자가 존재하지만, 서로 다른 상품을 공급하는 시장이다.

예를 들어 떡볶이 가게는 수없이 존재하지만 같은 떡볶이라고 하더라도 엄밀히 말하면 가게에 따라 사용하는 재료가 조금씩 다르기 때문에 맛이 다른 떡볶이를 공급한다. 수많은 미용실이 존재하지만 한 미용실에서 제공하는 머리 커트도 헤어 디자이너에 따라 전혀 다른 상품을 제공한다. 이렇게 독점적 경쟁 시장은 현실에서 우리가 쉽게 접할 수 있는 시장이다.

완전 경쟁 시장에서는 공급자들이 똑같은 상품을 공급하기 때문에 누가 더 낮은 가격에 상품을 공급하는가로 경쟁하지만, 독점적 경쟁 시장에서는 가격 경쟁 외에도 소비자들에게 더 나은 상품을 제공하기 위한 경쟁도 함께 벌일 수밖에 없다. 독점적 경쟁 시장은 독점적인 상품을 공급하기 때문에 가격이 높게 형성될 수 있는 부정적인 면도 있지만, 경쟁을 통해 소비자들에게 다양한 상품을 선택할 수 있는 기회를 제공한다는 점에서 긍정적인 면도 함께 지니고 있는 시장이다.

심함   경쟁의 정도   약함

구분	완전 경쟁 시장	독점적 경쟁 시장	과점 시장	독점 시장
공급자 수	다수	다수	소수	1개(독점)
상품의 종류	동질성	차별화	동질성 또는 차별화	·
시장 진입	완전히 자유로움	비교적 자유로움	어려움	매우 어려움

▲ 시장의 비교

Tip 보통 수가 더 많을수록 힘이 세지지만, 시장에서는 수가 적을수록 힘이 더 세지지. 공급자가 하나인 독점 시장에서는 공급자의 힘이 아주 세서 가격이나 수량을 마음대로 결정하고, 수가 많은 소비자는 그걸 받아들일 수밖에 없지. 반대로 완전 경쟁 시장과 같은 경우에는 상대적으로 공급자가 많고 진입 장벽이 낮기 때문에 개개의 공급자들은 소비자들을 무시하기가 어려워져.

주제 **2**

수요/공급

〔구할 수 需, 중요할 요 要〕/ 〔이바지할 공 供, 공급할 급 給〕

경제 주체가 상품을 구입하고자 하는 욕구/
생산자가 상품을 판매하고자 하는 욕구

마인드 맵

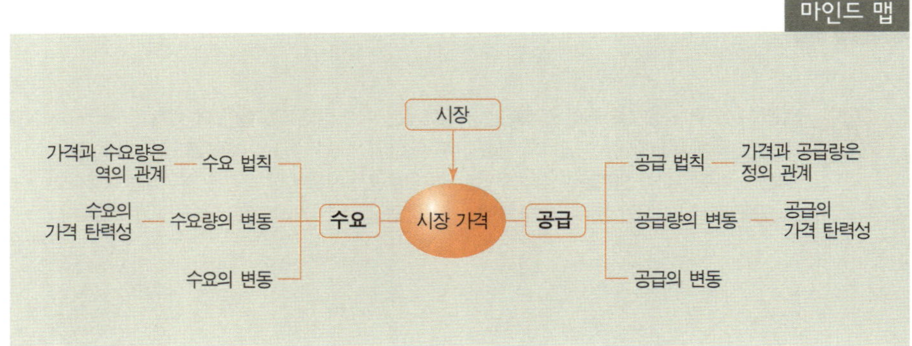

시장은 경제 문제를 어떻게 해결해야 할지 정해 주는 사람이 없어도 가격을
통해 불편 없이 거래가 이루어지며, 경쟁을 통해 가장 낮은 비용으로 생산하
고 가장 높은 만족을 얻는 사람이 소비할 수 있도록 유도하는 마법 같은 일이
이루어지는 곳이다. 그런데 왜 상품들은 제각기 가격이 다를까? 이 문제의 해
답을 얻기 위해서는 먼저 소비자와 생산자가 상품을 사고팔 때 어떻게 행동하
는지에 대해 살펴보아야 한다.

수요demand와 수요량quantity demanded

수요란 일정 기간 동안 사람들이 어떤 상품에 대해 가지고 있는 구매 의사이
며, 수요량이란 특정 가격 수준에서 소비자가 수요하고자 하는 상품의 양이
다. 수요는 그 상품의 가격, 그 상품이 아닌 다른 상품의 가격, 소비자의 소득,

그 상품에 대한 기호 등 여러 가지 요인에 의해 결정된다.

아직 학생이어도 멋진 자동차를 갖고 싶다는 생각을 한 번쯤은 해 봤을 거야. 그런데 아직 미성년자인 학생이라면 자동차를 살 돈도 없고, 운전면허도 받을 수 없어서 생각에만 그치고 말지. 이런 종류의 사고 싶다는 욕구는 시장에 별다른 영향을 미치지 못해서 수요에 포함시키지 않아. 다시 말하면 수요란 실제로 살 수 있는 의지와 구매 능력 모두를 갖춘 것만을 말해(유효 수요). 공급도 마찬가지야.

수요 법칙

수요를 결정하는 다양한 요인과 수요의 관계를 한번에 살펴보기는 매우 어렵다. 그래서 먼저 다른 요인들은 모두 일정하다고 가정하고, 해당 상품의 가격과 수요량 사이에 어떤 관계가 있는지 살펴보도록 하자.

　일반적으로 특정 재화나 서비스의 가격과 수요량은 역逆의 관계를 가지고 있는데 이를 '수요 법칙'이라고 하며, 이러한 관계를 나타내는 그래프를 '수요 곡선'이라고 한다. 각 개인의 수요량을 합하면 시장의 수요량이 되는데, 마찬가지로 개인들이 나타내는 개별 수요 곡선을 더하면 시장 수요 곡선을 얻을 수 있다.

▲ 수요 곡선

수요 법칙이 성립하는 이유는 뭘까? 간단히 말해서 싸니까 가만히 있어도 살 수 있는 능력이 늘어나서 더 사고, 싼 맛에 다른 것 대신에 사기 때문이야. 가지고 있는 돈은 일정한데 가격이 내려가면 같은 돈으로 살 수 있는 양이 많아지니까 수요량이 늘어나게 되지(소득 효과). 또한 가격이 내려가면 다른 것에 비해 상대적으로 더 저렴해졌으니까, 다른 것을 사는 대신에 가격이 내려간 상품을 사게 되니 수요량이 증가하는 거야(대체 효과).

수요의 변동 요인

소득이나 인구가 감소하거나 해당 상품에 대한 소비자들의 선호도가 낮아지면 수요는 감소한다. 그뿐만 아니라 보완재■의 가격이 올라가거나 대체재■의 가격이 내려가는 경우에도 역시 수요는 감소한다. 이와 반대의 상황이 발생할 경우에 수요는 증가한다.

　앞에서 살펴본 것처럼 수요 곡선은 해당 상품의 가격과 그에 따른 수요량의 변화를 나타낸 그래프이다. 그렇다면 이처럼 해당 상품의 가격 이외의 요인이

■ **보완재**(補完財): 컴퓨터 본체와 모니터처럼 협동 관계가 있고, 도와서(補) 사용해야 완전(完)하게 사용할 수 있는 관계를 가지는 재화(財).

■ **대체재**(代替財): 돼지고기의 삼겹살과 목살처럼 경쟁 관계가 있고, 대신(代) 바꾸어서(替) 사용할 수 있는 관계를 가지는 재화(財).

변하는 경우는 그래프에서 어떻게 나타내야 할까? 이 경우에는 수요 곡선 자체가 이동하는 것으로 나타낼 수 있다. 예를 들어 소득이 증가하면 수요가 증가하여 그래프가 오른쪽으로 이동한다. 이는 소득이 증가하면 모든 가격대의 수요량이 모두 증가함을 의미하는 것이다.

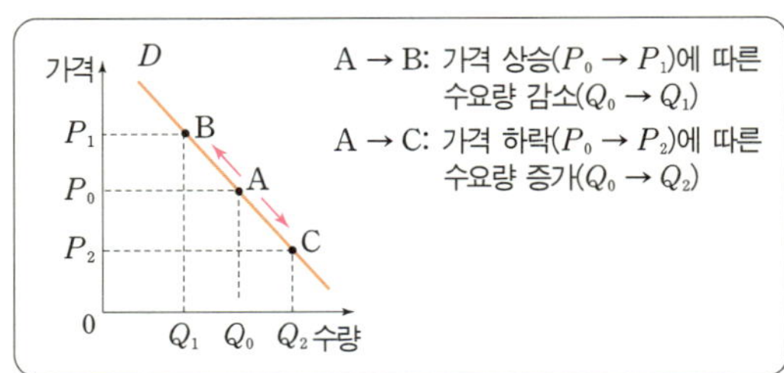

▲ 수요량의 변동　　　　　　　　▲ 수요의 변동

Tip 그래프에서 수요량의 변동과 수요의 변동을 구분할 수 있겠어? 해당 상품의 가격이 변하면 '수요량'이 변했다고 하며, 가격과 만나는 수요 곡선 위의 한 점을 이동시킴으로써 나타내지. 반면, 해당 상품의 가격 이외의 어떤 다른 요인이 변하는 것은 '수요'가 변했다고 하며, 수요 곡선 자체를 왼쪽(감소), 오른쪽(증가)으로 이동시켜 나타내지.

공급supply과 공급량quantity supplied

공급이란 일정 기간 동안 사람들이 어떤 상품에 대해 가지고 있는 판매 의사이며, 공급량이란 특정 가격 수준에서 공급자가 공급하고자 하는 상품의 양이다. 공급도 수요처럼 여러 가지 요인에 의해 결정된다. 상품의 가격이나 원료·임금과 같은 생산 요소의 가격 변화, 기업공급자의 수의 변화, 미래에 대한 기대, 기술 수준에 따라 공급은 변할 수 있다.

공급 법칙

수요와 마찬가지로 다른 모든 요인들이 일정하다고 가정하고 해당 상품의 가격과 공급량 사이의 관계를 살펴보면, 둘 사이에는 정正의 관계가 성립된다. 이를 '공급 법칙'이라 하고, 이러한 관계를 나타내는 그래프를 '공급 곡선'이라고 한다. 각 개인의 공급량을 합

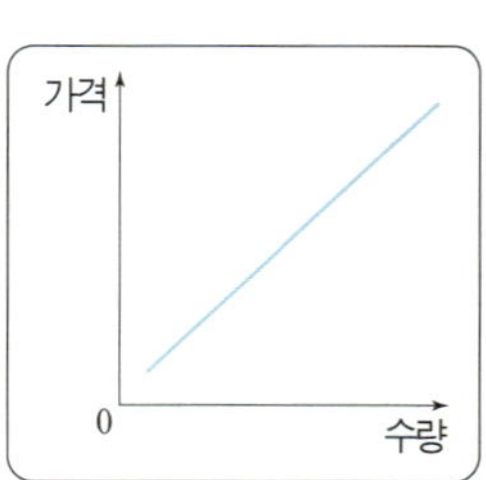

▲ 공급 곡선

하면 시장의 공급량을 알 수 있으며, 마찬가지로 개인들의 공급 곡선을 더하면 시장의 공급 곡선을 얻을 수 있다.

공급의 변동 요인

해당 상품의 가격이 변하면 공급량이 변하지만, 이외의 요인이 변하면 공급 자체에 변동이 일어난다. 우선 해당 산업에 들어오는 기업공급자의 수가 증가할 경우, 각각의 주어진 가격 수준에서의 공급량은 늘어날 것이다. 또한 기술 수준이 향상되거나 임금·원료와 같은 생산 요소의 가격이 내려가면 더 낮은 비용으로 많이 생산할 수 있게 되어 공급이 늘어난다.

공급 곡선도 수요 곡선처럼 해당 상품의 가격과 그에 따른 공급량의 변화를 나타낸 그래프이다. 그러므로 가격에 따른 '공급량의 변동'은 공급 곡선 위의 점의 이동으로 나타낼 수 있지만, '공급의 변동'은 공급 곡선 자체의 이동으로 나타내야 한다.

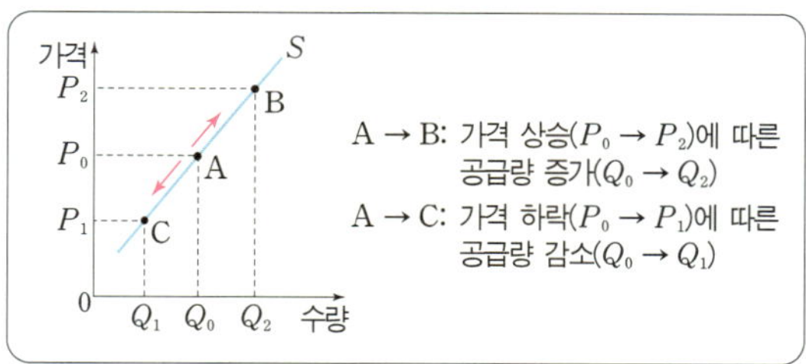

▲ 공급량의 변동

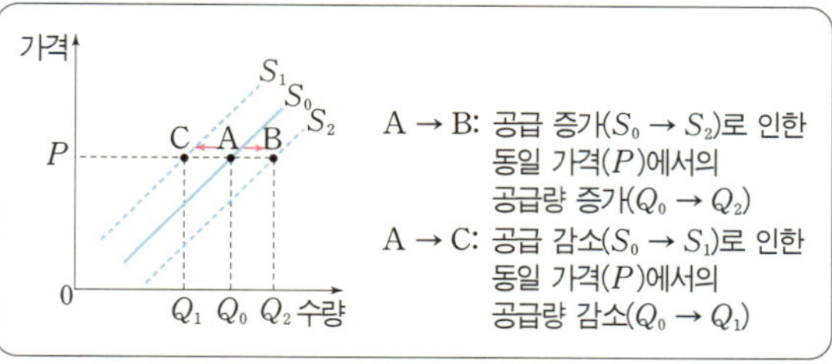

▲ 공급의 변동

주제 **3**

시장 가격 〔저자 시 市, 마당 장 場, 값 가 價, 격식 격 格〕
market price

상품 한 단위를 구입하기 위해 소비자가 생산자에게 지불해야 하는 금액

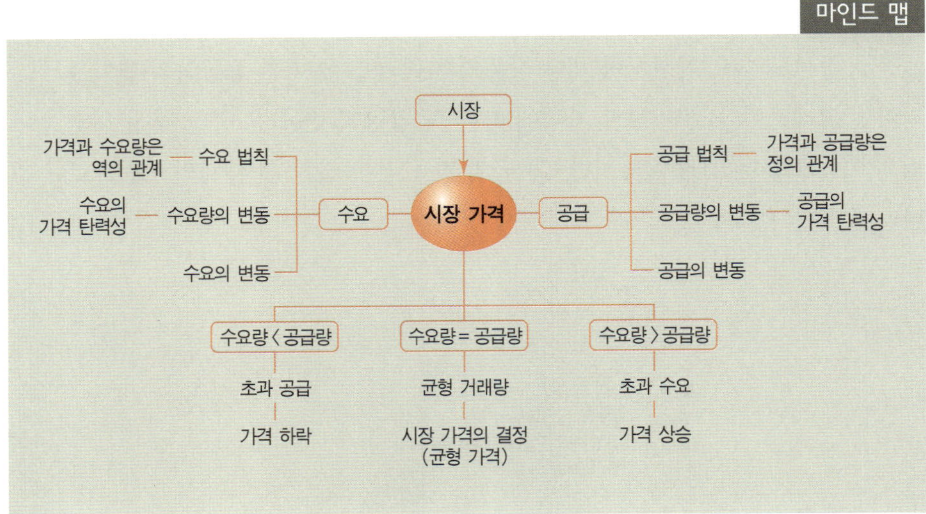

경제학의 아버지라 불리는 애덤 스미스는 개인이 각자의 이익을 추구하는 경제 활동을 하더라도 '보이지 않는 손' 이 이를 조절하여 경제 문제를 해결해 줄 것이라고 말했다. 여기서 애덤 스미스가 말한 '보이지 않는 손' 이 바로 시장 가격이다.

시장 가격은 개인들에게 무엇을 얼마나 어떻게 생산하고 소비할지를 알려주어 거래가 이루어지게 하며, 경쟁을 통해 가장 낮은 비용으로 생산해서 가장 높은 만족을 얻는 사람이 소비하게 만든다. 이를 통해 한 사회의 희소한 자원은 낭비되거나 부족함 없이 효율적인 사용이 가능해진다.

그런데 왜 상품마다 가격이 다른 것일까? 어떤 사람은 상품마다 생산 비용

이 다르기 때문이라고 생각하기도 했고, 어떤 이들은 각 상품들이 사람들에게 제공하는 가치가 다르기 때문이라고 주장하기도 했다. 그러나 가위로 종이를 자를 때 한쪽 날의 힘만으로 종이를 잘랐다고 말할 수 없듯이, 시장 가격은 생산과 소비 양측 모두의 영향을 받아 결정된다.

시장 가격의 결정

시장에서는 오늘도 수많은 수요자와 공급자가 각자의 수요 · 공급을 나타내고 있다. 수요와 공급의 관계는 다음 세 가지로 나타날 수 있다.

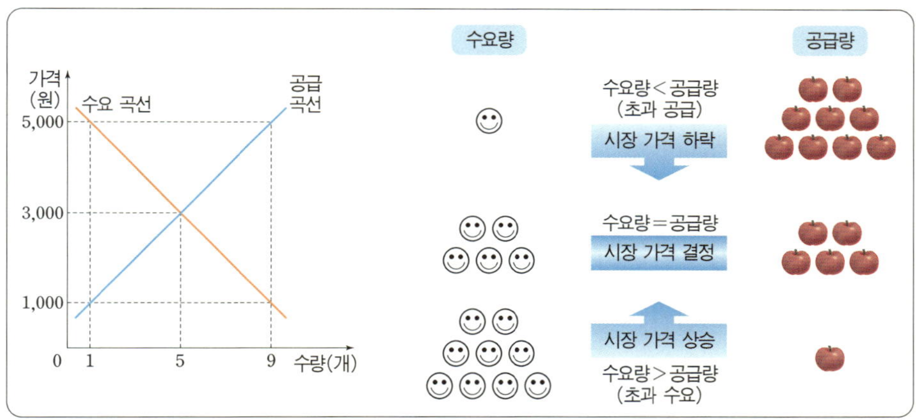

▲ 시장 가격의 결정

① **공급량이 수요량보다 많은 초과 공급**excess supply**인 경우**

위의 그림에서 가격이 5,000원일 때 수요량은 1개이지만 공급량은 9개로 8개의 초과 공급이 발생한다. 이 경우 공급자는 상품을 팔지 못하고 쌓아 둘 수밖에 없는데, 이 상황이 오래 지속된다면 손해를 보게 된다. 어쩔 수 없이 공급자는 가격을 내려서라도 상품을 팔려고 한다. 가격이 내려가면서 공급량은 감소하고 수요량은 점점 증가하여 결국에는 수요량과 공급량이 일치하는 가격인 3,000원에 가서야 가격 하락은 멈추게 된다.

② **수요량이 공급량보다 많은 초과 수요**excess demand**인 경우**

위의 그림에서 가격이 1,000원일 때, 공급량은 1개에 불과하지만 수요량은 9개인 초과 수요가 발생한다. 수요자가 원하는 양만큼 공급이 이루어지지 않고 있는 상황이기 때문에, 수요자는 가격을 더 주고서라도 상품을 사려고 할 것이다. 이에 따라 가격은 점점 상승하면서 수요량은 감소하고 공급량은 점점 증가하여 결국에는 수요량과 공급량이 일치하는 가격인 3,000원이 될 때까지 가격은 상승하게 된다.

③ 수요량과 공급량이 일치하는 경우
수요량과 공급량이 같을 때에는 수요자와 공급자 모두가 원하는 양을 거래할 수 있기 때문에 가격의 변화가 나타나지 않는다. 수요량과 공급량이 일치하는 이 상태의 가격을 시장 가격 또는 균형 가격이라 하고, 이때의 거래량을 균형 거래량이라고 한다.

결론적으로 불균형 상태에서는 가격이 조정되어 균형 상태에 도달하게 되고, 균형 상태에서는 소비자와 생산자가 상품을 원하는 만큼 사고팔 수 있기 때문에 가격 변화가 더 이상 나타나지 않고 거래가 이루어진다. 그러므로 균형 상태에서의 가격이 시장 가격이 되는 것이다.

시장 가격의 변화
수요나 공급의 변동이 일어날 경우 수요 곡선이나 공급 곡선 자체가 이동하게 된다. 곡선 자체의 이동은 균형 상태에서 벗어난 초과 수요·초과 공급의 상황을 만들어 새로운 시장 가격을 형성시킨다.

① 공급이 일정한 상태에서 수요의 변동이 있는 경우
공급이 일정한 상태에서 수요가 증가하면 수요 곡선이 오른쪽으로 이동($D \rightarrow D_1$)한다. 이에 따라 수요량과 공급량이 같아지는 지점도 E_0에서 E_1으로 변하면서, 시장 가격($P_0 \rightarrow P_1$)과 거래량($Q_0 \rightarrow Q_1$)이 함께 증가한다.

반대로 공급이 일정한 상태에서 수요가 감소하면 수요 곡선이 왼쪽으로 이동($D \rightarrow D_2$)한다. 이에 따라 시장 가격($P_0 \rightarrow P_2$)과 거래량($Q_0 \rightarrow Q_2$)이 함께 감소한다.

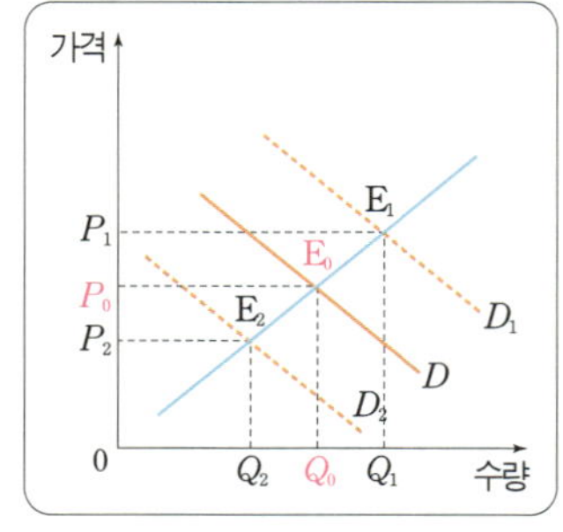

▲ 수요의 변동에 따른 시장 가격의 변화

② 수요가 일정한 상태에서 공급의 변동이 있는 경우

수요가 일정한 상태에서 공급이 증가하면 공급 곡선이 오른쪽으로 이동($S \to S_1$)한다. 이에 따라 균형점이 E_0에서 E_1으로 변하면서 가격은 하락($P_0 \to P_1$)하고, 거래량은 증가($Q_0 \to Q_1$)한다.

반대로 수요가 일정한 상태에서 공급이 감소하면 공급 곡선이 왼쪽으로 이동($S \to S_2$)한다. 이에 따라 균형점이 E_0에서 E_2로 변하면서 가격은 상승($P_0 \to P_2$)하고 거래량은 감소($Q_0 \to Q_2$)한다.

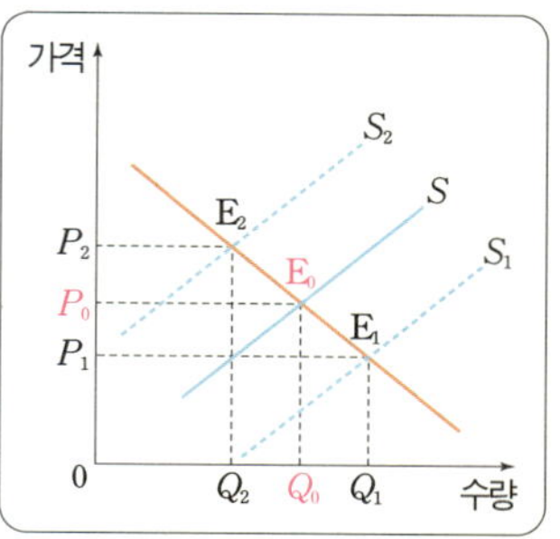

▲ 공급의 변동에 따른 시장 가격의 변화

> **Tip**
> 의외로 수요나 공급의 변동에 따른 시장 가격의 변화를 이해하기 어려워하는 경우가 많아. 그렇지만 전혀 복잡하지 않아. 이것을 기억하라고!
> 첫째, 제시된 상황이 수요와 공급 중에서 어느 것을 변화시키고 있는지 확인한다. 물론 둘 다 변화시키는 경우도 있다는 것을 잊지 마!
> 둘째, 증가하는 상황인지 감소하는 상황인지를 판단해서 곡선 자체를 이동시킨다.
> 셋째, 새롭게 만들어진 균형점을 찾아 가격과 거래량을 읽는다.

주제 **4**

가격 탄력성

〔값 가 價, 격식 격 格, 탄알 탄 彈, 힘 력 力, 성질 성 性〕

가격 변화에 따른 민감도를 수치로 나타낸 것

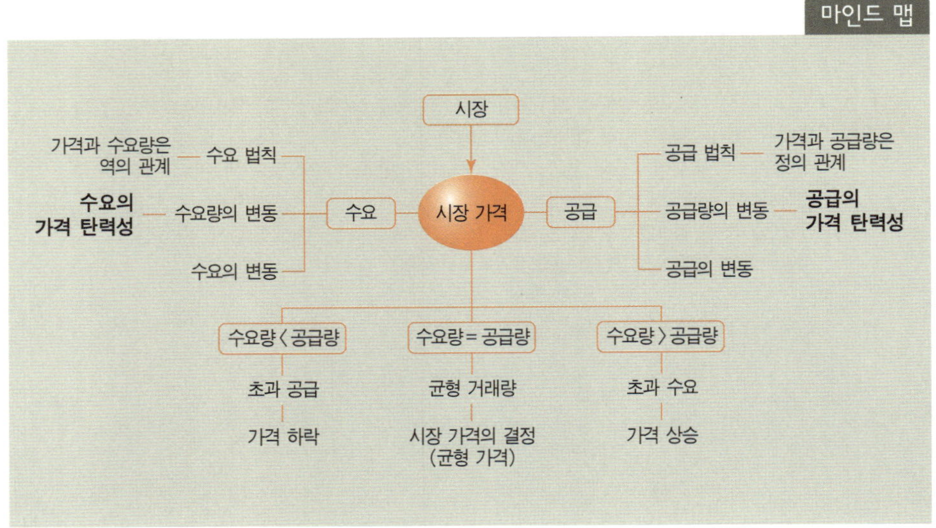

쇼핑을 하다가 종종 '세일'이라는 문구를 본 적이 있을 것이다. 그런데 조금만 세심하게 살펴보면 쌀과 같은 생필품을 세일하는 것은 만나기 힘들지만, 옷 같은 경우에는 할인 판매를 자주 한다는 사실을 알 수 있다. 이러한 차이가 발생하는 이유는 무엇일까? 그것은 바로 두 상품의 '탄력성'이 달라 공급자가 각기 다른 판매 전략으로 물건을 팔고 있기 때문이다.

탄력성이란 원래 물리학에서 사용하는 단어로서 어떤 충격을 가했을 때 어느 정도로 그 물질이 민감하게 반응하는지를 나타내는 지표이다. 예를 들어 고무줄에 얼마의 힘을 가하면 얼마나 늘어나는지를 나타낼 때 사용하는 개념이다. 이와 마찬가지로 경제학에서도 가격이나 소득, 다른 상품의 가격 등 어떤 특정한 요인들의 영향이 수요량이나 공급량에 얼마나 영향을 미치는지를 나타내는 개념으로 탄력성을 사용하며, 수요 · 공급의 가격 탄력성, 수요의 교차 탄력성, 수요의 소득 탄력성 등이 있다. 탄력성은 상품의 종류나 시장 안에서 수요자와 공급자 중에서 누구의 영향이 더 큰지에 따라 달라질 수 있다.

 수요 · 공급의 가격 탄력성은 가장 많이 사용되기 때문에 그냥 수요 · 공급의 탄력성이라고 부르는 경우가 많아.

수요의 가격 탄력성

가격이 1% 변할 때 수요량의 변화율을 수요의 가격 탄력성이라고 한다. 예를 들어 가격의 1% 상승이 수요량을 5% 감소시킨다면 수요의 가격 탄력성은 5이다. 수요의 가격 탄력성을 통해 가격 변화에 따라 수요량이 얼마나 민감하게 반응하는지를 알 수 있다.

$$\text{수요의 가격 탄력성} = \left| \frac{\text{수요량의 변화율}}{\text{가격의 변화율}} \right|$$

만약 가격이 변해도 수요량이 전혀 변하지 않는다면 탄력성은 0으로 '완전 비탄력적perfectly inelastic' 이라 하고, 반대로 가격이 조금만 변해도 수요량이 무한히 변한다면 탄력성은 무한대∞로 '완전 탄력적perfectly elastic' 이라고 한다.

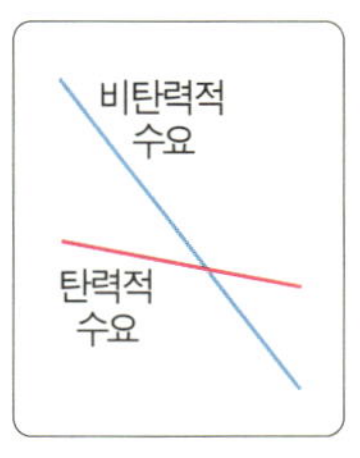

가격의 변화율만큼 수요량의 변화율이 변하는 탄력성이 1인 경우를 기준으로 해서 탄력성이 0~1 사이이면 '비탄력적 수요' 라 하고, 탄력성이 1 이상이면 '탄력적 수요' 라고 한다. 재화가 비탄력적 수요를 갖는다면 가격의 변화에 수요가 민감하지 않다는 것이고, 탄력적 수요를 갖는다면 수요가 민감해서 조그만 가격의 변화에도 수요량이 쉽게 변한다는 의미이다.

상품에 따라 탄력성은 얼마든지 달라질 수 있다. 대체재■가 많고 상품 가격이 소비자의 소득에서 차지하는 비중이 큰 경우 수요가 탄력적이지만, 쌀 등의 생활필수품처럼 반대의 경우라면 수요는 비탄력적이다.

■ **대체재**(代替財): 쌀과 밀가루, 볼펜과 연필과 같이 서로 대신 쓸 수 있는 관계에 있는 두 가지의 재화.

공급의 가격 탄력성

공급의 가격 탄력성도 수요의 탄력성처럼 가격의 변화율에 대한 공급량의 변화율로 나타낸다. 예를 들어 상품의 가격이 5% 올랐는데 공급량이 2%밖에 늘지 않았다면 이때의 공급의 가격 탄력성은 0.4이다.

$$공급의\ 가격\ 탄력성 = \frac{공급량의\ 변화율}{가격의\ 변화율}$$

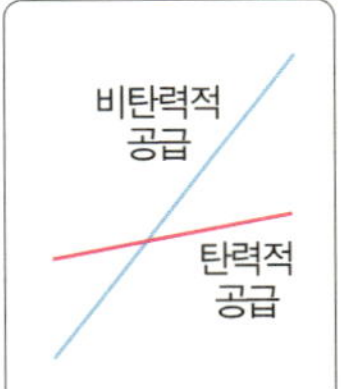

탄력성이 0이면 '완전 비탄력적 공급'이라 하고, 반대로 탄력성이 ∞이면 '완전 탄력적 공급'이라고 한다. 탄력성이 0~1 사이이면 '비탄력적 공급'이라 하고, 탄력성이 1 이상이면 '탄력적 공급'이라고 한다.

토지나 길러 내는 데 오랜 시간이 필요한 고급 전문 인력처럼 갑자기 공급을 늘리기 힘든 상품은 비탄력적 공급인 경우가 많고, 생산 요소를 대체하기 쉬운 상품은 탄력적 공급인 경우가 많다.

탄력성 개념의 적용

탄력성 개념을 이용하면 균형 가격의 변화에 따라 균형 거래량이 얼마나 변하는지를 구체적으로 알 수 있을 뿐만 아니라, 가격 변화에 따라 공급자가 벌어들일 총수입액 또는 수요자의 총지출액이 얼마나 달라질지도 계산할 수 있다.

'총수입액(총지출액)=가격×거래량'이다. 수요의 가격 탄력성이 1인 경우 가격의 변화 정도와 수요량의 변화 정도가 같으므로, 가격이 오른 만큼 수요량이 감소하거나, 가격이 내린 만큼 수요량이 증가해서 서로의 변화가 상쇄된다. 이런 경우 총수입액은 아무런 변화가 없을 것이다.

그러나 수요가 탄력적이면 가격이 변한 것에 비해 수요량이 더 많이 변하게 되어 총수입액이 변한다. 즉, 가격이 오를 경우 가격의 증가분보다 수요량의 감소분이 더 커서 총수입액은 감소하고, 가격이 내려갈 경우 가격의 감소분보다 수요량의 증가분이 더 커서 총수입액이 증가한다.

수요의 가격 탄력성	가격이 오를 때	가격이 내릴 때
단위 탄력적(탄력성=1)	총수입액 변화 없음	총수입액 변화 없음
탄력적(탄력성>1)	총수입액 감소	총수입액 증가
비탄력적(탄력성<1)	총수입액 증가	총수입액 감소

▲ 수요의 가격 탄력성과 총수입액의 관계

처음 이야기로 돌아가 보자. 옷과 같은 경우는 필수품이 아니고 대체재가 되어 줄 다른 옷이 많기 때문에 수요가 탄력적인 편이다. 그러다 보니 세일을 해서 가격을 내린다면 공급자 입장에서는 더 많은 수입을 올릴 수 있다. 반대로 쌀처럼 비탄력적인 재화의 경우는 가격을 내린다고 갑자기 밥의 섭취를 늘리는 경우는 매우 드물기 때문에 가격을 내린 만큼 수요량의 증가가 따르지 않아 공급자 입장에서 수입이 감소할 가능성이 크다. 쌀과 같은 생필품을 세일하기 힘든 이유가 바로 이것이다.

시장 실패 〔저자 시 市, 마당 장 場, 잃을 실 失, 패할 패 敗〕
market failure

시장이 자유롭게 기능하는데도 효율적이지 못한 자원 배분 상태를 초래하는 것

마인드 맵

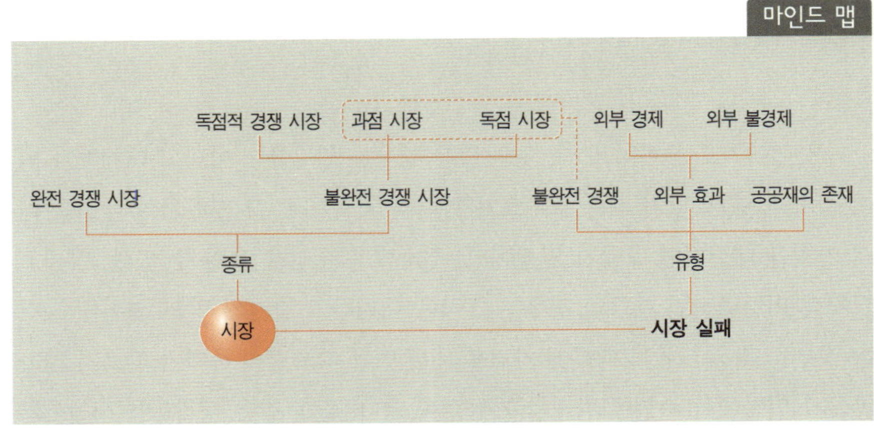

시장에서 이루어지는 효율적인 경제 활동은 희소성 문제를 감소시켜 인간에게 물질적인 행복을 가져다준다. 그러나 시장 경제가 항상 효율적으로 자원을 배분하는 것은 아니다. 어떤 때에는 사회 전체적으로 최대 이익을 볼 수 있는 수준보다 많이 생산되어 자원이 낭비되는 경우도 있고, 반대로 자원이 적게 사용되어 재화와 서비스의 생산이 부족한 경우도 있다. 이렇게 시장이 자유롭게 기능을 하는데도 효율적이지 못한 자원 배분 상태가 초래되는 것을 '시장 실패' 라고 한다.

시장 실패의 유형

독과점이 발생해서 경쟁이 이루어지지 않는 경우, 외부 효과■가 있거나 공공재■의 특성을 갖는 재화가 존재할 때 시장 실패가 나타날 수 있다.

■**외부 효과**(바깥 외 外, 분류 부 部, 나타낼 효 效, 결과 과 果): 어떤 경제 활동이 다른 사람(外部)에게 의도하지 않은 혜택이나 손해(效果)를 가져다주면서도 이에 대한 대가를 받거나 비용을 지불하지도 않는 현상.

■**공공재**(공평할 공 公, 함께 공 共, 재물 재 財) : 정부 재정에 의해 공급되어 모든 개인이 공공(公共)으로 이용할 수 있는 재화(財).

① 불완전 경쟁

독점 시장에서는 다른 생산자가 없기 때문에 유일한 생산자가 가격과 공급량을 마음대로 결정할 수 있다. 당연히 생산자는 자신의 이익을 위해 높은 가격에 필요량보다 적은 양을 공급할 것이다. 게다가 경쟁 상대가 없으니 제품의 질을 개선시키기 위한 노력도 게을리할 가능성이 높다.

과점 시장에서도 이보다는 덜하지만 비슷한 현상이 나타난다. 시장이 작동되었음에도 불구하고 경쟁이 제대로 이루어지지 않아 사회적으로 필요한 양보다 적은 양이 비싼 가격에 거래되면서 질도 나아지기 힘든 비효율적인 상태가 나타나는 것이다.

독점이 발생하는 근본적인 이유는 진입 장벽entry barrier▪에 있다. 만약 진입 장벽이 없다면 시장에서 이윤이 발생하는 한 계속 새로운 기업들이 시장에 들어와 독점 상태가 유지되기 어렵다.

대표적인 것이 정부에 의한 저작권과 특허권 보호이다. 저작권이나 특허권이 존재할 경우 다른 기업들은 보호받고 있는 상품을 생산할 수 없기 때문에 한 기업에 의한 독점 상태가 유지될 수 있다.

또한 초기 투자 비용이 엄청나게 많이 드는 것도 진입 장벽이 될 수 있다. 초기 투자 비용이 많이 드는 사업의 경우 처음에는 막대한 비용 투자가 필요하지만 자리를 잡은 이후에는 추가적으로 큰 비용을 들이지 않고 사업을 이어갈 수 있다. 이렇게 초기에 진입한 기업이 안정될 즈음에 시장에 진입한 기업은 엄청난 초기 투자 비용을 부담하면서 기존 기업과 가격 경쟁을 해야 한다. 이런 경우 새로 진입한 기업이 살아남기는 쉽지 않을 것이다.

② **공공재**公共財 public goods**의 존재**

비경합성▪과 비배제성▪을 가지고 있는 공공재가 존재하는 경우에도 시장이 제 기능을 하지 못할 수 있다.

비경합성非競合性은 어떤 사람이 소비해도 다른 사람이 소비할 수 있는 양이 줄어들지 않는 특성으로, 우리나라 군대가 나를 지켜 준다고 해서 이웃 사람이 받을 수 있는 보호의 양이 달라지지 않는 현상을 생각해 보면 될 것이다.

비배제성非排除性은 대가를 지불하지 않은 사람이 재화를 소비하지 못하도록 막을 수 없는 것을 의미한다. 예를 들어 군대를 유지하기 위한 세금을 내지 않

▪**진입 장벽**(나아갈 진 進, 들 입 入, 막을 장 障, 벽 벽 壁): 기업들이 시장에 들어오는(進入) 것을 막는 벽(障壁)과 같은 요인들.

▪**비경합성**(아닐 비 非, 다툴 경 競, 싸울 합 合, 성질 성 性): 소비하기 위해 다투지(競合) 않아도(非) 되는 성질(性).

▪**비배제성**(아닐 비 非, 물리칠 배 排, 버릴 제 除, 성질 성 性): 대가를 지불하지 않고 공짜로 소비하는 것을 막을(排除) 수 없는(非) 성질(性).

는 사람들을 따로 떼어 우리나라 군대의 보호를 받지 못하게 막을 수는 없다.

공공재가 가지고 있는 이 두 가지 성질 때문에 대가는 지불하지 않고 이익을 얻으려는 무임승차자free-rider의 문제가 발생한다. 이렇다 보니 기업들은 생산을 해도 대가를 기대할 수가 없어 생산을 하지 않으려고 한다. 그렇기 때문에 시장에 맡겨 둔다면 사회적으로 필요한 생산량보다 적은 생산량이 만들어지는 비효율적인 상태가 나타날 가능성이 높다.

③ 외부 효과外部效果 external effect

외부 효과란 어떤 경제 활동이 관련 없는 다른 사람에게 의도하지 않은 혜택편익이나 손해비용를 가져다주면서도 그에 따른 대가를 받거나 비용을 지불하지도 않는 현상이다. 외부 효과 중에서도 다른 사람에게 혜택을 주는 긍정적인 외부 효과를 외부 경제 또는 외부 편익이라고 하며, 손해를 주는 부정적인 외부 효과를 외부 불경제 또는 외부 비용이라고 한다.

외부 효과 < 외부 경제(외부 편익)
외부 불경제(외부 비용)

어떤 사람이 자신이 매우 사랑하는 강아지를 공원에서 산책시키고 있다고 생각해 보자. 공원에서 강아지가 뛰어다니는 것을 보고 귀엽다고 생각하며 즐거워하는 사람도 있겠지만, 강아지를 싫어하는 사람이라면 산책 중인 강아지가 매우 불쾌하게 여겨질 것이다. 강아지 주인은 본인이 의도하지는 않았지만 강아지를 좋아하는 사람에게는 외부 경제를, 강아지를 싫어하는 사람에게는 외부 불경제를 발생시키고 있는 것이다.

외부 효과가 발생하면 개인이 필요로 하는 생산량과 사회적으로 필요한 생산량이 다르게 나타나는 비효율적인 자원 배분이 나타나게 된다. 예를 들어 어떤 양봉업자벌을 키워 꿀을 생산해 내는 사람의 양봉장養蜂場 옆에 과수원이 생겼다고 가정해 보자. 양봉업자의 벌들이 과수원을 오고 가면서 이전보다 더 많은 꿀을 얻을 수 있게 되었다. 당연히 양봉업자는 과수원의 규모가 더 커졌으면 하고 생각할 것이다. 그러나 자신의 이익만 고려한 과수원 주인은 군이 돈을 더 들여 과수원의 규모를 늘리려고 하지 않을 것이다. 사회 전체과수원 주인+양봉업자적으로 보았을 때, 과수원의 규모를 늘리는 것이 더 이익이지만 과수원의 규모는 이보다 작은 수준에서 결정되는 것이다.

환경 오염과 같은 외부 불경제의 경우도 마찬가지이다. 다른 사람이 입게 되는 오염으로 인한 비용을 고려하지 않아 사회 전체적인 필요량보다 더 많은 생산이 이루어지는 비효율적 상태가 발생할 가능성이 높다.

시장 실패의 보완

시장 실패가 발생하면 정부는 자원의 효율적인 배분이 이루어지도록 여러 형태로 개입을 한다. 독과점 기업에 의해 경쟁이 제한되는 것을 방지하기 위해 정부에서는 공정 거래 위원회▪, 공정 거래법▪ 등을 통해 공정한 심판자로서의 역할을 수행하기도 한다. 또한 외부 경제가 발생할 때에는 보조금을 지급하여 생산을 장려하고, 외부 불경제가 나타날 때에는 세금 부과나 직접적인 규제를 통해 사회적인 필요량보다 생산이 과하게 발생하지 않도록 유도한다. 시장에만 맡겨 둘 경우 공공재 생산이 부족해질 염려가 있으면 정부가 직접 또는 공기업의 이름으로 공공재를 생산하기도 한다.

▪**공정 거래 위원회**(公正去來委員會): 독점 및 불공정 거래에 관한 사안을 심의·의결하기 위해 설치한 중앙 행정 기관이자 준사법 기관.

▪**공정 거래법**(公正去來法): 독점 규제 및 공정 거래에 관한 법률.

국민 경제와 정부의 역할

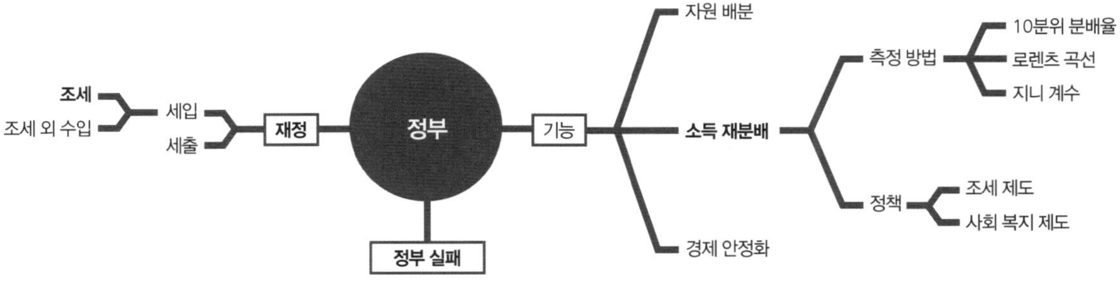

조세
조세 외 수입
세입
세출
재정
정부
정부 실패
기능
자원 배분
경제 안정화
소득 재분배
측정 방법
10분위 분배율
로렌츠 곡선
지니 계수
정책
조세 제도
사회 복지 제도

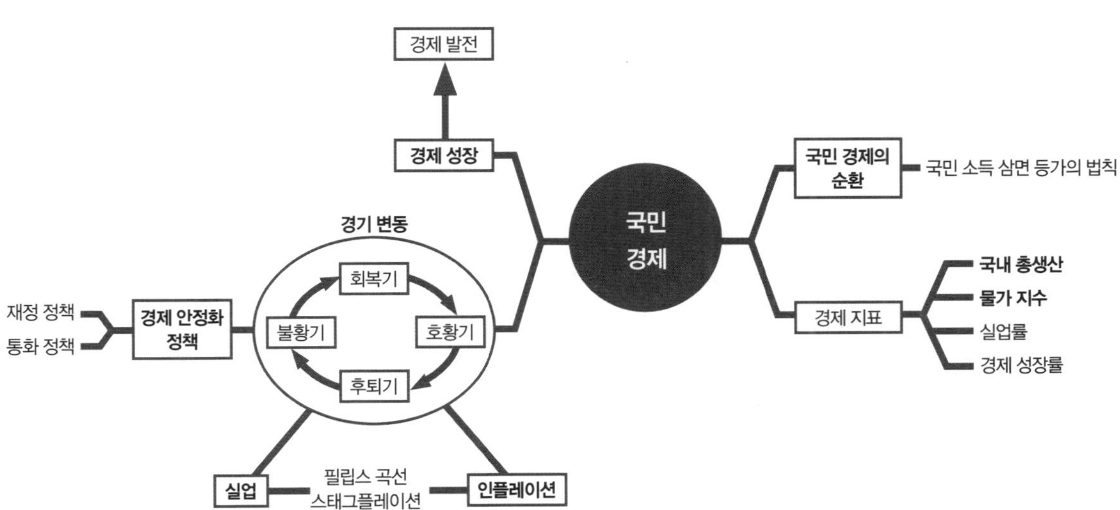

경제 발전
경제 성장
경기 변동
회복기
불황기
호황기
후퇴기
재정 정책
통화 정책
경제 안정화
정책
실업
필립스 곡선
스태그플레이션
인플레이션
국민
경제
국민 경제의
순환
국민 소득 삼면 등가의 법칙
경제 지표
국내 총생산
물가 지수
실업률
경제 성장률

주제 **1**

재정 〔재물 재 財, 정사 정 政〕
public finance

정부가 공공의 욕구를 충족시키기 위해서 하는 모든 경제적인 활동

마인드 맵

조세
조세 외 수입 — 세입 — **재정** — 정부 — 기능 — 자원 배분
세출 소득 재분배
정부 실패 경제 안정화

　경제에 있어서 정부가 어떤 역할을 해야 하는지에 대해서는 끊임없는 논란이 있어 왔다. 그러나 모두가 동의하는 한 가지 사실은 경제 활동에서 정부가 미치는 영향이 엄청나다는 것이다. 과거의 정부가 치안과 국방 등의 한정된 역할만을 수행했다면, 오늘날의 정부는 이전보다 다양한 영역에서 적극적인 역할을 수행하고 있다.

정부의 기능

■**외부 효과**(바깥 외 外, 분류 부 部, 나타낼 효 效, 결과 과 果): 어떤 경제 활동이 다른 사람(外部)에게 의도하지 않은 혜택이나 손해(效果)를 가져다주면서도 이에 대한 대가를 받거나 비용을 지불하지도 않는 현상.

외부 효과■나 불완전 경쟁 등 시장 실패가 일어나 자원 배분이 제대로 이루어지지 못하는 경우, 정부가 직접 재화나 서비스를 생산하고 공정한 경쟁이 이루어지도록 경제 주체들을 강제하기도 한다. 경기 변동이 너무 심할 경우에 정부는 경기를 안정시키기 위해 통화 정책이나 재정 정책을 실시하기도 한다. 또한 소득이 불평등하게 배분되어 나타나는 사회 문제를 해결하는 것도 정부의 중요한 역할이다.

재정

경제적 역할뿐만 아니라 국방, 교육, 사회 복지 등 정부가 해야 할 일들은 헤아릴 수 없이 많다. 그런데 이런 대규모의 사업을 하기 위해서는 엄청난 자금이 필요하다. 여러분의 가정을 생각해 보자. 한 집안에서 살림살이를 해 나가기 위해서는 돈이 필요하다. 여러분의 부모님은 일정한 수입을 바탕으로 여러분의 교육 등 가정에서 해야 할 역할들을 해 나가고 있다.

정부도 마찬가지이다. 가정에서 수입을 바탕으로 살림살이를 해 나가듯이 정부도 일정한 수입을 바탕으로 살림살이를 해야 한다. 정부의 살림살이, 즉 정부가 수입을 얻고, 이를 바탕으로 지출을 하는 경제 활동을 '재정'이라고 한다.

가계에서 예산을 세우고 수입과 지출을 조절하듯이 정부도 예산을 세우고 수입과 지출을 조절한다. 이때 정부의 지출을 '세출稅出'이라 하고, 정부의 수입을 '세입稅入'이라고 한다. 정부에서는 세입과 세출을 미리 계획하여 예산을 세우고 이에 따라 재정을 운영해 나간다.

예산

특이한 점이 있다면 정부는 수입에 따라 지출 규모를 결정하는 가계와 다른 방법으로 예산을 세운다는 것이다. 먼저, 한 해 동안 정부가 해야 할 일의 내용을 확정하고 거기에 필요한 자금을 모으는 방식을 사용한다. 즉, 세출 규모를 먼저 정하고 그에 따라 세입 규모를 결정하는 것이다. 만약 개인이 이런 방식으로 경제생활을 한다면 제대로 된 경제생활을 하기 어려울 수 있다. 지출을 먼저 했는데 계획과 달리 수입이 제대로 들어오지 못할 가능성이 있기 때문이다. 그러나 정부는 다르다. 가계나 기업이 효용이나 이윤을 중심으로 활동하는 것과 달리, 정부는 국민 모두의 복지 수준 향상을 위해 경제 활동을 하기 때문이다. 또한 수입의 대부분을 차지하는 조세의 경우 강제성을 지닌 납세이므로 대부분 계획대로 수입을 얻을 수 있다.

예산은 중앙 정부 예산과 지방 정부 예산으로 분류되며, 각 예산은 일반적인 것과 특별한 것으로 나누어진다. 여러분이 집에서 하는 일상적인 행동을 위한 예산, 예를 들면 식비·전기 요금 납부처럼 정부가 행하는 교육·국방과 같은 일반적인 활동과 관련된 예산을 '일반 회계'라고 한다. 가족이 이사를 가는 것

■ **본예산**(本豫算): 국가나 지방 공공 단체의 한 회계 연도에 확정된 연간 예산.

■ **추가 경정 예산**(追加更正豫算): 예산이 정해진 뒤에 생긴 사유로 말미암아 이미 정한 예산에 변경을 가하여 이루어지는 예산.

■ **준예산**(準豫算): 국가의 예산이 법정 기간 안에 성립하지 못할 경우에 정부가 전년도의 예산에 기준을 두고 집행하는 잠정 예산.

■ **정부 실패**(政府失敗 government failure): 시장에 대한 정부의 과도한 개입이 오히려 국민 경제의 효율성을 떨어뜨리는 현상.

처럼 정부가 특별한 목적을 가지고 하는 사업을 위한 예산을 '특별 회계'라고 한다. 이외에도 예산을 짜는 시기에 따라 본예산■, 추가 경정 예산■, 준예산■으로 분류하기도 한다.

세입

그렇다면 이런 예산안을 실현하기 위한 자금 모금, 즉 세입은 어떤 방식으로 이루어질까? 정부의 세입은 크게 조세 수입과 조세 외 수입으로 나누어진다. 조세 수입은 세금을 거두어 얻어지는 수입을 의미하며, 조세 외 수입은 채권 발행 등 조세가 아닌 다른 방법으로 얻어지는 수입을 의미한다.

정부의 경제 활동은 국민 경제에 큰 영향을 미칠 수 있다. 정부가 조세를 늘리면 가계의 소득과 소비의 감소 등을 일으킬 수 있고, 정부가 특정 분야에 대한 지출을 늘린다면 그 부분의 수요에 큰 영향을 미칠 수 있다. 그러므로 정부의 재정 활동은 국민의 대표인 국회의 승인을 얻어 이루어지도록 하고 있다. 그러나 아무리 주의한다 하더라도 '정부 실패'■와 같은 문제점이 나타날 수 있다. 따라서 정부가 자신들의 경제적 역할을 제대로 실행할 수 있도록 국민의 감시와 통제가 필요하다.

조세

〔조세 조 租, 세금 세 稅〕

국가가 나라 살림에 필요한 재원 마련을 위해 국민으로부터
개별적인 대가 없이 법률에 의거하여 거두어들이는 수입

마인드 맵

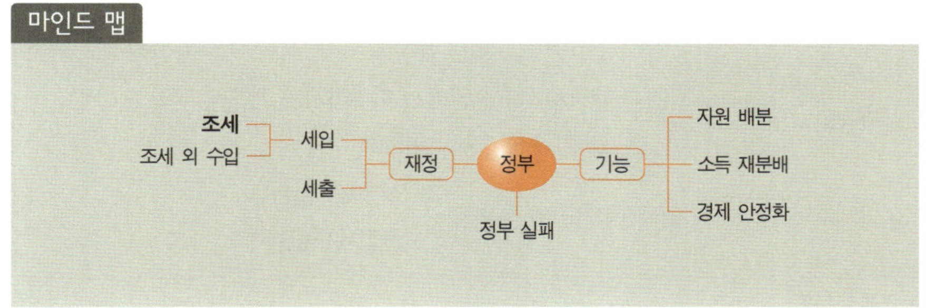

　우리의 일상생활 대부분에는 비용이 들어간다. 한 끼 식사를 할 때는 물론이
고, 공부를 하기 위해서도 필기구나 책을 사려면 돈이 필요하다. 그래서 우리
는 부모님에게 용돈을 받기도 하고, 아르바이트를 하기도 한다. 정부도 마찬
가지이다. 국방, 치안, 복지 등 정부의 일상적인 활동 대부분에는 비용이 필요
하다. 그렇다면 정부는 어떤 방법으로 활동에 필요한 비용을 얻고 있을까?

　정부는 세입의 대부분을 조세 수입, 즉 세금을 통해서 충당하고 있다. '조
세'란 정부가 나라 살림에 필요한 비용을 마련하기 위해 국민들로부터 거두어
들이는 수입을 의미한다.

조세의 종류

조세는 그것을 부과하는 주체에 따라 중앙 정부에서 부과하는 국세와 지방 자
치 단체에서 부과하는 지방세로 분류할 수 있다. 또 사용 용도에 따라 보통세
와 특정한 용도를 정해 놓고 거두는 목적세로 나눌 수도 있고, 나라 안에서 이

루어지는 거래에 부과하는 내국세와 수출입 물품에 부과하는 관세로 분류하기도 한다. 한편 납세자와 담세자■의 일치 여부에 따라 직접세와 간접세로 나누기도 한다. 즉, 직접세는 세금을 납부하는 사람과 부담하는 사람이 같은 세금으로 재산세, 소득세, 상속세 등이 있고, 간접세는 세금을 납부하는 사람과 부담하는 사람이 다른 세금으로 부가 가치세, 주세 등이 있다.

- 부과하는 주체에 따른 분류 ─ 국세: 중앙 정부에서 부과
  └ 지방세: 지방 자치 단체에서 부과
- 사용 용도에 따른 분류 ─ 보통세: 국가의 일반적인 경비로 사용
  └ 목적세: 특정한 용도를 정해 놓고 거두어 사용
- 국경을 기준으로 분류 ─ 내국세: 나라 안에서 이루어지는 거래에 부과
  └ 관세: 수출·수입 물품에 부과
- 납세자와 담세자의 일치 여부에 따른 분류 ─ 직접세: 일치
  └ 간접세: 불일치

▲ 조세의 분류

소득 재분배

〔바 소 所, 얻을 득 得, 다시 재 再, 나눌 분 分, 나눌 배 配〕

조세나 사회 보장 제도를 통해 정책적으로 소득 분포를 수정하는 것

마인드 맵

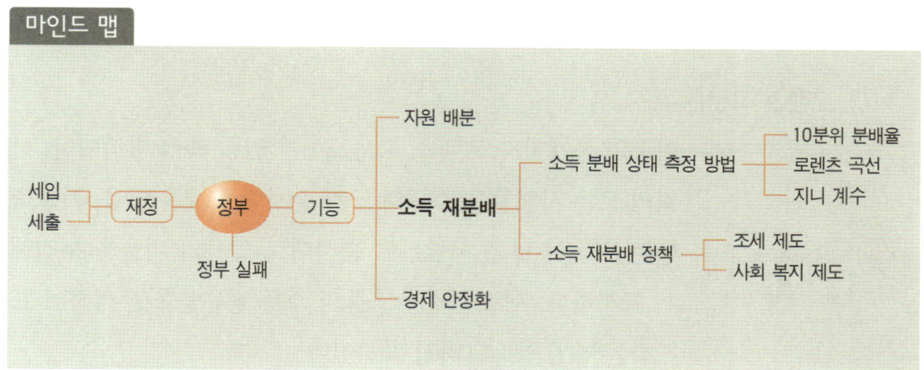

자본주의 체제에서 소득 차이는 자연스러운 현상이나 지나친 격차는 사회 불안정의 원인이자 경제 성장의 걸림돌이 될 수 있다. 그러므로 정부는 여러 형태의 소득 재분배 정책을 실시하여 이를 해결하고자 노력한다.

소득 분배 상태의 측정 방법

소득 재분배 정책을 살펴보기 전에 우선 소득 분배 상태가 어떠한지 살펴보아야 할 것이다. 소득 분배 상태를 측정하는 방법으로는 10분위 분배율, 로렌츠 곡선, 지니 계수 등이 사용된다.

① 10분위 분배율

한 나라의 모든 가구를 소득의 크기 순서대로 세운 다음, 이들을 소득 순서대로 10개의 집단으로 나눈다. 그리고 소득 순위 하위 4개 집단의 소득을 상위

2개 집단의 소득으로 나눈 값을 10분위 분배율이라고 한다.

$$10분위\ 분배율 = \frac{최하위\ 40\%의\ 소득\ 점유율}{최상위\ 20\%의\ 소득\ 점유율}$$

　예를 들어 총인구가 100명이고 총소득이 100만 원인 사회가 있다고 가정해 보자. 가장 평등한 사회는 모두 1만 원씩 갖는 사회로 이 경우 10분위 분배율은 2가 된다. 반면 가장 불평등한 사회는 1명이 100만 원을 모두 갖는 사회로 이 경우 10분위 분배율은 0이 된다. 즉, 2에 가까울수록 평등한 사회이고, 0에 가까울수록 불평등한 사회라고 생각할 수 있다. 이와 같이 10분위 분배율이 높으면 소득 격차가 작고, 반대로 낮으면 소득 격차가 크다.

② 로렌츠 곡선Lorenz curve

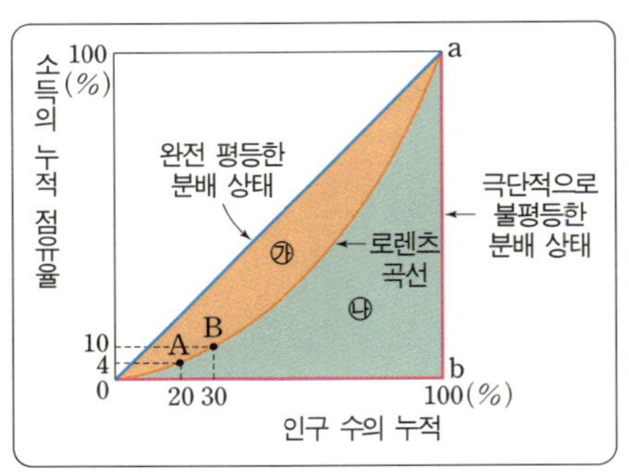

▲ 로렌츠 곡선

미국의 통계학자 로렌츠Lorenz, M. O가 만든 측정 방법이다. 사회의 모든 사람들을 소득의 크기 순서대로 세운 다음, 가로축에는 소득이 낮은 사람부터 순서대로 인구의 비율을 누적해서 표시하고, 세로축에는 그들의 소득 점유율을 누적하여 표시하는 방법으로 그려진 곡선이다.

　그림에서 A는 소득 순위 하위 20%의 사람들이 사회 전체 소득의 4%를 가지고 있고, B는 소득 순위 하위 30%의 사람들이 사회 전체 소득의 10%를 가지고 있다는 뜻으로 소득 순위 하위 20~30%의 사람들이 전체 소득의 6%를 차지한다는 의미이기도 하다. 만약 완전 평등한 사회라면 최하위 10% 사람들의 소득도 10%, 최상위 10% 사람들의 소득도 10%를 가지기 때문에 로렌츠 곡선은 파란색 직선 0a로 나타난다. 극단적으로 불평등한 사회라면 가장 부자인 한 사람의 소득이 100%가 되는 형태인 빨간색 선 0ba로 나타날 것이다. 즉, 로렌츠 곡선은 평등한 사회일수록 파란색 선에 가까운 형태로, 불평등한 사회일수록 빨간색 선에 가까운 형태로 나타난다.

　로렌츠 곡선은 소득 분배 상태를 그림으로 표현하여 국가 간 소득 분배 상태를 비교해 볼 수 있도록 도와준다. 그러나 그림으로만 표현되기 때문에 어느 나라가 더 불평등한지 알 수 있을 뿐 얼마나 불평등한지 알기 어렵고, 또한 여러 국가를 비교할 경우 비교하는 국가의 수만큼 로렌츠 곡선을 그려야 하는 단점이 있다.

③ 지니 계수Gini's coefficient

로렌츠 곡선의 내용을 하나의 수로 나타낸 것이다. 앞의 그림에서 파란색 직선과 로렌츠 곡선 사이 부분을 ㉮, 로렌츠 곡선과 빨간색 선 사이 부분을 ㉯라고 할 때, 지니 계수는 ㉮의 넓이를 ㉮와 ㉯의 넓이의 합으로 나눈 값이다.

$$\text{지니 계수} = \frac{㉮의\ 넓이}{㉮+㉯의\ 넓이}$$

㉮의 넓이가 좁을수록 평등한 소득 분배가 이루어지고 있는 것이므로, 지니 계수가 0이면 완전 평등한 사회임을, 1이면 완전 불평등한 사회임을 의미한다.

소득 재분배 정책

정부는 소득 재분배를 위해 조세 제도와 정부 지출을 이용한다. 다시 말해 고소득층에게 세금을 더 거두어 저소득층에게 나누어 주는 정책을 시행하는 것이다.

조세 제도를 통한 소득 재분배는 고소득층에게는 더 많은 세금을 거두고, 저소득층에게는 세금을 깎아 주거나 면제해 주는 형태로 이루어진다. 소득세나 재산세에 누진 세율을 적용하거나 사치품에 대해 높은 세율을 적용하는 것이 대표적인 예이다.

정부 지출을 이용하는 방법은 각종 사회 복지 제도를 시행하는 것이다. 저소득층에게 의료 서비스 등을 무상으로 제공하는 공공 부조▪나 전 국민을 상대로 제공되는 사회 보험이 이에 속한다.

▪**공공 부조**(公共扶助): 생활 능력이 없는 사람의 최저한의 생활 보호를 위해 마련된 제도.

정부 실패

〔정사 정 政, 관청 부 府, 잃을 실 失, 패할 패 敗〕
government failure

시장에 대한 정부의 과도한 개입이 오히려 국민 경제의 효율성을 떨어뜨리는 현상

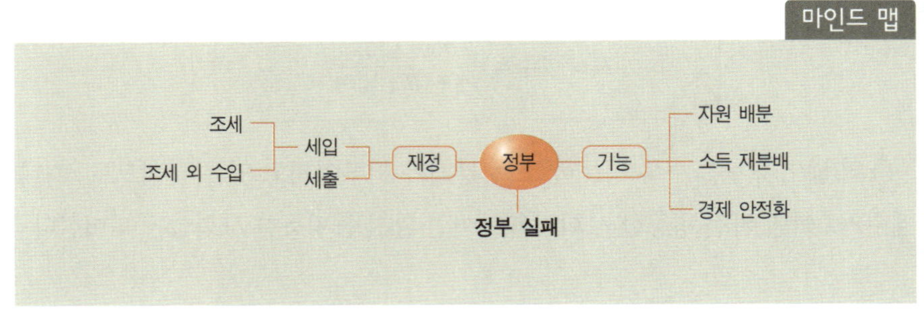

■**시장 실패**(市場失敗): 시장이 자유롭게 기능하는데도 효율적이지 못한 자원 배분 상태를 초래하는 것.

시장 실패■의 예에서 보듯이 시장이 항상 효율적으로 자원을 배분하는 것은 아니다. 정부는 시장 실패가 발생할 경우 경제에 개입하여 이를 보완하기 위한 여러 가지 정책을 실시한다. 그러나 정부 역시 완전한 것은 아니다. 정부의 시장 개입이 오히려 비효율적인 자원 배분을 일으킬 수도 있다. 이런 현상을 가리켜 '정부 실패'라고 한다.

정부 실패의 원인

① 지식과 정보의 부족

정부 실패가 나타나는 이유에는 여러 가지가 있다. 일단 정부 역시 다른 경제 주체들처럼 가지고 있는 정보와 지식의 양이 제한적이라는 사실이다. 물론 기업이나 가계보다 조금 더 많은 정보를 가지고 있을 수도 있겠지만, 정부 관료들 역시 사람들인지라 완벽한 정보를 가지기는 거의 불가능하다. 제한된 정보를 바탕으로 국민 경제 전체와 관련된 판단을 내리려다 보니 오류가 생길 수밖에 없다.

② 정부의 정책 의도와 다른 경제 주체들의 행동

설사 정부가 바른 판단을 한다 해도 경제 주체들이 정부의 의도와 다르게 행동하는 경우가 많다는 것도 정부 실패의 원인 중 하나이다. 예를 들어 정부가 소비를 장려하기 위해 세금을 낮추었는데 오히려 국민들이 세금 인하로 생긴 여유 소득으로 저금만 한다면 정부의 의도가 실행되지 않을 수도 있다.

③ 경제 주체 간의 대립

이해관계에 따른 경제 주체 간의 대립도 정부 실패의 원인이 된다. 정부의 정책들 중에는 이익을 보는 쪽과 손해를 보는 쪽이 갈리는 것들이 많이 있다. 이럴 경우 타협을 하게 되는데 이 과정에서 일부 이익 집단의 의견을 따르느라 경제적 합리성이 희생될 수도 있다.

④ 정부 관료의 부정부패 등

정부 정책을 실제로 집행하는 정부 관료들이 부정부패를 저지르거나 자신들의 이익만 챙기는 이기주의에 빠져 있는 경우 제대로 된 판단을 내리지 못해 경제적인 비효율이 초래될 수 있다.

정부 실패에 대한 대책

시장 실패와 마찬가지로 정부 실패 역시 비효율을 발생시키기 때문에 이를 보완하기 위한 여러 가지 노력들이 이루어지고 있다. 우선 경쟁을 통한 효율성 향상을 위해 공기업을 민영화■하고 있다. 또한 관료 기구의 부정부패를 해소하기 위해 시민 단체의 감시를 강화하는 것도 정부 실패를 해결하는 좋은 방법이 될 것이다.

■ **민영화**(民營化) : 관에서 운영하던 기업 따위를 민간인이 경영하게 함.

국내 총생산

〔나라 국 國, 안 내 內, 다 총 總, 날 생 生, 낳을 산 産〕
gross domestic product: GDP
일정 기간 동안 한 나라의 영토 안에서 생산된 최종 재화와
서비스의 시장 가치의 총액

마인드 맵

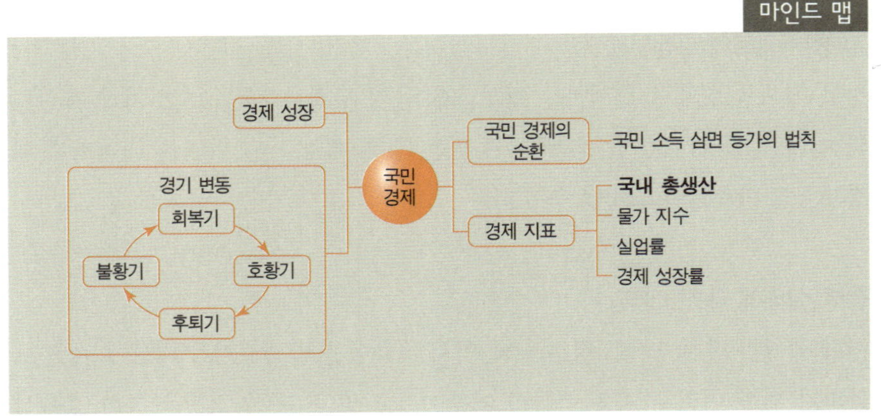

초·중·고등학교를 다니는 동안 해마다 빠지지 않고 하는 행사 중에 신체 검사가 있다. 키와 몸무게, 시력 등 신체의 다양한 수치들을 1년에 한 번씩 재고 그것을 기록으로 남겨 두는 것이다. 이렇게 신체에 대한 다양한 수치들을 정리해 놓는 이유는 무엇일까? 바로 이 수치들을 통해 학생의 성장 상태를 짐작해 볼 수 있기 때문이다.

사람의 키나 몸무게를 재는 것처럼 한 나라의 경제도 그 상태를 알아보기 위해 다양한 수치들을 측정한다. 이를 '경제 지표'라고 하는데 실업률, 경제 성장률, 주가 지수 등이 그 대표적인 예에 해당된다.

국내 총생산의 의미

국내 총생산은 한 국가의 경제력이나 국민들의 생활 수준을 알아보기 위해 사용하는 대표적인 경제 지표 중의 하나이다. GDP란 국내에 거주하는 사람들에 의해 일정 기간 동안 생산된 최종 생산물의 시장 가치의 총액이다.

'국내에 거주하는' 사람들이 생산한 것만 포함하는 개념이기 때문에 우리나라에 거주하는 외국인이 생산한 가치는 들어가지만, 외국에 거주하는 우리 국민이 생산한 가치는 포함하지 않는다. 이런 점에서 국민 총생산gross national product: GNP과 비교해 볼 수 있다.

GDP가 영토를 중심으로 한 개념이라면 GNP는 국적을 중심으로 한 개념이야. 예를 들어 영국에서 활동 중인 박지성 선수의 경제 활동은 GNP에는 포함되지만, GDP에는 포함되지 않아. 반대로 미국 팝가수 비욘세가 우리나라에 와서 공연한다면 GNP에는 계산되지 않겠지만 GDP에는 포함되지. 세계화로 이동과 교류가 잦아 GDP 개념이 더 많이 쓰이는 추세야. 우리나라에 들어와 있는 외국인 노동자의 경제 활동과 외국으로 이민 간 교포의 경제 활동 중에서 누구의 경제 활동이 우리 경제에 미치는 영향이 더 크겠어? 당연히 우리나라에서 활동 중인 외국인 노동자들의 경제 활동이 더 크지.

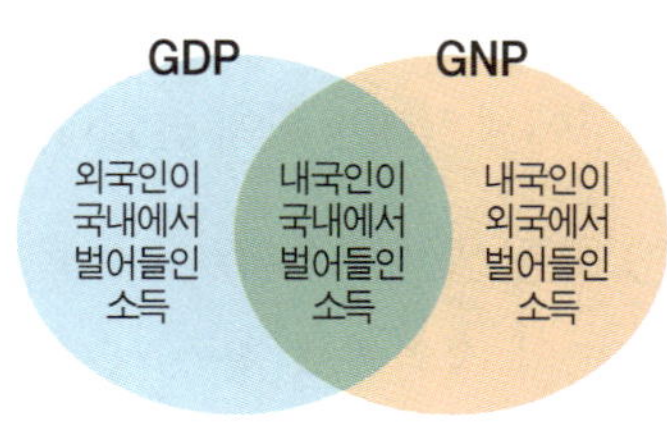

'일정 기간 동안' 이라는 것은 정확한 크기 비교를 위해 기간을 한정하여 측정한다는 의미이다. GDP는 판매한 것이 아닌 생산한 것을 측정하기 때문에 중고품이나 재고품처럼 이미 생산되어 지난 GDP에 포함된 것은 그해에 포함되지 않고, 중복 측정을 막기 위해 중간 생산물도 측정에서 제외된다. 예를 들어 샌드위치를 만든다면 재료인 빵, 치즈, 햄의 가치가 샌드위치에 이미 포함되어 있기 때문에 따로 계산하지 않고 샌드위치의 가치만 측정하는 것이다.

중간 생산물이란 다른 생산물을 생산하기 위해 재료로 사용되는 물건이야. 예를 들어 빵을 그냥 먹었다면 최종 생산물이지만, 빵을 이용하여 샌드위치를 만들어 먹었다면 빵은 중간 생산물이 되는 거지.

또한 GDP는 모든 생산물의 가치를 하나의 수로 표시하기 위해, 분수를 덧셈할 때 분모를 통분하는 것처럼 생산물의 가치를 모두 '시장 가치' 로 바꾸어 측정한다. 예를 들어 자동차 1대, 책 1권으로 표시하지 않고 시장에서 거래되는 자동차 가치인 1000만 원, 책값인 1만 원으로 환산하여 가치를 더하기 때문에 알아보기 쉬운 하나의 수를 얻을 수 있다.

국내 총생산을 구하는 방법

어떤 나라에서 농부가 밀을 경작하기 위해 밀 종자, 농약, 농기구 등을 구입하는 데 80만 원이 들었다. 농부는 이를 바탕으로 부지런히 농사를 지어 밀을 생산하였다. 농부의 노력으로 수확된 밀은 200만 원에 제분업자에게 팔렸다. 밀을 구입한 제분업자는 밀가루를 만들어서 소비자에게 100만 원어치, 제빵업자에게 300만 원어치를 판매했다. 그리고 제빵업자는 맛있는 빵을 만들어서 소비자에게 500만 원에 팔았다. 이 나라의 GDP는 얼마일까?

① 최종 생산물의 시장 가치를 모두 더하는 방법

GDP의 정의대로 최종 생산물의 시장 가치를 모두 더하여 구하는 방법이다. 이 나라의 최종 생산물은 소비자가 구입한 밀가루와 빵이다. 따라서 밀가루의 시장 가치(100만 원)와 빵의 시장 가치(500만 원)를 더한 600만 원이 GDP이다.

② 각 생산 단계의 부가 가치를 모두 더하는 방법

최종 생산물의 시장 가치를 모두 더하는 방법으로 GDP를 구하는 경우에는 밀가루와 빵을 최종 소비자가 구입했다고 가정한 것이다. 그러나 현실적으로 구입자가 밀가루를 최종 생산물로 구입한 것인지, 다른 재화의 중간 생산물로 구입한 것인지를 구분하기란 쉬운 일이 아니다. 따라서 현실에서는 각 생산 단계의 부가 가치를 더하는 방법이 많이 사용된다.

　예에서 농부가 구입한 원료를 만든 원료 생산자가 생산한 부가 가치는 80만 원(원료 판매비 80만 원, 물론 원료를 만드는 데 생산비가 전혀 안 들었을 리 없지만 여기서는 계산 편의를 위해 생산비가 0원 들었다고 가정한다.)이므로 농부가 만들어 낸 부가 가치는 120만 원(밀 판매비 200만 원－원료 구입비 80만 원)이다. 제분업자가 만들어 낸 부가 가치는 200만 원(밀가루 판매비 400만 원－밀 구입비 200만 원)이고, 제빵업자가 창출한 부가 가치는 200만 원(빵 판매비 500만 원－밀가루 구입비 300만 원)이다. 이처럼 원료 생산자, 농부, 제분업자, 제빵업자가 각 생산 단계에서 창출한 부가 가치를 모두 더한 값인 600만 원(80만 원＋120만 원＋200만 원＋200만 원)이 GDP이다.

명목 GDP와 실질 GDP

GDP는 시장 가치로 환산하여 더해진다. 그러다 보니 물가국민 경제 전체의 가격 수준가 변하면 생산량이 변하지 않아도 GDP가 변할 수 있다. GDP를 측정하는 목적은 경제의 전체적인 생산 능력을 알아보기 위한 것인데 물가 변화에 따라 GDP가 변한다면 GDP를 측정하는 목적이 제대로 실현되지 못할 수 있다. 이러한 문제점을 해결하기 위해 명목 GDP와 실질 GDP가 구분되어 사용된다.

　명목 GDP란 물가 변동을 고려하지 않고 당해 연도 가격으로 측정한 것이고, 실질 GDP란 물가 변동을 고려하여 생산 연도가 아닌 임의로 정한 기준 연도 가격으로 측정한 것이다.

　다음 표와 같이 사과만 생산하는 어떤 나라가 있고, 기준 연도는 2010년이라고 가정해 보자.

연도	생산량(개)	가격(원)	명목 GDP(원)	실질 GDP(원)
2010년	10	100	1,000(100원×10개)	1,000(100원×10개)
2012년	30	120	3,600(120원×30개)	3,000(100원×30개)

　표에서 보는 것처럼 2010년은 기준 연도이기 때문에 명목 GDP와 실질 GDP가 동일하다. 그러나 2012년의 경우는 두 지표의 값이 다르며, 특히 실질 GDP를 보면 가격 변화의 영향 없이 순수하게 생산 수준이 얼마나 증가했는지 이 경우에는 3배를 알 수 있다.

기준 연도는 계산 결과의 비교를 편리하게 하기 위해 임의로 정한 거야. 현재 우리나라에서는 '0'과 '5'로 끝나는 해를 기준 연도로 삼고 있어. 2012년이라면 기준 연도는 가장 최근에 지난 '0'이나 '5'로 끝난 해인 2010년이지.

1인당 GDP

A반과 B반이 있다고 가정해 보자. 경제 시험을 본 결과 A반은 총점이 100점,

B반은 50점이 나왔다. 이것을 보고 A반의 총점이 B반보다 높으니 A반이 공부를 더 잘하는 반이라고 말할 수 있을까? 만약 A반은 20명, B반은 2명으로 구성된 반이라면 어떨까?

GDP는 한 국가에서 생산된 재화와 서비스의 총액, 그러니까 경제 시험의 총점과 유사한 개념이다. 진짜 한 나라의 경제력을 알아보려면 1인당 생산량, 즉 한 명이 시험에서 몇 점을 받았는지를 측정해야 한다. 이렇게 GDP를 전체 인구로 나눈 것을 '1인당 GDP'라고 한다.

왼쪽 그림에서 2009년 우리나라와 중국의 GDP를 비교해 보면 중국은 우리나라의 약 6배 정도가 된다. 그러나 중국은 우리나라의 약 28배에 해당하는 엄청난 인구를 가지고 있기 때문에 1인당 GDP를 계산해 보면 우리나라가 중국보다 약 4.6배 높다. 즉 국민 각 개인을 놓고 보았을 때, 우리나라가 중국보다 더 높은 경제 수준을 누리고 있다고 볼 수 있다.

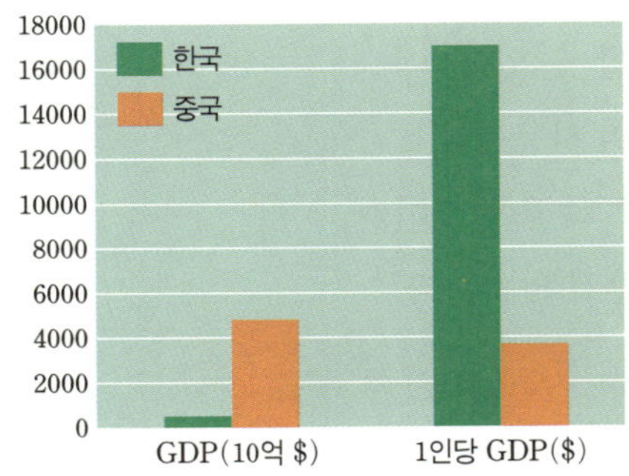

▲ 한국과 중국의 GDP 및 1인당 GDP 비교(2009년)

GDP 개념의 한계

GDP를 통해 한 국가의 생활 수준이나 경제 활동 수준을 알아볼 수 있지만 GDP만으로 국민 경제의 삶의 질을 평가하기에는 다음과 같은 한계가 있다.

첫째, 시장에서 거래되지 않는 상품의 가치는 포함되지 않는다. 주부의 가사 노동이나 봉사 활동 등은 삶의 질을 높여 줌에도 불구하고 GDP 계산에서 제외된다. 둘째, 비공식적인 시장에서 거래된 품목도 제외된다. 암시장에서 아무리 많은 상품 거래가 있었다고 해도 GDP에는 포함되지 않는다. 셋째, 국민 경제 내 소득 분배 상황을 나타내지 못한다. 같은 GDP 수준이라 하더라도 대부분이 중산층에 속하는 나라와 빈부 격차가 큰 나라가 있을 것이다. 빈부 격차가 적은 나라가 더 좋은 경제 상황을 가지고 있다고 많은 사람들이 생각하겠지만 GDP는 이런 상황을 반영하지 못한다. 넷째, 쾌적한 자연환경, 낮은 범죄율처럼 화폐 단위로 측정할 수 없는 요소가 고려되지 못한다.

경제 성장

〔다스릴 경 經, 구제할 제 濟, 이룰 성 成, 자랄 장 長〕
economic growth

한 나라의 재화와 서비스 생산이 증가하여 경제 규모가 커지
는 것

마인드 맵

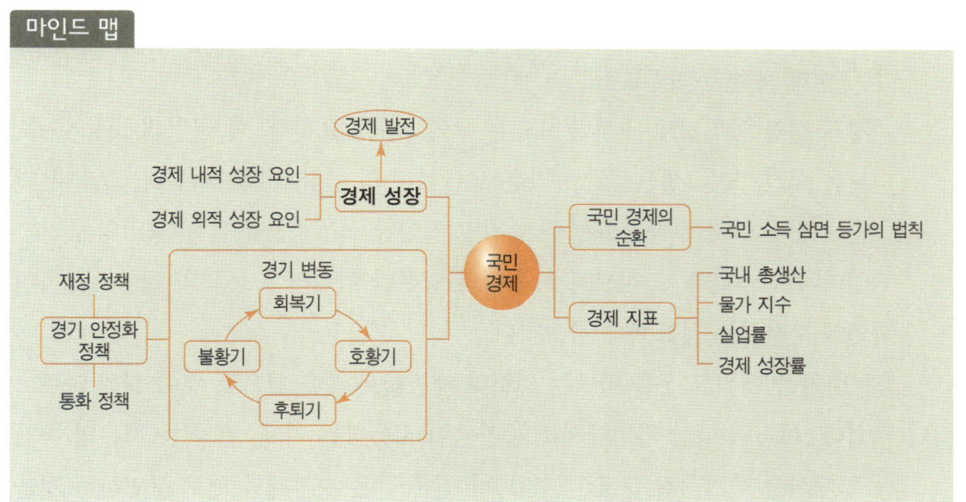

경제 성장이란 한 나라의 재화와 서비스 생산이 지속적으로 증가, 확대되어 경제 규모가 커지는 것을 의미한다. 생산이 증가하면 물질적으로 풍요로워져 국민 생활이 더 나아질 수 있기 때문에 경제 성장은 국민 경제의 중요한 목표 중의 하나이다.

경제 성장률

경제 성장은 경제가 성장한 비율, 즉 경제 성장률로 측정할 수 있다. 경제 성장은 경제 규모가 커지는 것이기 때문에 경제 성장률은 GDP가 변화한 정도로

측정한다. 특히 서로 다른 두 시점의 생산 능력 변화를 측정하는 것이므로 물가의 영향을 받지 않도록 실질 GDP의 변화로 측정한다.

$$경제\ 성장률(\%) = 실질\ GDP의\ 변화율 = \frac{금년도\ 실질\ GDP - 전년도\ 실질\ GDP}{전년도\ 실질\ GDP} \times 100$$

경제 성장 요인

경제 성장은 생산 과정에서 사용되는 노동과 자본의 양적인 증가와 질적 변화, 자연 자원 그리고 기술 진보 등 경제 내적인 요인과 경제 주체들의 의지나 사회 제도 등 경제 외적인 요인이 복합적으로 어우러져 이루어진다.

① 경제 내적인 성장 요인

경제 성장에서 경제 내적인 요인은 무엇보다 중요하다. 한 국가의 노동자 수, 노동 시간, 노동 생산성의 증가는 생산 수준의 향상으로 연결된다. 그러나 단순히 인구 증가에 따른 노동력 증가만 일어날 경우 1인당 실질 GDP의 증가가 일어나기 어렵다. 그러므로 노동력의 양뿐만 아니라 노동력의 질인적 자본적인 면에 투자하는 것도 매우 중요하다.

　바늘을 가지고 옷을 만드는 것보다 재봉틀로 옷을 만드는 것이 훨씬 빠르고 쉽다. 이처럼 생산 과정에서 노동자들이 사용하는 기계, 건물 등 자본의 증가도 생산을 증가시킬 수 있다. 기계나 건물 같은 자본재를 새로 구입하는 것을 투자라고 하는데, 투자를 하기 위해서는 저축이 이루어져야 한다. 발전 초기에 있는 개발 도상국■들은 노동력은 충분한데 자본이 부족하여 빠른 성장을 이루지 못했다. 그렇기 때문에 국민들에게 저축을 강조하는 경우가 많았다.

　노동과 자본의 성장 외에 새로운 생산 방법이나 생산물을 찾아내는 기술 진보도 경제 성장의 중요한 요인이다. 오늘날 대부분의 선진국들은 기술의 혁신과 진보를 통해 다른 국가들을 앞서 가고 있다. 그러나 이와 같은 경제 내적인 요인만으로 경제 성장이 제대로 이루어지기는 어렵다.

② 경제 외적인 성장 요인

경제 외적인 측면, 즉 기업이나 개인의 자유로운 경제 활동이 이루어질 수 있도록 보장하는 제도와 사회적인 안정이 뒷받침된다면 경제는 더욱 성장할 수 있을 것이다.

　경제 주체들의 의지도 성장의 정도를 좌우하는 중요한 요소이다. 가계는 적절한 소비와 저축을 유지하기 위해 노력하고, 기업은 기업가 정신을 바탕으로 원만한 노사 관계 유지에 힘쓰며, 정부는 경제 주체들의 원만한 활동이 유지되도록 지원하는 역할을 충실히 수행해야 한다.

경제 발전(economic development)을 경제 성장과 구분해서 기억하도록 하자. 경제 발전이란 한 국가의 생산력 증가뿐만 아니라 경제 전반의 효율성과 합리성이 증대되는 상태를 의미해. 경제 성장보다 더 넓은 개념이지.

주제 **7**

실업 〔잃을 실 失, 업 업 業〕
unemployment

노동할 의욕과 능력을 가진 사람이 자기의 능력에 맞는 일을
할 수 있는 기회를 얻지 못한 상태

마인드 맵

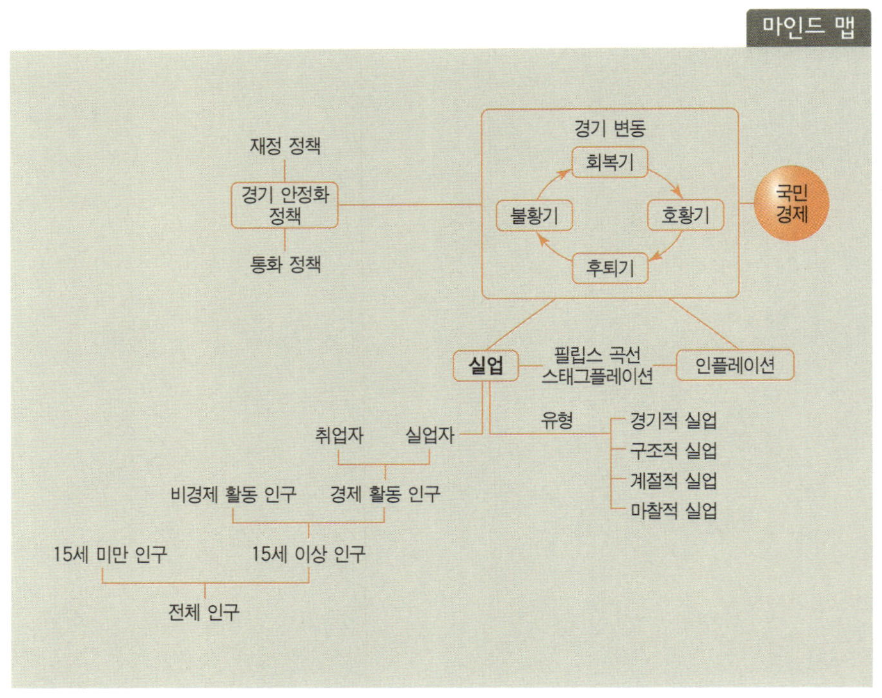

    사람들은 일을 하고 그 대가로 임금을 받아 필요로 하는 재화와 서비스를 구입하면서 삶의 보람을 얻는다. 기업은 노동자를 고용하여 생산을 하는데, 이는 곧 국민 경제의 생산 능력과 연결된다. 그러므로 사람들에게 일자리를 제공하는 일은 무엇보다 중요한 문제라고 할 수 있다. 그러나 여러 가지 이유로 일을 하고 싶은데도 불구하고 일을 하지 못하는 경우가 있는데, 이를 '실업' 이라고 한다.

실업률

실업이란 생산 능력이 있는데도 불구하고 일자리를 구하지 못한 상태를 의미하므로, 실업률을 구하기 위해서는 전체 인구보다 경제 활동이 가능한 인구 규모를 파악하는 것이 필요하다.

우리나라에서는 의무 교육이 끝나는 만 15세 이상부터 경제 활동이 가능하다고 보고 있다. 이들 중에서 현직 군인이나 수감자처럼 스스로 자신의 행동을 선택할 수 없는 사람을 제외한 모든 이가 조사 대상이 된다. 이들 가운데 수입이 있는 일에 종사하고 있거나 취업을 위한 구직 활동을 하고 있는 사람을 '경제 활동 인구'라고 한다. 반면에 경제 활동이 가능한 만 15세 이상이라 해도 일자리를 찾다가 지쳐서 직업을 구하는 것을 포기한 사람인 구직 포기자, 재학생, 전업주부 등은 경제 활동 인구에서 제외된 '비경제 활동 인구'라고 한다. 경제 활동 인구 중에서 일자리를 가진 사람을 '취업자', 일자리를 구하지 못한 사람을 '실업자'라고 한다.

	실업자	취업자
비경제 활동 인구	경제 활동 인구	
15세 이상 인구(노동 가능 인구)		

▲ **15세 이상 인구의 구성**

실업률을 구하는 방법은 다음과 같다.

$$\text{실업률(\%)} = \frac{\text{실업자 수}}{\text{경제 활동 인구 수}} \times 100 = \frac{\text{실업자 수}}{\text{취업자 수 + 실업자 수}} \times 100$$

실업률은 국민 경제의 고용 상황을 알려 주는 유용한 지표이다. 그러나 몇 가지 문제점을 지니고 있다. 우선 일자리의 질을 고려하지 못한다. 예를 들어 시간제나 임시직으로 고용되어 있는 사람이 많아도 실업률은 낮아진다. 또한 구직 포기자도 통계상 실업자에 포함되지 않는다. 정부에서 발표하는 실업률보다 실제 느껴지는 실업률이 높다고 생각되는 것은 이처럼 우리가 상식적으로 실업이라고 생각하는 상태를 실업 통계가 제대로 반영하지 못하기 때문에 발생하는 현상이다.

실업의 유형

① 자발적 실업

실업은 개인뿐만 아니라 경제 전체적으로도 피해를 준다. 그러나 실업의 심각성이 항상 같은 것은 아니다. 경우에 따라서는 원하는 일자리를 찾을 때까지 자발적으로 실업 상태를 선택하는데, 이를 자발적 실업이라고 부른다.

자발적 실업에는 탐색적 실업과 마찰적 실업이 있다. 예를 들어 어떤 사람이 직장에 다니고 있는데 적성에 맞지 않거나 보수가 마음에 들지 않아 그만두었다고 가정해 보자. 자신이 원하는 조건에 맞는 새로운 직장을 찾으려면 어느 정도 시간이 필요할 것이다. 이렇게 노동자가 자신의 기술과 적성에 맞는 직업을 찾는 과정에서 발생하는 실업을 '탐색적 실업'이라 하고, 직업을 바꾸는 과정에서 일시적으로 일자리를 갖지 못하는 것을 '마찰적 실업'이라고 한다. 이 실업은 자신에게 알맞은 일자리를 찾기 위해 본인이 자발적으로 나서서 적합한 자리를 찾고, 일자리를 바꾸는 시점을 잘 조절한다면 해결될 수 있다.

② 비자발적 실업

자발적 실업과는 달리 본인이 원치 않는데도 발생하는 비자발적인 실업도 있다. 비자발적 실업은 구조적 실업, 경기적 실업, 계절적 실업으로 나누어 생각해 볼 수 있다.

구조적 실업이란 경제 구조가 변하면서 특정 산업 부문에서 발생하는 실업이다. 예를 들어 공장이 자동화되면서 새로운 기술을 익히지 못한 노동자들이 일자리를 잃어버리는 상황이 이에 해당된다. 이 경우 새로운 기술을 익힐 수 있도록 직업 훈련이나 재교육을 지원하는 것이 필요하다.

경기적 실업이란 대한민국의 IMF 구제 금융■ 시기에 발생했던 실업처럼 경기 불황으로 인해 노동력 수요가 감소하면서 발생하는 실업이다. 경기적 실업은 경기가 다시 회복되어야만 줄어들 수 있다.

계절적 실업은 계절의 영향을 받는 직업을 가진 사람들이 특정 계절에 일자리를 잃는 것을 말한다. 농사를 짓지 않는 겨울에 농부들이 일자리를 잃게 되고, 스키를 탈 수 없는 계절에 스키 강사가 실업 상태에 놓이는 것 등이 이에 해당된다.

■ 대한민국 IMF 구제 금융: 1997년 12월 3일 대한민국이 통화 외환 위기(국가 부도 위기)를 겪어 국가의 환율 안정과 국제 수지 적자 보존을 위해 국제 통화 기금(IMF)에서 단기 저리로 받은 금융.

물가 지수 〔물건 물 物, 값 가 價, 가르킬 지 指, 셈 수 數〕
price index

시장에서 거래되는 여러 상품의 평균 가격 수준인 물가의 변동을 파악하기 위하여 작성되는 지수

마인드 맵

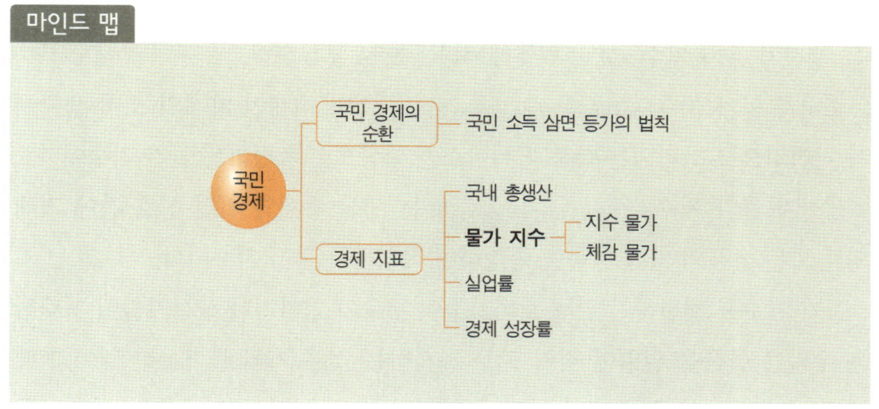

물가는 우리가 가장 많이 접하는 경제 지표 중의 하나로, 국민 경제에서 거래되는 물건값의 평균을 의미한다. 중간고사를 보고 전 과목의 평균 성적을 계산해 보는 것처럼 물건값의 평균을 구하는 것이다. 물가가 오르면 한정된 소득으로 생활해야 하는 사람들이 구입할 수 있는 상품이 줄어들어 생활에 피해를 입을 것이고, 물가가 내리면 생산자가 전보다 손해를 입을 수 있다.

조금 더 넓게 생각하면 물가의 변동은 소비, 투자, 저축, 국제 거래 등 경제 전체의 모든 활동을 반영하고 있는 중요한 자료이기도 하다. 이런 이유로 물가는 늘 관심의 대상이 되고 있다.

이러한 물가의 변화를 보다 쉽게 알아보기 위해 '물가 지수'라는 것을 사용한다. 물가 지수란 어떤 해를 기준으로 잡아 그해의 물가 수준을 100으로 할

때, 그것에 대한 다른 해의 물가 수준을 비율로 나타낸 수치이다

$$물가\ 지수 = \frac{비교시의\ 물가\ 수준}{기준시의\ 물가\ 수준} \times 100$$

만일 비교 연도의 물가 지수가 110이라면, 기준 연도의 물가 지수는 항상 100이므로 기준 연도에 비해 물가가 10% 상승했음을 나타낸다.

물가 지수의 종류

물가 지수에는 측정 대상이 되는 품목이 어떤 것인지에 따라 소비자 물가 지수, 생산자 물가 지수, GDP 디플레이터 등으로 분류한다.

소비자 물가 지수consumer price index: CPI는 소비 주체인 가계의 소비 생활에서 직접적으로 소비되는 상품과 서비스를 대상으로 측정하는 물가 지수이다.

생산자 물가 지수producer price index: PPI는 생산 주체인 기업 상호 간에 거래되는 모든 상품의 가격 변동을 측정하여 작성하는 물가 지수이다.

물가 지수를 계산하기 위해 소비자들이 주로 구입하거나 생산자들이 거래하는 수많은 물품을 일일이 찾아 모두 조사하는 것은 거의 불가능한 일이기 때문에 거래되는 품목 중에서 가장 대표적인 것을 선정하여 가격을 조사한다. 소비자 물가 지수의 경우에는 소비자들의 생활에서 가장 비중이 높은 소비재 500여 개를 선정하여 측정하고, 생산자 물가 지수 역시 900여 개의 품목을 선정하여 계산한다.

GDP 디플레이터GDP deflator는 명목 GDP를 실질 GDP로 나눈 값에 100을 곱한 것이다. GDP 디플레이터는 다른 물가 지수와는 달리 한 나라 안에서 거래되는 모든 재화와 서비스를 대상으로 측정하기 때문에 종합적인 물가 지수로서의 성격을 가지고 있다.

$$GDP\ 디플레이터 = \frac{해당\ 연도\ 명목\ GDP}{해당\ 연도\ 실질\ GDP} \times 100$$

GDP 디플레이터가 왜 물가 지수가 되냐구? 이렇게 생각해 보자. GDP는 그해에 생산된 최종 생산물의 시장 가치의 총합이야. 예를 들어 어떤 국민 경제에 최종 생산물이 A, B 이렇게 2개만 있다고 해 보자. 명목 GDP는 A의 생산량×A의 해당 연도 가격+B의 생산량×B의 해당 연도 가격이고, 실질 GDP는 A의 생산량×A의 기준 연도 가격+B의 생산량×B의 기준 연도 가격이야. 그렇다면

GDP 디플레이터

$$= \frac{\text{해당 연도 명목 GDP}}{\text{해당 연도 실질 GDP}} \times 100$$

$$= \frac{\text{A의 생산량×A의 해당 연도 가격+B의 생산량×B의 해당 연도 가격}}{\text{A의 생산량×A의 기준 연도 가격+B의 생산량×B의 기준 연도 가격}} \times 100$$

그래서 해당 연도와 기준 연도의 가격 수준을 비교할 수 있게 되는 거지!

물가 지수의 한계

물가 지수는 몇 가지 한계를 가지고 있다. 앞에서 살펴본 소비자 물가 지수의 경우 일반적인 소비 생활 비용을 알아볼 수는 있어도, 개인마다 자주 사용하는 품목이 다르기 때문에 각 개인의 생계비를 모두 반영할 수는 없다. 예를 들어 통계청에서는 분유 가격을 물가에 반영하지만 아기가 없는 가계에서는 분유 가격의 변화가 생활에 와 닿지 않을 수 있다.

또한 소비자 물가 지수는 단순히 가격의 변동을 표현할 뿐 품질의 변화는 고려하지 못한다. 휴대 전화의 경우 과거에 비해 가격이 상승한 것은 휴대 전화의 성능이 좋아졌기 때문인데, 이런 성능 개선으로 인한 가격 상승은 물가 지수를 통해 알기 어렵다.

이와 같이 정부에서 발표하는 지수 물가와 소비자들이 느끼는 체감 물가는 다르게 나타나기도 한다. 이를 보완하여 지수 물가와 체감 물가 사이의 차이를 완화하기 위해 일반 소비자들이 자주 구매하는 품목들을 대상으로 작성하는 물가 지수인 '생활 물가 지수'를 측정하여 사용하고 있다.

주제 **9**

인플레이션 *inflation*

물가 수준이 전반적으로 상승하는 현상

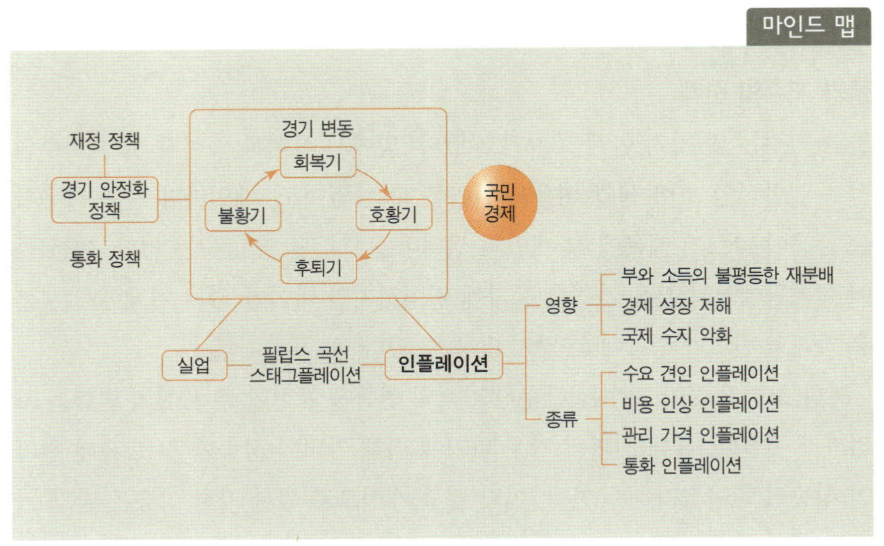

■ **생산 요소**(生産要素 production factor): 재화와 서비스 생산에 투입되는 경제 자원으로 토지, 노동, 자본, 경영의 4대 생산 요소가 있다.

화폐 가치가 하락하여 물가 수준이 전반적으로 상승하는 현상을 인플레이션이라고 한다. 예측 가능한 수준의 적당한 인플레이션은 경제 활동에 활력을 불어넣을 수 있다. 생산 요소■에 드는 비용보다 생산물의 가격이 더 많이 올랐다면 기업 입장에서는 더 많은 이윤을 기대할 수 있게 되어 생산을 늘리려 하기 때문이다. 생산을 증가시키기 위해서는 고용이 확대되어야 하고, 이는 소득을 증가시켜 지출의 확대로 이어질 수 있어, 총공급과 총수요가 함께 촉진될 수 있는 것이다.

그러나 예측할 수 없는 극심한 인플레이션은 경제 전체에 여러모로 부정적인 영향을 미칠 수 있다. 특히 인플레이션은 자원의 비효율적 배분과 소득의 불공평한 분배를 유발하는 원인이 되기도 한다.

인플레이션의 종류와 그 원인

인플레이션이 일어나는 원인은 총수요와 총공급의 관계를 통해서 생각해 볼 수 있다. 물가나 국민 소득 이외의 요인이 변하여 총수요 곡선이 우측으로 이동총수요의 증가하거나 총공급 곡선이 좌측으로 이동총공급의 감소할 때 물가는 상승한다.

① 수요 견인 인플레이션demand-pull inflation

민간 소비, 투자, 정부 지출, 순수출수출-수입 중에서 어느 하나가 갑자기 큰 폭으로 증가할 경우, 총수요가 증가하면서 총수요 곡선이 우측으로 이동하여 인플레이션이 일어난다. 이렇게 총수요의 확대로 인해 나타나는 인플레이션을 수요 견인 인플레이션 또는 초과 수요 인플레이션이라고 한다.

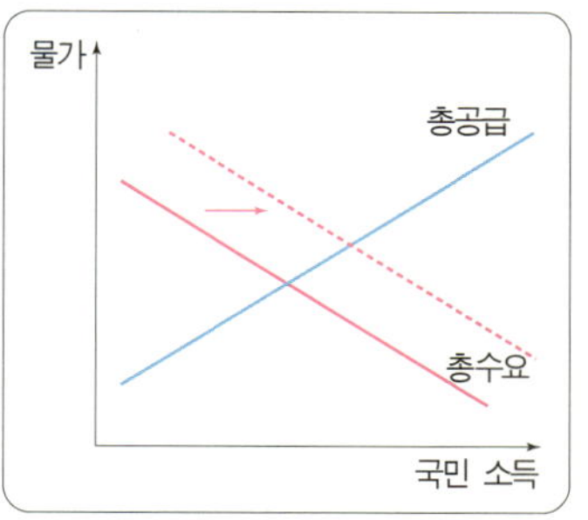

▲ 수요 견인 인플레이션

② 비용 인상 인플레이션cost-push inflation

총수요는 큰 변화가 없는데 총공급이 줄어들 때에도 인플레이션이 일어날 수 있다. 임금이나 원자재 가격이 상승하면 생산 비용이 증가하여 부가 가치가 감소하면서 총공급도 감소하게 된다. 이렇게 생산비의 상승으로 나타나는 인플레이션을 비용 인상 인플레이션이라고 한다.

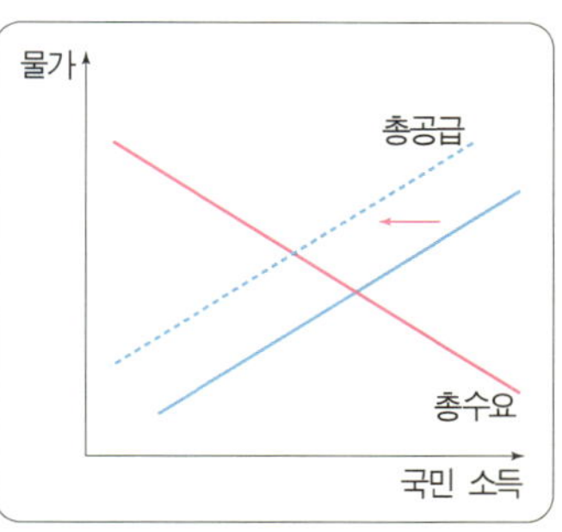

▲ 비용 인상 인플레이션

③ 관리 가격 인플레이션managed-price inflation

독과점 기업이 상품의 가격을 올림으로써 인플레이션이 일어날 수도 있는데 이를 관리 가격 인플레이션이라고 한다.

④ 통화 인플레이션monetary inflation

화폐량이 크게 증가한 경우에도 인플레이션이 일어날 수 있는데 이를 통화 인플레이션이라고 한다.

인플레이션의 영향

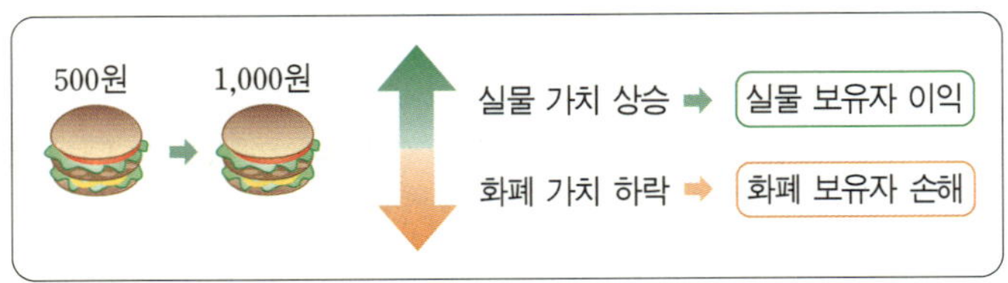

인플레이션이란 500원 하던 빵이 1,000원이 되는 것처럼 대부분의 상품 가격이 상승함을 의미한다. 빵의 질은 전혀 변하지 않았는데 가격만 올랐다면 빵의 가치는 2배 상승(빵 1개의 값이 500원 → 1,000원)한 반면, 500원이란 돈의 가치는 1/2배로 감소(500원으로 살 수 있는 빵이 1개 → 1/2개)하게 된다.

① 부와 소득의 불평등한 재분배

인플레이션이 일어나면 화폐의 가치는 하락하고, 상대적으로 실물의 가치는 상승한다. 그러다 보니 생산에 기여한 만큼 분배가 일어나야 함에도 불구하고, 화폐를 보유한 사람은 손해를 보고 부동산이나 보석 등 실물을 가진 사람은 이익을 보는 현상이 나타난다. 노동의 대가를 화폐로 받는 봉급생활자나 연금을 받아 생활하는 사람, 금융 자산 소유자는 화폐 가치 하락으로 봉급과 연금 등 재산이 감소하는 효과를 겪게 되고, 실물 자산 소유자는 가지고 있는 부동산, 보석과 같은 재산의 가치가 상승하는 효과를 얻게 되는 것이다. 대개 부유한 사람들은 실물 자산을 많이 가지고 있고, 상대적으로 저소득층 중에는 봉급생활자가 많기 때문에 인플레이션으로 인해 빈부 격차가 확대될 가능성도 높아진다. 또한 돈을 빌린 사람채무자 입장에서는 갚아야 할 돈의 가치가 떨어져 이익을 얻고, 빌려 준 사람채권자 입장에서는 손해를 보게 된다.

② 경제 성장 저해

인플레이션이 발생하면 금융 자산보다 실물 자산을 갖는 것이 유리하기 때문에 저축은 감소하고, 토지 등에 대한 투기가 증가하여 건전한 성장을 저해하는 원인이 되기도 한다.

③ 국제 수지 악화

인플레이션은 국내에서 생산된 재화와 서비스의 가격이 전반적으로 상승하는 것이다. 이는 국내에서 생산된 수출품들의 가격이 다른 나라의 경쟁 제품들에 비해 상대적으로 비싸짐을 의미한다. 그러다 보니 수출품에 대한 외국인들의 수요는 감소하고, 수입품에 대한 내국인들의 수요는 증가하여 경상 수지▪가 악화될 가능성이 높다.

필립스 곡선Phillips curve과 스태그플레이션stagflation

실업과 인플레이션 문제를 해결하는 것은 모든 국민 경제의 숙제이다. 그러나 불행히도 이 둘을 동시에 해결하는 것은 쉽지 않은 일이다. 총수요가 증가하면 기업들은 생산과 고용을 늘리게 되고 이에 따라 실업률은 낮아지지만 물가는 상승한다. 반대로, 총수요가 감소하면 생산과 고용이 감소하고 실업률은 높아지지만 물가는 안정적인 상태를 유지하게 된다.

물가 상승률과 실업률의 관계는 필립스 곡선을 보면 잘 알 수 있다. 영국의 경제학자인 필립스는 영국의 임금 상승률과 실업률을 분석하여 이 둘 사이에 역逆의 관계가 성립함을 알아냈으며, 물가 상승률과 실업률 사이의 반비례 관계를 나타내는 곡선을 '필립스 곡선' 이라고 부르게 되었다. 필립스 곡선은 정부가 실업을 해결하기 위해서는 어느 정도의 인플레이션을 감수해야 하고, 물가를 안정시키기 위해서는 실업률 상승을 받아들여야 함을 알려 주고 있다.

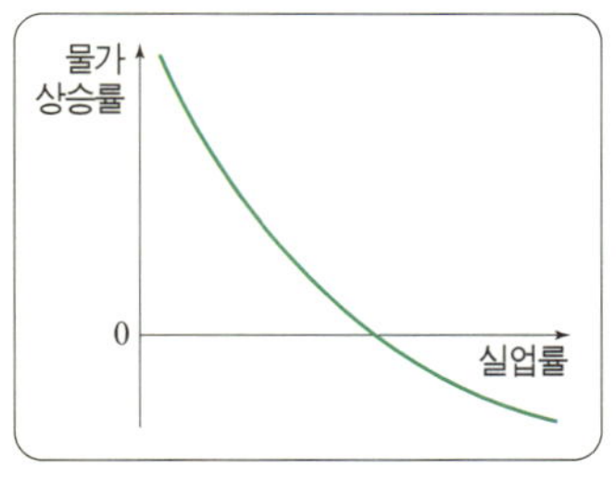

▲ 필립스 곡선

그러나 이후 1970년대에 오면서 물가 상승률과 실업률 사이에 역의 관계가 성립되지 않는 경우가 나타나기 시작했다. 경제 활동의 침체로 생산이 위축되면서 실업률이 높아졌음에도 인플레이션이 지속되는 상태가 나타난 것이다. 이렇게 인플레이션과 함께 경기 침체높은 실업률의 지속가 진행되는 상황을 스태그플레이션▪이라고 한다.

앞선 시기의 인플레이션은 대부분 총수요 증가에 의한 것이다 보니 물가가 상승하면 국민 소득이 증가하고 실업이 감소했다. 그러나 이 시기에 접어들면서 비용 인상 인플레이션이 나타났다. 이 경우 물가가 상승하면 국민 소득이 감소하고, 경제 활동이 위축되면서 실업이 증가하게 된다. 더불어 제품 가격이 상승하면서 총수요가 감소하게 되는데, 이로 인해 기업은 생산과 고용을 더욱 줄이는 악순환으로 연결될 가능성이 높아진다.

주제 **10**

국민 경제의 순환

〔나라 국 國, 백성 민 民, 다스릴 경 經, 구제할 제 濟, 돌 순 循, 고리 환 環〕

경제 주체들이 재화와 용역을 생산·분배하고 소득을 지출하는 과정의 반복

마인드 맵

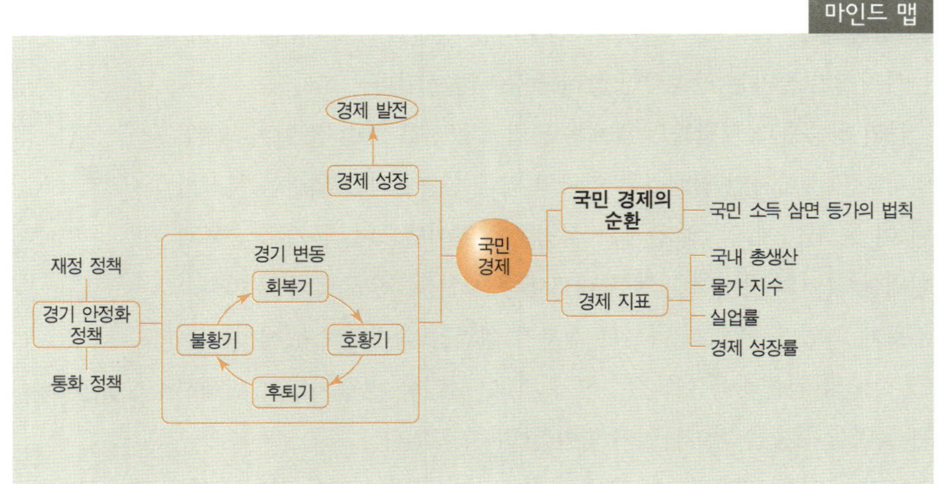

각 경제 주체들은 국가라는 테두리 안에서 서로 밀접한 관련을 맺으며 경제 활동을 하고 있다. 그러므로 각각의 활동을 살펴보는 것도 중요하지만 국민 경제라는 전체적인 틀 속에서의 움직임도 살펴볼 필요가 있다.

기업은 가계에 재화와 서비스를 공급하고, 가계로부터 그 대가를 받는다. 이때 가계가 기업에 지불한 상품의 대가는 그들이 기업에 생산 요소를 제공하고 받은 소득에서 나온 것이다. 즉, 가계는 생산 요소인 노동·토지·자본·경영을 기업에 제공하고, 임금·지대·이자·이윤이라는 소득을 얻는다.

정부는 가계와 기업 사이의 이와 같은 활동이 원활히 이루어지도록 도우면

서, 가계와 기업으로부터 세금을 받아 정부 활동과 관련된 각종 지출을 한다. 여기에 외국이 수출입을 통하여 수요자와 공급자로서의 역할을 수행함으로써 국민 경제의 일원으로 참여하고 있다.

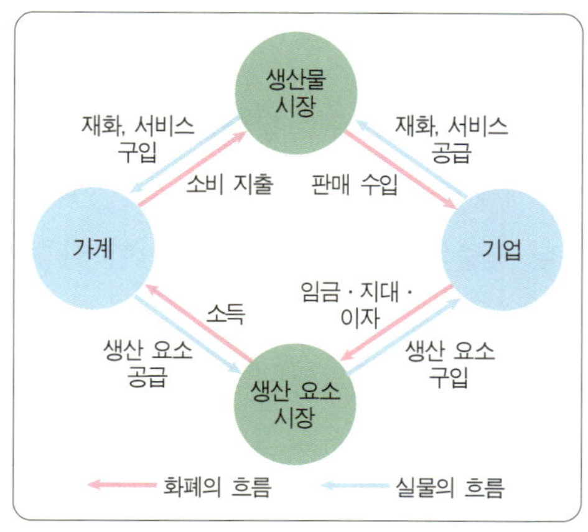

◀ 국민 경제의 순환

생산 국민 소득, 지출 국민 소득, 분배 국민 소득

국민 경제의 규모는 국내 총생산GDP ▪으로 측정할 수 있다. 이를 '생산 국민 소득'이라고 한다. 그런데 국내 총생산을 국민 경제의 순환적인 흐름과 관련하여 다시 한 번 생각해 보자.

　생산된 상품들은 언젠가는 누군가가 구입하여 사용하게 된다. 이때 상품을 구입하는 사람들이 지출하는 돈의 총액은 결국 생산된 상품들의 시장 가치의 총합과 같아질 것이다. 즉, 생산 측면에서 국민 경제의 규모를 측정한 값인 국내 총생산과 국민 경제 전체가 일정한 기간 동안 지출한 값의 총합은 동일하다. 따라서 가계의 지출인 '민간 소비', 기업의 지출인 '민간 투자', 정부의 지출인 '정부 지출', 외국의 지출인 '순수출'의 총합으로도 국민 경제의 규모를 측정할 수 있다. 이를 '지출 국민 소득'이라고 한다.

　한편 기업 입장에서 생산을 하기 위해서는 생산 요소가 필요하다. 그런데 노동 · 토지 · 자본과 같은 생산 요소를 사용할 때에는 반드시 이에 대한 대가를 지불해야 한다. 지불된 임금 · 지대 · 이자는 생산 요소의 소유자에게 있어 소득에 해당된다. 생산 요소에 대한 대가를 다 지불하고 남은 수입은 기업 소유자의 소득이윤이 된다. 즉, 일정 기간 동안 기업이 생산한 산출물의 시장 가치

▪**국내 총생산**: 일정한 기간 동안 한 나라의 영토 안에서 생산된 최종 재화와 서비스의 시장 가치의 총액.

와 국민 경제 전체의 소득_{임금+이자+지대+이윤}은 동일하기 때문에, 소득의 총합을 통해서도 국민 경제의 규모를 측정할 수 있다. 이를 '분배 국민 소득' 이라고 한다.

국민 소득 삼면 등가_{等價}의 법칙

앞에서 살펴본 것처럼 국민 경제가 생산한 최종 생산물 가치의 합인 생산 국민 소득은 생산 요소의 제공자에게 분배된다. 분배된 임금 · 지대 · 이자 · 이윤을 합한 분배 국민 소득은 다 지출되어 국민 경제가 생산한 최종 생산물을 구입하는 데 사용된다.

국민 경제는 이렇게 계속 순환하여 '(생산 국민 소득)=(분배 국민 소득)=(지출 국민 소득)' 임을 알 수 있다. 즉, 국민 경제를 '생산 · 분배 · 지출' 이라는 다른 측면에서 바라볼 뿐이기 때문에 어느 면에서 측정을 하든 동일한 국민 경제의 규모를 구할 수 있다. 이를 국민 소득 삼면 등가의 법칙이라고 한다.

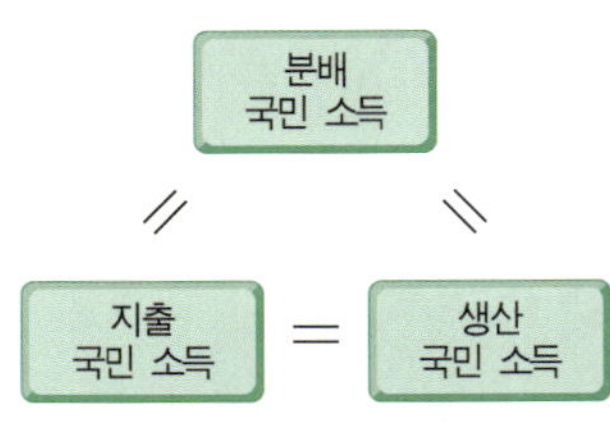

▲ 국민 소득 삼면 등가의 법칙

Tip 실제로 각각의 측면에서 국민 소득을 측정해 보면 반드시 같은 값이 나오지는 않아. 그래서 '실제로는 삼면 등가의 법칙이 성립하지 않는 건가?' 라고 생각할 수도 있어. 그렇지만 그건 아니라는 사실! 사람들이 생산하고 분배하고 지출하는 활동을 하는 사이에 시간 차이가 나기 때문에 오차가 나타나는 것이거든. 오늘 임금을 받았다고 해서 당장 그걸 다 써 버리는 사람은 없잖아? 또 오늘 생산한 물건이 오늘 당장 판매되지 않는 경우도 많아. 그러니까 단기간의 오차일 뿐이지 장기적으로 보면 생산 · 분배 · 지출 국민 소득은 반드시 일치하니까 오해하지 말자!

경기 변동 〔볕 경 景, 기운 기 氣, 변할 변 變, 움직일 동 動〕
business cycle
경제 활동의 수준이 주기적으로 오르내리는 현상

마인드 맵

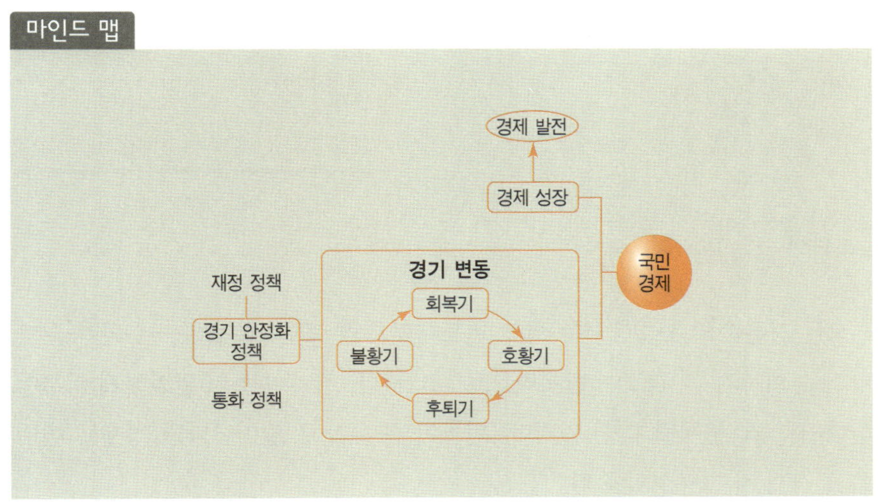

　인간에게는 '바이오리듬' 이라는 것이 있다고 주장하는 사람들이 있다. 사람들의 신체나 감정, 지적인 능력이 일정한 주기에 따라 좋아졌다 나빠지는 것을 반복한다는 것이다. 사람들에게 바이오리듬이 있는 것처럼 경제의 상태도 일정한 주기에 따라 좋고 나쁨을 반복하는데, 이를 경기 변동이라고 한다.

경기 변동의 양상

경제 활동이 활발해져 고용과 투자가 늘어나고 성장률은 높아지며 국민 소득의 규모가 커지는 시기를 '호황기_{호경기}' 라고 한다. 호황기에서 경제 활동이 점차 위축되는 시기를 '후퇴기' 라고 한다. 경기 후퇴가 심해지면 경제는 침체 상태에 놓이게 되는데, 이때를 '불황기_{불경기}' 라고 부른다. 불황기가 되면 투자와 생산이 위축되면서 재고가 증가한다. 이로 인해 고용이 위축되면서 실업률은 높아지고 성장률은 낮아지게 된다. 경제가 침체를 벗어나 다시 활발해지기 시작하는 시기를 '회복기'라고 한다. 호황기, 후퇴기, 불황기, 회복기를 '경기 변동의 4국면'이라고 하며, 저점低點에서 정점頂點에 이르는 과정을 '확장 국면', 정점에서 저점에 이르는 과정을 '수축 국면'이라고 한다.

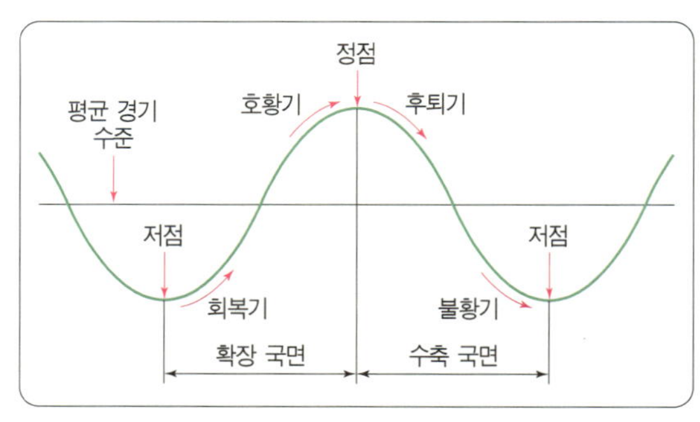

경기 변동의 4국면의 특징

구분	회복기	호황기	후퇴기	불황기
생산	↑증가	최고	↓감소	최저
투자	↑증가	최고	↓감소	최저
물가	↑상승	최고	↓하락	최저
실업	↓감소	최저	↑증가	최고

▲ 경기 변동의 4국면

모든 자본주의 사회에서는 경기 변동이라고 부르는 '호황기→후퇴기→불황기→회복기'의 과정이 반복적으로 나타난다. 경기 변동이 완만하게 이루어진다면 크게 문제될 것이 없지만, 변동이 큰 폭으로 일어난다면 경제는 어려움을 겪게 될 가능성이 높다.

총수요와 총공급

경기 변동의 원인을 이해하기 위해서는 먼저 국민 경제의 균형 상태가 어떻게 결정되는지에 대해 이해할 필요가 있다. 개별 시장의 시장 가격■과 균형 거래량은 그 시장의 수요와 공급이 일치하는 지점에서 결정된다. 마찬가지로 국민 경제의 평균적 가격 수준인 물가와 국민 경제 전체의 생산 수준은 총수요와 총공급에 의해 결정된다.

■ **시장 가격**(市場價格): 상품 한 단위를 구입하기 위해 소비자가 생산자에게 지불해야 하는 금액.

① **총수요**aggregate demand: AD

각 물가 수준에서 국민 경제에 속해 있는 개별 경제 주체들이 구입하고자 하는 상품의 양을 모두 합한 것을 총수요라고 한다. 즉, 가계의 수요인 민간 소비, 기업의 수요인 민간 투자, 정부의 수요인 정부 지출 그리고 외국의 수요인 순수출을 모두 합한 것이다.

② **총공급** aggregate supply: AS

각 물가 수준에서 국민 경제에 속해 있는 개별 경제 주체들이 공급하고자 하는 상품의 양을 모두 합한 것을 총공급이라고 한다. 총공급은 국내에서 각 개별 경제 주체들이 생산한 최종 생산물의 합인 국내 총생산과 외국에서 생산해 들여온 수입으로 구성된다.

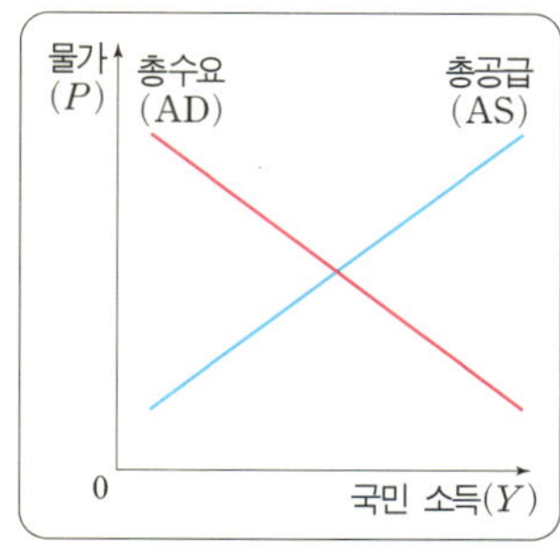
▲ **총수요 · 총공급 곡선**

총수요 · 총공급 곡선은 개별 시장의 수요 · 공급 곡선과 같은 형태를 보인다. 즉 총수요 곡선은 물가가 오르면 총수요량이 감소하는 우하향 곡선으로, 총공급 곡선은 물가가 오르면 총공급량이 증가하는 우상향의 곡선으로 나타난다.

총공급량이 총수요량보다 많은 경우 국민 경제 전반에 초과 공급이 발생하여 물가는 하락한다. 반대로 총수요량이 총공급량보다 많을 때는 전체적으로 초과 수요가 발생하여 물가가 상승한다. 결국 총수요량과 총공급량이 일치하는 지점에서 균형 물가 수준과 균형 생산량이 결정된다.

경기 변동의 원인

개별 상품의 수요 · 공급 곡선이 가격 이외의 요인에 의해 곡선 자체가 이동하는 것처럼 총수요 · 총공급 곡선도 물가 이외의 요인에 의해 이동한다.

① **총수요의 변동**

사람들의 소비 심리나 투자 심리가 살아나거나 수출이 확대되면 총수요가 증가한다. 이는 총수요 곡선을 오른쪽으로 이동시킨다. 총수요 곡선이 오른쪽으로 이동하면 물가는 상승하고 국민 소득은 증가한다.

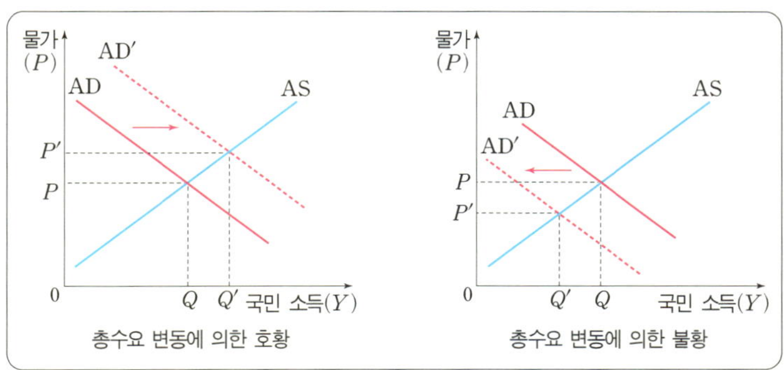

② 총공급의 변동

기술 발달로 인한 생산비 감소, 임금과 원료 가격의 하락은 총공급 곡선을 오른쪽으로 이동시킨다. 총공급 곡선이 오른쪽으로 이동하면 물가는 하락하고 국민 소득은 증가한다. 반대로 임금이나 원료 가격의 상승은 총공급 곡선을 왼쪽으로 이동시킨다. 총공급 곡선이 왼쪽으로 이동하면 물가는 상승하고 국민 소득은 감소한다. 이렇게 경기 침체와 인플레이션이 함께 일어나는 현상을 스태그플레이션이라고 한다.

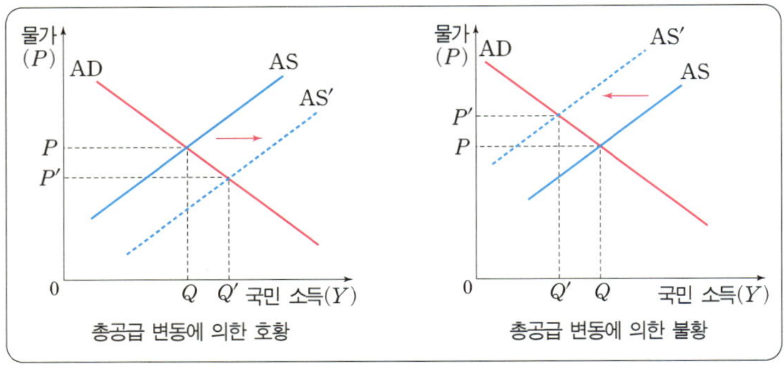

총공급 변동에 의한 호황   총공급 변동에 의한 불황

경제 안정화 정책

〔다스릴 경 經, 구제할 제 濟, 편안 안 安, 정할 정 定, 될 화 化, 정사 정 政, 꾀 책 策〕

경기 변동을 완화시키기 위해 행해지는 정책

마인드 맵

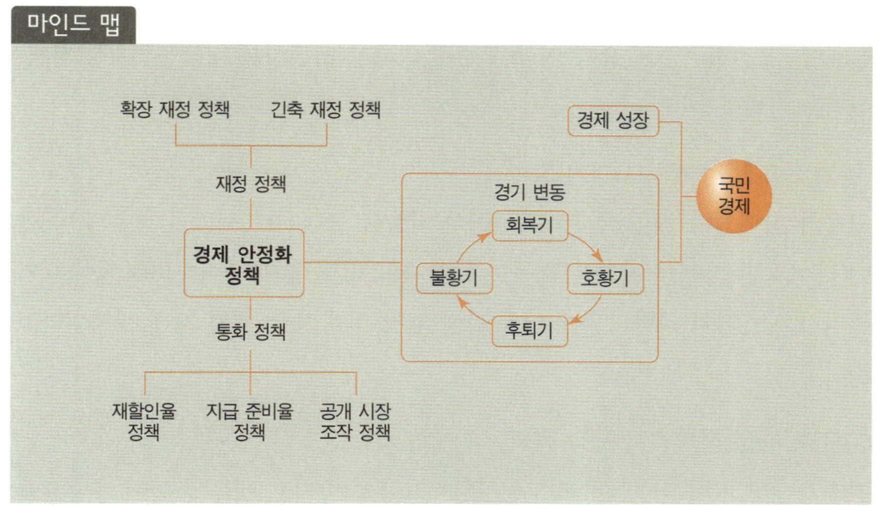

자본주의 시장 경제 체제에서 경기 변동은 피할 수 없는 현상이다. 그러나 경기 변동의 폭이 지나치게 클 경우에 어려움을 겪을 수밖에 없다. 호황으로 경기가 과열되면 인플레이션이 나타날 가능성이 높아진다. 반대로 불황이 계속되면 기업은 파산하고, 실업이 증가하여 많은 사람들이 어려움을 겪게 된다. 정부는 경기 변동의 폭을 완화시켜 예상되는 고통을 최소화시키고자 여러 가지 정책을 시행하는데, 이를 '경제 안정화 정책'이라고 한다. 경제 안정화 정책에는 재정 정책과 통화 정책이 있다.

재정 정책

경제가 불황인 상태를 생각해 보자. 경제 활동이 전반적으로 위축되어 제품의 재고는 쌓여 가고, 기업들은 생산을 줄여 실업률은 계속 높은 상태를 유지하게 된다. 이러한 상태에서 벗어나려면 경제 전체의 총수요가 늘어나면 된다. 총수요가 늘어나면 재고가 줄어들면서 생산과 고용이 활발해질 것이다. 그렇다면 총수요를 어떻게 증가시킬 수 있을까?

총수요는 민간 소비, 민간 투자, 정부 지출, 순수출로 구성되어 있다. 만약 정부가 정부 지출을 조절한다면 총수요도 영향을 받게 된다. 또한 정부가 소득 세율을 조정할 때에도 가계가 쓸 수 있는 소득가처분 소득이 달라져 민간 소비에 영향을 미침으로써 총수요를 변화시킨다. 이렇게 정부가 세입조세과 세출정부 지출을 조절하여 총수요에 영향을 주어 경제를 조절하는 정책을 '재정 정책'이라고 한다.

① 확장 재정 정책(적자 재정 정책)
경제가 침체되어 있을 때, 정부는 정부 지출을 늘리거나 세금을 낮춘다. 세율이 낮아지면 가계의 가처분 소득이 늘어나 소비도 함께 늘어나면서 총수요가 증가하는 효과가 나타나는데 이를 확장 재정 정책 또는 적자 재정 정책이라고 한다.

② 긴축 재정 정책(흑자 재정 정책)
경제가 과열되어 있을 때, 정부는 정부 지출을 줄이고 세율을 높여 총수요를 감소시킨다. 이렇게 경제를 안정시키기 위해 총수요를 감소시키는 경제 정책을 긴축 재정 정책 또는 흑자 재정 정책이라고 한다.

흑자와 적자, 확장과 긴축이라는 용어를 혼동하는 경우가 많은데, 이렇게 생각해 봐. 재정 정책은 정부가 하는 거잖아. 정부 입장에서 세금은 조금 걷고, 돈은 많이 쓰는 것. 그러니까 세입은 적고 세출이 많으면 적자가 되겠지? 또 정부가 지출을 늘린다는 것은 더 여러 가지로 활동을 한다는 의미잖아? 즉, 일을 더 확장해서 한다는 거지? 반대로 세금은 많이 걷고, 정부 지출을 줄이면 흑자가 되겠지? 정부 지출을 줄인다는 것은 아무래도 정부의 활동이 축소(긴축)될 수도 있다는 의미 아니겠어?

통화 정책(금융 정책)
중앙은행이 통화량이나 이자율을 조정하여 경제를 조절하는 정책을 '통화 정책'이라고 한다. 경제가 침체되어 있을 때, 중앙은행은 이자율을 낮추는 등 통화량을 증대시키는 정책을 실시하게 된다. 통화량이 증가하면 사람들이 당장 사용할 수 있는 돈이 많아진다. 가계는 소비 지출을 늘리고, 기업들은 투자할 여유가 생긴다. 이에 따라 총수요는 이전보다 증가하게 된다. 게다가 통화량이 증가하면 자금에 여유가 생겨 저축을 늘리는 등의 방법으로 다른 사람에게 돈을 빌려 주려고 한다. 돈을 빌리려는 수요는 일정한데 빌려 주려는 자금의 공급이 많아지면 대출 이자율은 하락하게 된다. 이자율의 하락은 기업의 투자 지출을 늘어나게 하여 총수요에 영향을 미친다. 반대로 경제가 과열되어 있을 때, 중앙은행은 이자율을 높이는 등 통화량을 줄이는 정책을 실시하게 된다.

정부가 통화량을 조절하는 방법에는 재할인율 정책, 지급 준비율 정책, 공개 시장 조작 정책 등이 있다.

① 재할인율 정책

중앙은행이 일반 은행에 빌려 주는 자금의 금리인 재할인율▪을 조절하여 통화량을 움직이는 정책이다. 여기서 재할인rediscount이란 말 그대로 할인을 한 번 더 한다는 의미이다. 기업들은 자금이 부족할 때, 돈을 지불하는 대신에 일정 기간이 지난 후 돈을 갚겠다는 증서인 '어음'을 발행한다. 그런데 어음을 받은 쪽에서도 자금이 필요하면 어음을 은행에 내고 돈을 받는데, 이를 '할인' 이라고 한다. 하지만 어음이란 일정 기간까지의 이자를 포함하고 있기 때문에 어음에 적혀 있는 액수만큼 돈을 내어 주지 않는다. 예를 들어 100만 원짜리 어음을 받고 90만 원을 내주는 식으로 할인을 해서 기업에 돈을 지급한다. 이 때 할인한 비율을 '할인율'이라고 하는데, 이 예에서 할인율은 10%이다. 이 과정은 어음을 담보로 하여 은행에서 10%의 이자율로 대출을 받는 것과 같다. 일반 은행도 자금이 부족할 때, 같은 방법으로 중앙은행에서 돈을 빌리는데 이때 적용되는 금리를 '재할인율'이라고 한다.

▪ **재할인율**(再割引率): 일반 은행들이 부족한 자금을 중앙은행으로부터 공급받을 때 적용되는 금리.

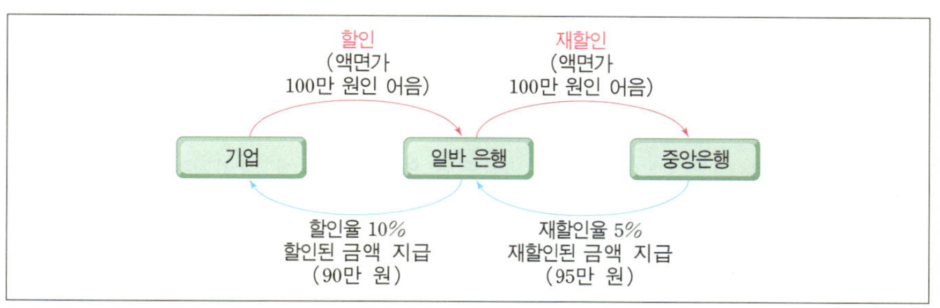

　재할인율이 낮다는 것은 일반 은행이 중앙은행에서 자금을 빌릴 때 지불해야 하는 비용이 적다는 것이다. 자금을 많이 대출해 줄수록 더 많은 이익을 올릴 수 있는 일반 은행들은 싼 비용으로 더 많은 자금을 가져올 수 있는 기회를 놓치지 않고 중앙은행으로부터 돈을 빌려 와 대출을 하려고 한다. 이로 인해 시중의 통화량은 증가하게 된다. 반대로 재할인율이 높을 경우 일반 은행이 중앙은행에서 자금을 가져오는 데 드는 비용이 커져 대출의 규모가 줄어듦으로써 통화량은 감소하게 된다.

　재할인율 정책이란 중앙은행이 이와 같은 원리를 이용하여 경기가 침체되었을 때는 재할인율을 낮추고, 경기가 과열되었을 때는 재할인율을 높여 통화량을 조절함으로써 경기 변동에 영향을 미치고자 하는 정책이다.

② 지급 준비율 정책

일반 은행이 현금으로 가지고 있어야 할 예금액의 비율인 지급 준비율▪을 통해 통화량을 조절하는 정책이다. 은행은 고객이 맡긴 자금을 또 다른 고객들에게 대출해 주는 서비스를 제공하고 수익을 올리는 기업의 하나이다. 그러므로 은행들은 더 많은 수익을 올리기 위해 대출을 최대한 늘리고자 한다. 그러나 가지고 있는 자금을 모두 대출해 주면 고객들의 갑작스런 예금 인출 요구에 응할 수 없게 된다. 예를 들어 고객 100명이 100만 원을 맡겼는데, 은행이 이를 모두 다 대출해 주었다고 생각해 보자. 돈을 맡긴 고객 중에서 한 사람이 자신의 돈을 돌려 달라고 은행에 찾아왔을 때, 은행은 예금을 모두 대출해 주었기 때문에 자금이 없어 이 요구를 들어줄 수가 없다. 돈을 찾을 수 없게 된 고객이 손해를 봄은 물론이요, 다른 고객들도 자신의 돈을 원하는 순간에 찾을 수 없다는 생각에 이 은행에 아무도 돈을 맡기지 않을 것이다. 이는 곧 은행 입장에서는 파산을 의미한다. 따라서 중앙은행은 고객들의 인출 요구에 언제든지 대비하기 위해 각 은행에서 준비해 두어야 할 예금의 비율을 정해 놓는데, 이를 '지급 준비율cash reserve ratio'이라고 한다.

　고객이 100만 원을 맡겼을 때, 지급 준비율이 5%라면 일반 은행은 5만 원을 지급 준비금으로 보관하고 95만 원만 대출할 수 있다. 만약 지급 준비율이 10%로 인상된다면 일반 은행이 대출할 수 있는 금액은 90만 원으로 줄어든다.

이를 이용하여 중앙은행은 경기 침체기에는 지급 준비율을 낮춰 일반 은행이 시중에 더 많은 자금을 대출하도록 해 통화량을 늘린다. 가계나 기업에 대출된 자금은 민간 소비와 민간 투자로 연결되어 총수요를 증가시켜 경기를 활성화시키는 역할을 할 수 있다. 반대로 경기 과열 시기에는 지급 준비율을 높여 통화량을 감소시킴으로써 경제가 안정되는 효과를 얻을 수 있다.

③ 공개 시장 조작 정책

중앙은행이 공개 시장에서 유가 증권■을 거래하여 통화량을 조절하는 정책이다. 정부에서 공개 시장 조작 시 거래하는 대표적인 유가 증권은 국·공채■이다. 경기 침체기에는 통화량을 늘리기 위해 가계나 기업이 공개 시장에 팔기 위해 내놓은 국·공채를 중앙은행이 사들인다매입한다. 민간으로부터 국·공채를 사들였으니 당연히 국·공채 값을 민간에게 지불할 것이고, 이 자금은 가계나 기업이 소비나 투자 활동을 하는 자금으로 활용되어 경기를 활성화시킨다.

이와 반대로 경기 과열기에는 중앙은행이 가지고 있는 국·공채를 공개 시장을 통해 민간에 판매한다매각한다. 민간은 국·공채를 사들이면서 그 대가를 중앙은행에 지불하게 되고, 지불한 금액만큼 민간에서 사용할 수 있는 통화량이 줄어들면서 경기가 안정될 수 있다.

■**유가 증권**: 민법, 상법과 같은 사법(私法)으로 인정되는 권리 중에서 재산으로서의 가치가 있는 권리를 표시해 놓은 증서.

■**국·공채**: 돈을 빌리면서 발행하는 증서를 채권이라고 하는데, 국가나 공공 기관에서 발행한 채권을 각각 국채와 공채라고 한다.

국제 경제

비교 우위

환율

국제 수지

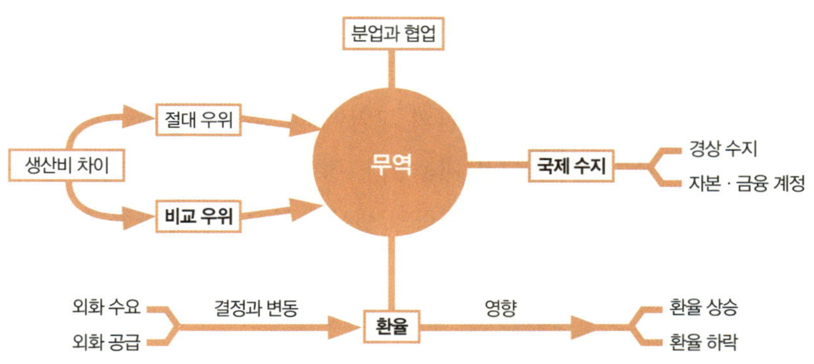

분업과 협업
생산비 차이
절대 우위
비교 우위
무역
국제 수지
경상 수지
자본 · 금융 계정
외화 수요
외화 공급
결정과 변동
환율
영향
환율 상승
환율 하락

주제 **1**

비교 우위 〔견줄 비 比, 비교할 교 較, 뛰어날 우 優, 자리 위 位〕
comparative advantage

어떤 사람·기업·국가가 다른 사람·기업·국가보다 상대적으로 더 적은 기회비용으로 재화나 서비스를 생산할 수 있는 능력

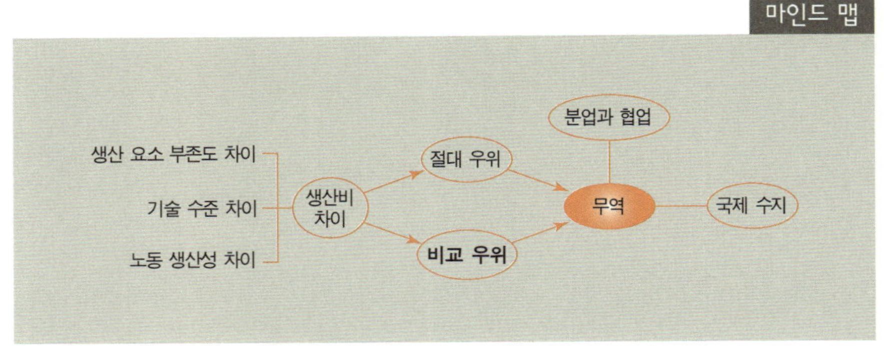

오늘날 다른 경제와 전혀 교역을 하지 않는 완전한 형태의 자급자족 경제를 찾아보기란 거의 불가능에 가깝다. 엄청난 자원을 자랑하는 미국, 러시아, 중국조차도 다른 경제로부터 여러 가지 물품을 수입하고 있다. 또 한편으로는 수입을 하기 위해 다른 국가에 수출하는 일도 동시에 이루어지고 있다. 그렇다면 이렇게 국가 간 교역이 발생하는 이유는 무엇일까? 이를 이해하기 위해 살펴보아야 할 개념이 바로 '절대 우위absolute advantage'■와 '비교 우위'이다.

■**절대 우위**(絕對優位): 절대(絕對)적으로 우월한 위치(優位)에 있음.

절대 우위론

국가 간의 교역이 왜 발생하는가에 대해 애덤 스미스는 절대 우위론을 통해 답을 내놓았다. 절대 우위론은 각국이 다른 나라보다 절대적으로 생산비가 저렴한 재화의 생산을 특화■하고, 이를 교역함으로써 서로 이익을 얻을 수 있다

■**특화**(特化): 특정한 재화나 용역만을 생산하거나 특정한 생산 활동만을 전담하는 현상.

는 것이다. A와 B란 두 국가에서 옷과 신발을 생산하는데, 각 재화 1단위를 생산하는 데 드는 비용이 다음과 같다고 가정해 보자.

상품＼국가	A국	B국
옷(1벌)	5달러	10달러
신발(1켤레)	9달러	3달러

국가	교역 전	특화 후 교역	교역 후
A국	5달러＋9달러＝14달러	5달러×2벌＝10달러	10달러(4달러 이익)
B국	10달러＋3달러＝13달러	3달러×2켤레＝6달러	6달러(7달러 이익)

　A국과 B국이 교역을 하지 않고 각각 옷 1벌, 신발 1켤레를 생산한다면 A국은 14달러, B국은 13달러가 필요하다. 그런데 잘 살펴보면 A국은 상대국보다 옷을, B국은 신발을 더 값싸게 생산할 수 있음을 알 수 있다. 이렇게 어떤 상품을 더 효율적으로 생산하는 것을 '절대 우위에 있다'고 말한다.

　만약 각 국가가 절대 우위에 있는 제품만 생산하여 서로 교환한다면 어떻게 될까? 각각 절대 우위에 있는 옷과 신발을 2개씩 생산하여 서로 교환한다고 해 보자. A국은 옷 2벌을 만들기 위해서 10달러가 들었다. 그러나 교역을 통해 신발 1켤레를 얻음으로써 결과적으로 옷 1벌, 신발 1켤레를 가지게 되지만, 특화와 교역의 과정을 거쳤기 때문에 10달러에 두 가지를 가질 수 있어 4달러의 이익을 본 것이다. B국도 신발 2켤레를 만들기 위해 6달러가 들었다. 그러나 교역을 통해 역시 옷과 신발을 1개씩 얻을 수 있었다. 결과적으로 B국도 옷과 신발을 얻었지만 특화와 교역을 통해 6달러로 이 둘을 얻음으로써 7달러의 이익을 볼 수 있다.

비교 우위론

절대 우위론은 각자 더 저렴하게 만들 수 있는 것을 특화해서 교환함으로써 서로 이익이 될 수 있다는 사실을 잘 보여 준다. 그런데 한 국가가 모든 재화와 서비스 생산에 절대 우위를 가질 때도 무역을 해야 할까? 정답은 '그렇다'이다. 그 이유를 이해하기 위해서는 비교 우위에 대해 먼저 살펴보아야 한다.

상품 \ 국가	㉮국	㉯국
옷(1벌)	10달러	9달러
신발(1켤레)	12달러	8달러

국가	교역 전	특화 후 교역	교역 후
㉮국	10달러+12달러=22달러	10달러×2벌=20달러	20달러(2달러 이익)
㉯국	9달러+8달러=17달러	8달러×2켤레=16달러	16달러(1달러 이익)

　비교 우위란 한 나라가 다른 나라에 비해 낮은 기회비용으로 재화와 서비스를 생산할 수 있는 능력이다. 위의 표에서 ㉮국의 옷 1벌 생산비는 ㉯국의 10/9이고, ㉮국의 신발 1켤레 생산비는 ㉯국의 12/8이다. ㉯국의 옷 1벌 생산비는 ㉮국의 9/10, ㉯국의 신발 1켤레 생산비는 ㉮국의 8/12이다. ㉮국은 비록 절대적 효율성에서는 둘 다 뒤처지지만 그나마 더 저렴하게 만들 수 있는 옷을 특화하고, ㉯국은 신발을 특화함으로써 서로에게 이익을 가져다줄 수 있다.

　각각 비교 우위에 있는 옷과 신발을 2개씩 생산하여 서로 교환한다고 해 보자. ㉮국은 옷 2벌을 만들기 위해서 20달러가 들었다. 그러나 교역을 통해 신발 1켤레를 얻음으로써 결과적으로 옷 1벌, 신발 1켤레를 가지게 되지만, 특화와 교역의 과정을 거쳤기 때문에 20달러에 두 가지를 가질 수 있다. ㉯국도 신발 2켤레를 만들기 위해 16달러가 들었다. 그러나 교환을 통해 역시 옷과 신발을 1개씩 얻을 수 있다. 결과적으로 비교 우위에 있는 재화를 특화하여 교환함으로써 각각 2달러와 1달러의 이익을 볼 수 있다.

　비교 우위는 얼핏 보기에 경제적 능력의 차이가 커서 서로에게 도움이 되지 않을 것 같은 국가들끼리도 각자 비교 우위가 있는 상품을 거래하면 서로에게 이익이 될 수 있다는 것을 보여 준다.

　한 국가의 비교 우위는 노동·자본과 같은 생산 요소의 부존량, 기술 수준, 자연 자원 등에 의해 결정된다. 상대적으로 자본에 비해 노동이 풍부한 국가에서는 노동 집약적 상품에, 상대적으로 자본이 풍부한 국가는 자본 집약적 상품에 비교 우위를 가지고 있는 경우가 많다.

환율 〔바꿀 환 換, 비율 율 率〕
exchange rate

두 나라 화폐 간의 교환 비율

마인드 맵

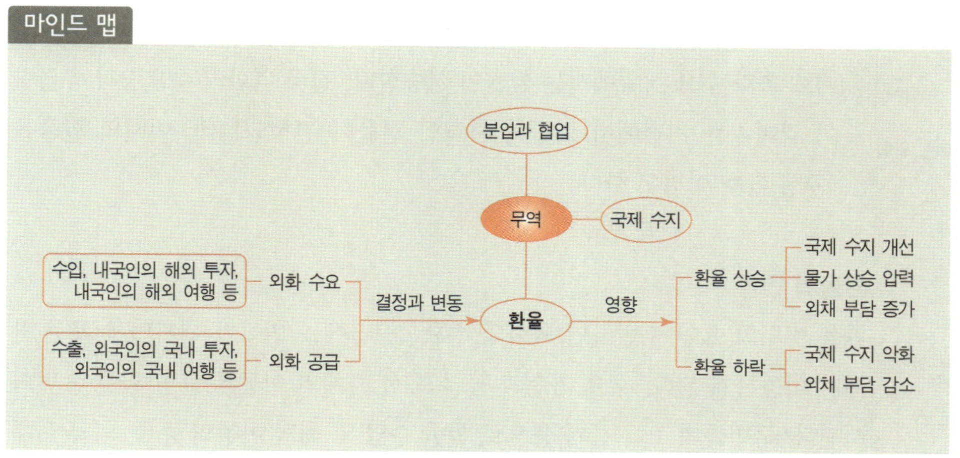

환율이란 두 나라 사이의 화폐 교환 비율을 의미한다. 보통 외환 거래 때에 미국의 달러화를 많이 사용하기 때문에 미국의 1달러가 우리나라 화폐 얼마와 교환될 수 있는지 표시하는 방법을 많이 사용한다.

예를 들어 환율이 1,200원이라고 하면 미화 1달러가 원화 1,200원과 교환된다는 의미이다. 이렇게 볼 때, 환율이란 외국 화폐 1단위의 가격을 우리나라 화폐로 표시한 것이라고 할 수 있다.

Tip 환율을 어렵게 생각하는 친구들이 많은데 이렇게 생각해 봐! 슈퍼마켓에 가면 파는 빵 1개가 1,000원, 우유 1개가 500원이지? 그것들처럼 환율이 1,200원이라면 외환 시장이란 슈퍼마켓에서 파는 '미화 1달러' 1개가 1,200원이란 뜻으로 생각하고 환율 부분의 내용을 읽어 봐!

환율의 결정

환율은 외국 화폐라는 상품에 붙여진 일종의 가격이다. 따라서 시장에서 수요와 공급에 의해 상품의 가격이 결정되는 것처럼 환율도 외환 시장에서 외화의 수요와 공급에 의해 결정된다. 상품이 필요할 때 수요를 하듯 외화의 수요도 외화가 필요한 상황에서 발생하며, 상품보다는 화폐를 가지고 싶을 때 공급을 하듯 외화보다 원화가 필요한 경우에 공급이 나타난다.

환율, 즉 외화의 가격에 따라 수요량과 공급량은 변한다. 이때 일반적인 시장에서 나타나는 수요·공급의 법칙과 마찬가지로 환율이 오를수록 외화의 수요량은 감소하고 공급량은 증가한다.

외화의 수요보다 공급이 많은 초과 공급 상황에서는 환율이 하락한다. 반대로 초과 수요 상황에서는 환율이 상승한다. 결국 외화의 수요량과 공급량이 같아지는 지점에서 외화의 가격인 환율이 결정되는데, 이때의 환율을 '균형 환율'이라고 한다.

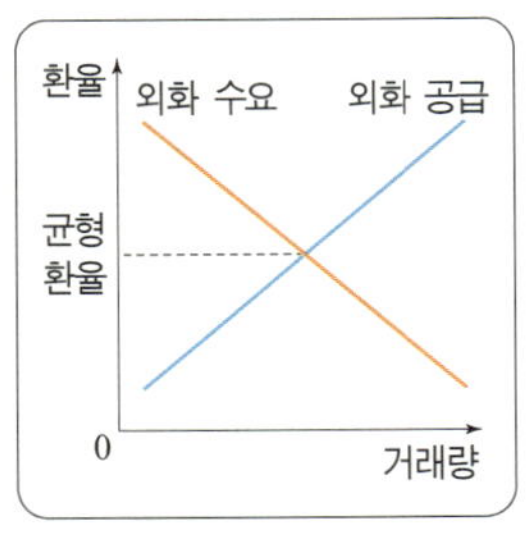

▲ 환율과 거래량에 따른 외화의 수요·공급 곡선

환율의 변동

환율 이외의 요인이 변하면 외화의 수요·공급에도 변화가 생기면서 곡선 자체가 이동하게 된다. 수요 곡선과 공급 곡선 자체의 이동은 균형 환율을 변화시킨다. 국민들의 소득 증가 등으로 인한 수입 및 해외 여행의 증가, 외국에 대한 투자 증가는 외화의 수요 곡선 자체를 오른쪽으로 이동시켜 환율을 상승시킨다. 반면에 수출 및 외국인의 국내 여행 증가, 외국인의 국내 투자 증가는 외화 공급 곡선 자체를 오른쪽으로 이동시켜 환율의 하락을 가져온다.

환율 변동의 영향

지금까지 살펴본 것처럼 환율은 시장 여건에 따라 상승하기도 하고 하락하기도 한다. 환율 변동은 다양한 경로를 통해 수출입, 물가 등 경제 전반에 큰 영향을 끼친다.

환율이 상승하는 경우를 생각하여 보자. 예를 들어 환율이 1,000원에서 2,000원으로 올랐다고 가정해 보자. 이는 이전보다 1달러를 구입하기 위해 더 많은 원화를 지불해야 한다는 의미이다. 즉, 원화의 가치가 달러화에 비해 떨어진 것이다. 이를 원화의 가치가 떨어졌다는 의미에서 '평가 절하' 되었다고 표현하기도 한다.

　우리나라에서 2,000원에 판매되는 상품은 원래 외국에서 2달러$에 판매되었으나, 원화의 평가 절하로 인해 1달러에 판매된다. 즉 환율 상승으로 수출 가격이 하락하는 효과가 나타나는 것이다. 반면에 국내 시장에서 수입 상품의 가격은 2배로 상승하게 됨에 따라 수출은 증가하고 수입은 감소한다. 이로 인해 경상 수지가 개선되는 긍정적인 효과가 국민 경제에 나타난다. 그러나 외국에서 빌려 온 각종 외채의 부담이 커지면서 이를 갚아야 하는 기업들에게는 큰 부담을 지우는 일일 수 있다.

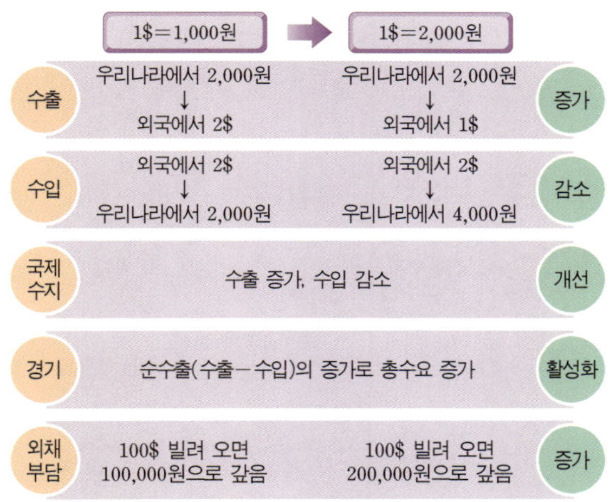

▲ 환율이 1,000원에서 2,000원으로 올랐을 때의 영향

　반대로 환율이 하락하면 수출 상품의 가격은 상대적으로 오르고, 수입 상품의 가격은 낮아진다. 이에 따라 수출은 감소하고 수입이 증가하면서 국내 기업들의 생산이 감소하고 고용이 축소된다. 하지만 기업들의 외채 상환 부담을 감소시키는 긍정적인 영향이 나타나기도 한다.

국제 수지

〔나라 국 國, 때 제 際, 거둘 수 收, 값을 치를 지 支〕
balance of payments

일정 기간 동안 한 나라가 다른 나라와 행한 모든 경제적 거래의 결과

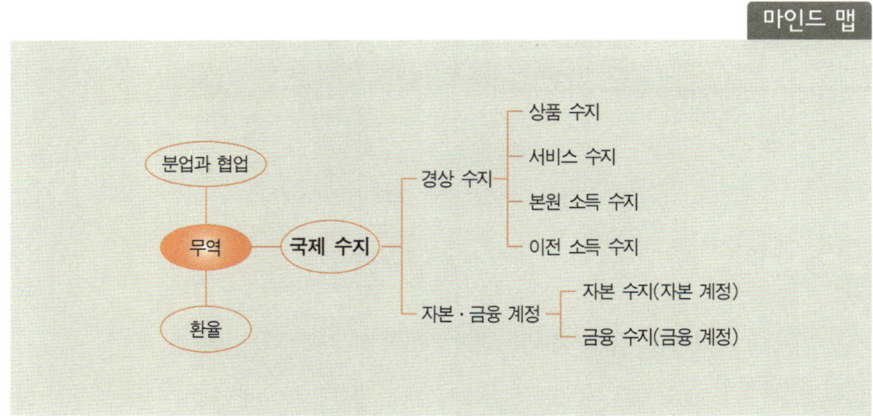

아무리 구성원이 적은 가정이라 하더라도 수입과 지출을 체계적으로 관리하기 위해 가계부를 작성하고, 기업 역시 수입과 비용의 흐름을 파악하기 위해 회계 장부를 기록한다. 이와 마찬가지로 국가도 외국과의 거래 내용을 정리하고 기록하여 경제 정책을 수립할 때 참고로 사용하고 있다. 이렇게 일정 기간 보통 1년 동안 한 국가와 외국의 거래 사이에서 오고 간 외화의 거래 내용을 '국제 수지' 라 하고, 이를 체계적으로 정리한 표를 '국제 수지표' 라고 한다.

국제 수지의 구성

국제 수지표는 외화가 들어오고 나간 것을 (+)와 (−) 부호로 구별하여 표시하고 있다. 가계부를 쓸 때 수입·지출 내용의 성격에 따라 항목별로 구분해 기록하는 것처럼 국제 수지표도 수입과 지출의 내용에 따라 여러 가지 항목으로

나뉘어 작성된다. 국제 수지표의 내용은 크게 경상 수지와 자본 · 금융 계정으로 구분된다.

① **경상 수지**經常收支

다른 나라와 재화 · 서비스를 거래하면서 주고받은 외화의 차이를 나타낸 것을 경상 수지라고 한다. 경상 수지는 다시 상품 수지, 서비스 수지, 본원 소득 수지, 이전 소득 수지로 구분된다.

'상품 수지'는 일반 상품을 수출하고 수입하면서 오고 간 외화의 차액이다. '서비스 수지'는 운송, 여행, 통신, 보험, 특허권의 사용료처럼 서비스 거래와 관련하여 지급하고 벌어들인 외화의 차액을 나타낸 것이다. '본원 소득 수지'는 노동을 제공하고 얻은 임금, 투자에 따른 이자나 배당금 등으로 벌어들인 외화와 지급한 외화의 차이를 나타내는 항목이다. '이전 소득 수지'는 다른 나라와 아무런 대가 없이 주고받은 외화의 거래를 나타내는데 자선 단체에 대한 기부금, 해외 교포의 송금, 구호물자 등이 이 부분에 포함된다.

Tip '경상(다스릴 경 經, 일정할 상 常)'이란 '변동 없이 일정한 상태'란 뜻이야. '평소', '일반적인' 정도의 뜻으로 받아들이자.

② **자본 · 금융 계정**

자본의 이동을 나타내는 지표로서 기업이나 금융 기관 또는 정부가 외국으로부터 여러 가지 방법으로 돈을 빌려 오고 빌려 주는 과정에서 오고 간 외화의 차액을 자본 · 금융 계정이라고 한다. 즉, 상품이나 서비스의 수출입과 관련 없이 돈만 오고 가는 거래의 결과를 기록한 것이다. 자본 · 금융 계정은 크게 금융 수지와 자본 수지로 구분된다.

'금융 수지금융 계정'는 외국인이 국내에 투자한 돈과 내국인이 외국에 투자한 돈의 차이를 말한다. '자본 수지자본 계정'는 해외 이주비나 채무 면제와 같은 자본 이전과 토지, 지하 자원, 특허권, 상표권과 같은 비생산 · 비금융 자산의 거래에서 발생한 내용을 나타낸 것이다.

국제 수지의 영향

국제 수지표를 통해 무엇을 알 수 있을까? 일반적으로 국제 수지표는 경상 수지가 어떠한가를 보여 준다. 예를 들어 수입이 과할 경우 이를 우선 결재하기 위해 외국에서 돈을 빌리게 된다. 이 경우 경상 수지는 (−)로, 자본·금융 계정은 (+)로 기록된다. 그러나 자본·금융 계정이 (+)가 된 이유는 경상 수지에 있기 때문에 자본·금융 계정은 경상 수지의 부수적인 내용이라고 볼 수 있다. 물론 근래에 자본·금융 계정의 독자적인 성격이 강해지고 있지만, 보통 국제 수지란 경상 수지를 중심으로 살펴보는 경우가 많다.

① 경상 수지가 흑자인 경우

경상 수지 흑자는 재화와 서비스의 수출이 증가하고 수입이 감소하는 경우에 나타난다. 이 경우 수출 기업과 국내 시장을 주로 겨냥하는 내수 기업의 생산을 증가시켜 고용과 소득의 증대를 가져온다. 또한 경상 수지 흑자는 외채를 갚을 여유를 만들어 주어 대외 신용도를 높이는 데도 도움이 된다.

그러나 경상 수지 흑자가 항상 긍정적인 영향을 끼치는 것만은 아니다. 국내의 통화량이 증가하여 물가 상승이 일어날 가능성이 높아지며, 상대적으로 수출을 많이 하고 수입을 적게 하여 교역 상대국과의 무역 마찰이 일어날 수도 있다.

② 경상 수지가 적자인 경우

경상 수지 적자는 수출이 감소하고 수입이 증가하는 상황에서 나타난다. 이는 수출 기업과 내수 기업 모두에게 큰 타격을 주어 생산을 감소시킨다. 생산의 감소는 고용과 소득의 감소로 이어진다. 게다가 대외 신용도에도 악영향을 줄 수 있다. 그러나 통화량을 감소시켜 물가를 안정시키는 긍정적인 효과를 보이기도 한다.

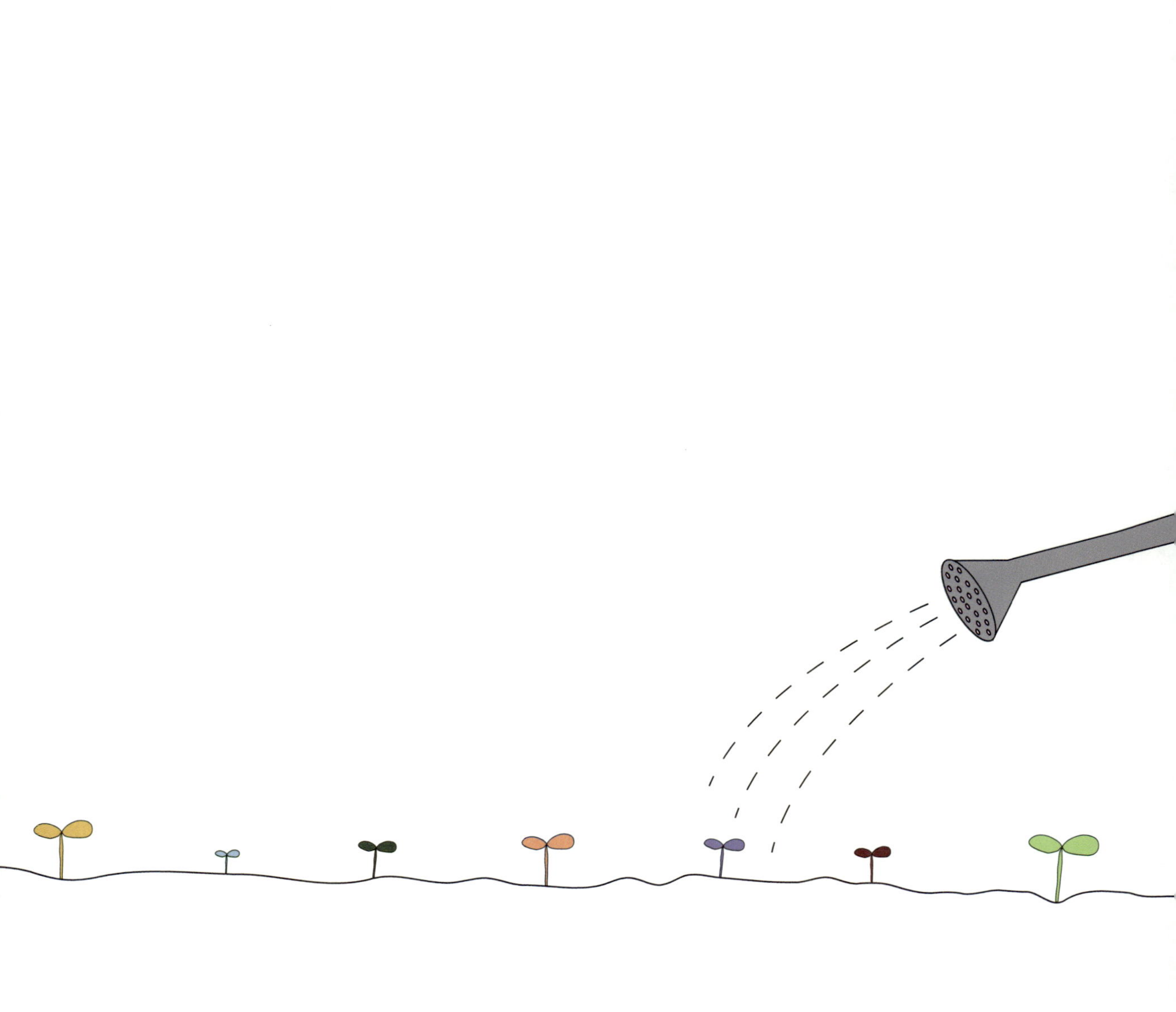

사회·문화 현상

사회 · 문화
현상

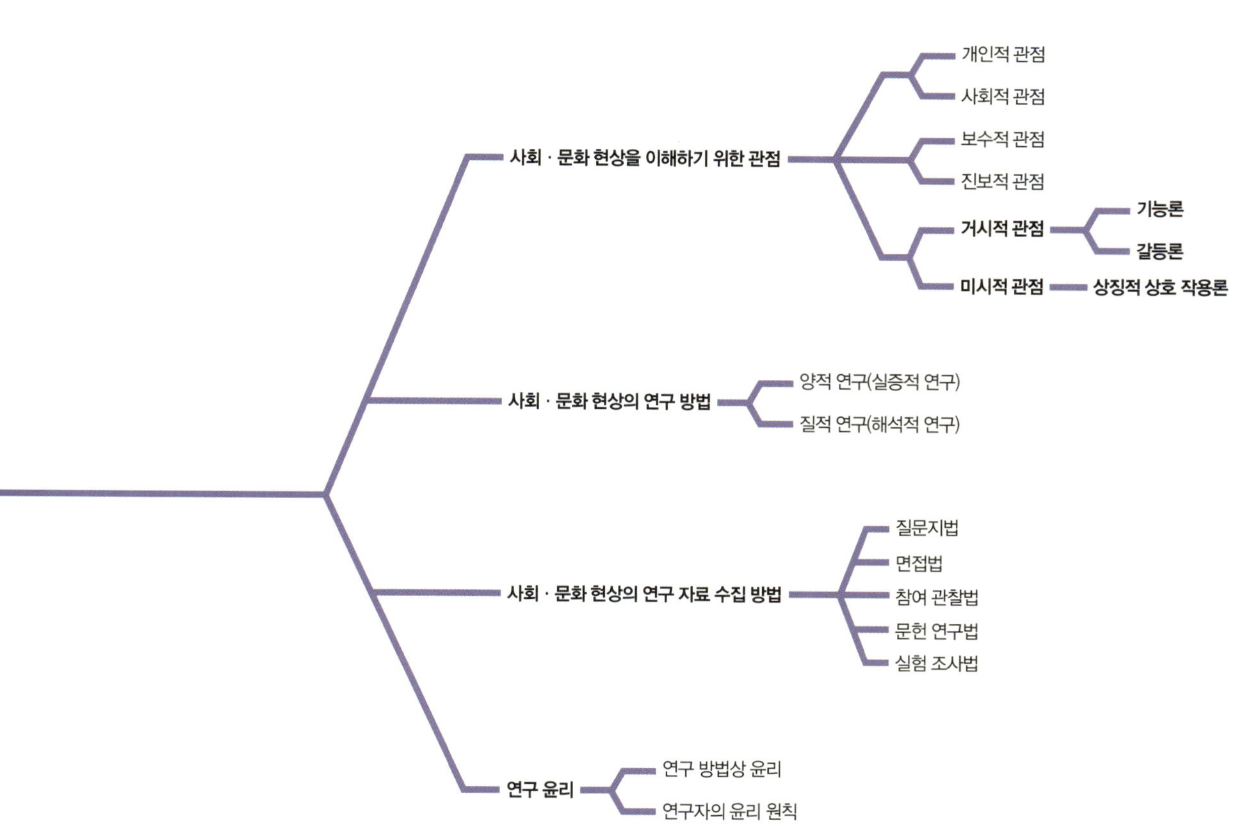
연구 윤리
연구 방법상 윤리
연구자의 윤리 원칙
사회·문화 현상의 연구 자료 수집 방법
질문지법
면접법
참여 관찰법
문헌 연구법
실험 조사법
사회·문화 현상의 연구 방법
양적 연구(실증적 연구)
질적 연구(해석적 연구)
사회·문화 현상을 이해하기 위한 관점
개인적 관점
사회적 관점
보수적 관점
진보적 관점
거시적 관점
기능론
갈등론
미시적 관점
상징적 상호 작용론

주제 1

사회 · 문화 현상

〔모일 사 社, 모을 회 會, 글월 문 文, 될 화 化, 나타날 현 現, 코끼리 상 象〕

인간의 의지와 행동에 의해 만들어진 모든 현상

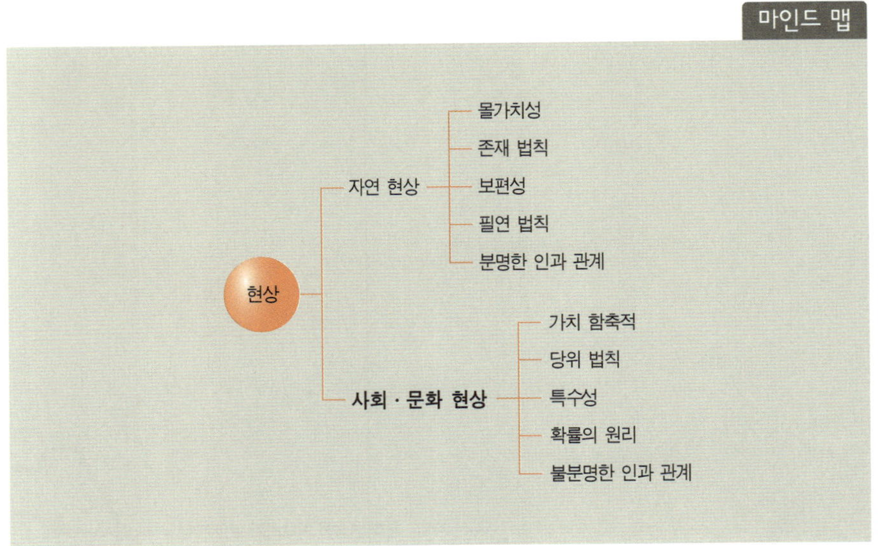

자연 현상이란 자연법칙에 의해 자연에서 관찰할 수 있는 모습을 말한다. 이러한 자연법칙에 의해 나타나는 규칙적인 모든 현상을 일컫는 자연 현상과는 달리 인간의 인식, 감정을 기초로 하여 이루어지는 의사 결정과 이의 표현형인 사회적 행동 및 태도를 사회 · 문화 현상이라고 한다.

사회 · 문화 현상의 특징

인간의 생각에 기초하므로 역사성과 특수성을 지니며 가치 함축적이다. 인간은 사회라는 공간적 개념 속에 문화를 이루며 일정한 가치가 반영된 규칙을 생성하는데 이를 사회 · 문화 현상의 당위Sollen 법칙■이라고 한다. 한편 인간

■**당위 법칙**: 마땅히 행해야 할 법칙

은 동일한 현상을 보고도 다른 행동을 할 수 있으므로 확실한 규칙보다는 ㉮
처럼 행동할 개연성이 높다' 는 확률의 원리가 적용된다.

상호 주관성inter-subjectivity

사회·문화 현상의 특징을 통해 다른 문화권과의 차이를 설명할 수 있는데,
우리 문화와 다른 문화 간 또는 사회 현상 간의 차이가 발생하는 근본적 이유
는 자연 현상과 구분되는 '문화' 가 지니는 사회·문화 현상의 근원적 특성이
존재하기 때문이다. 한국인은 보신탕을 먹는 것을 한국인의 문화로 이해하지
만 다른 나라 사람들은 그렇게 이해하지 못하는 경우를 예로 들 수 있는데, 이
는 사회 현상과 문화 현상이 모든 국가에서 공통적으로 적용될 수 있는 자연
법칙이 아니라 해당 문화권에 사는 사람들의 생각과 의지, 행동에 의해 형성
되기 때문이다.

　일반적으로 동일한 문화권에서 사는 사람들은 그 사람들 고유의 커뮤니케이
션 방식을 형성하고 적용받는데 이를 상호 주관성이라고 한다. 상호 주관은
해당 공동체, 즉 사회·문화 안에 존재하는 일종의 공유된 사고 체계에 의한
인간의 의지와 행동의 소산이라고 볼 수 있다.

주제 2

사회 · 문화 현상을 이해하기 위한 관점

이해 대상으로서 사회 · 문화 현상을 분석하기 위한 관점

마인드 맵

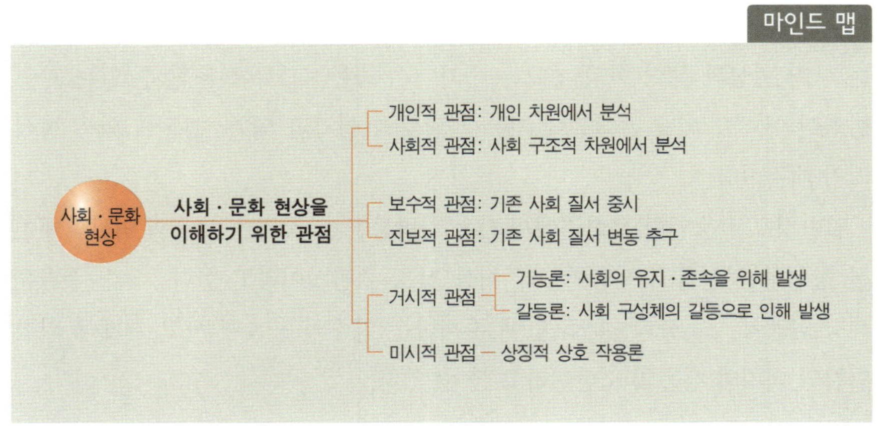

어떤 대상을 이해하기 위해서는 일정한 기준이 필요하다. '장님 코끼리 만지기'라는 우화에서 보듯이 코끼리에 대해 잘 모르고 있는 시각 장애인들이 코끼리를 만져 보고 설명할 때 각기 의견이 다른 이유는, 시각 장애인이 전체를 파악하기 어려운 대상을 각자의 관점에서 부분적으로 이해하려고 했기 때문일 것이다. 만일 시각 장애인들이 코끼리는 전체로 완벽하게 파악하기 어려운 대상임을 미리 알고 각자의 기준에서 파악한 특징들을 합하였다면, 코끼리는 코가 길고 꼬리가 있는 네 발 달린 큰 동물이라고 온전히 파악할 수 있을지 모른다.

이와 같이 사회 · 문화 현상은 실체가 잡히는 존재가 아니므로 전체를 파악하기 어렵다. 따라서 사회 · 문화 현상을 각자 나름의 기준을 세워서 'A라는 관점기준에서 보면 a로 보인다'라고 분석한다.

사회·문화 현상을 이해하기 위한 관점은 크게 개인적 관점과 사회적 관점, 보수적 관점과 진보적 관점, 거시▪적 관점과 미시▪적 관점으로 나뉜다.

▪**거시**: 작은 부분에 머물지 않고 큰 전체를 바라보는 것.

▪**미시**: 큰 전체를 보지 않고 작은 부분을 바라보는 것

개인적 관점과 사회적 관점

개인적 관점은 사회보다 각 개인에 비중을 두어 개인에게서 사회·문화 현상의 원인과 결과를 찾는 개인적 차원의 분석 관점이다. 반면 사회적 관점은 개인보다 사회 구조적 차원에서 원인과 결과를 찾는 것으로 개인은 사회 구조상 그렇게 행동할 수밖에 없다는 분석에 비중을 둔다.

보수적 관점과 진보적 관점

특정 사회에서 이미 인정하고 있는 기득권적 질서를 중시하는 것을 보수적 관점, 기존 사회 질서의 변동을 추구하는 것을 진보적 관점이라고 부른다. 이에 보수적 관점은 안정된 사회를, 진보적 관점은 사회 변동의 과정을 설명하기에 유리한 측면이 있다.

거시적 관점과 미시적 관점

앞서 설명한 '사회적 관점'에 해당되는 거시적 관점은 사회라는 실체가 해당 사회·문화의 유지와 존속을 위해 발생하는 역할, 즉 기능을 한다는 관점이다. 거시적 관점은 사회·문화 현상을 분석하는 '기능론'과 사회 구성원 사이의 끊임없는 갈등과 이로 인한 변화의 현상에 주목하여 이를 기준으로 사회·문화 현상을 분석하는 '갈등론'으로 나뉜다. 이처럼 거시적 관점은 기본적으로 '사회'라는 실체가 존재하고 있음을 인정하고 전제하고 있으므로 '사회 실재론'에 해당된다.

반면 분석 단위가 각 개인으로, 비교적 작은 수준을 기준으로 분석하는 관점을 미시적 관점이라고 한다. 미시적 관점에서는 각 개인의 상호 작용을 통해 전체 그림으로서의 사회·문화 현상을 보여 주고 있는 것이라고 간주하므로 "실체로서 존재하는 사회는 없다, '사회'는 이름뿐"이라는 '사회 명목론'이 전제되어 있다.

사회 · 문화 현상을 이해하는 조화로운 관점

비행 청소년이 발생하는 원인을 해당 청소년 개인의 성격에서 찾는다면 개인적 관점이고, 사회의 유해 매체 때문으로 분석한다면 사회적 관점이다. 또 같은 시간 동안 일을 해도 의사의 보수가 환경미화원보다 많은 이유를 의사는 사회에 반드시 필요한 직업이고 공부하기가 어려운 분야이므로 많은 보수를 받는 것이 마땅하다는 입장에서 본다면 보수적 관점이고, 환경미화원도 사회에 필요한 직업이므로 보수의 격차를 줄여야 한다는 입장에서 본다면 진보적 관점이다. 사회 · 문화 현상을 분석할 때 주로 숲을 보듯 사회 구조적 측면을 강조하는 것은 거시적 관점이고, 그 안의 나무들을 보듯 사회 구성원 하나하나를 인정하고 그들의 생각을 반영하여 살펴본다면 미시적 관점이다.

　이와 같이 각 관점은 관점마다 기준과 특성이 있으므로 어느 관점이 사회 · 문화 현상을 분석하기에 용이하다거나 우세하다고 판단할 수 없다. 따라서 앞서 언급한 것과 같이 전체를 완벽하게 파악할 수 없는 실체인 사회 · 문화 현상을 보다 잘 이해하기 위해 각 관점의 분석을 상호 보완적으로 볼 필요가 있다.

거시적 관점: 기능론, 갈등론

〔클 거 巨, 볼 시 視, 과녁 적 的, 볼 관 觀, 점찍을 점 點〕

사회·문화 현상을 이해하기 위해 사회 자체를 분석 대상으로 보는 관점

마인드 맵

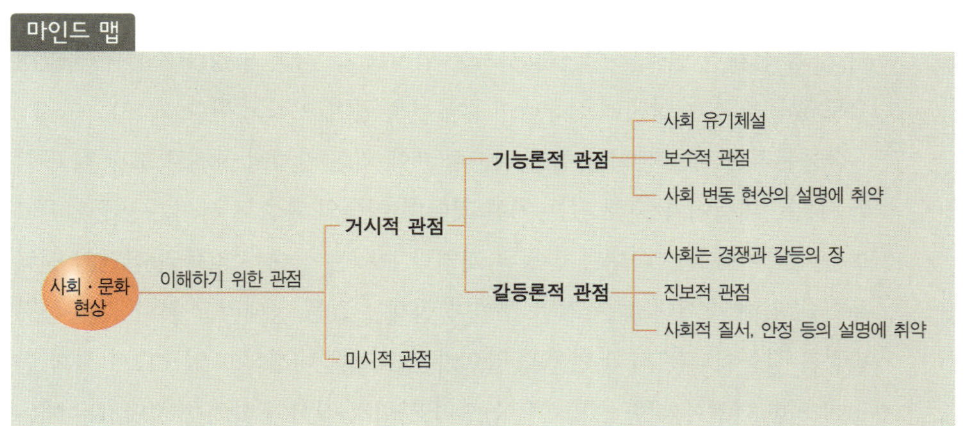

우리가 살고 있는 '사회·문화는 무엇이다' 라고 한마디로 규정할 수는 없다. 이에 사회·문화 현상을 이해하기 위해 기준을 세우는데, 사회를 이루는 구성 요소의 기본적 관계로서 비교적 안정된 유형인 사회 자체를 대상으로 분석하는 것을 '거시적 관점으로 사회·문화를 분석한다' 라고 한다. 거시적 관점은 크게 기능론적 관점과 갈등론적 관점으로 나뉜다.

기능론적 관점

사회 구조를 파악할 때 사회 구조 안의 구성 요소들이 상호 의존 관계에 있으면서 사회 전체의 유지와 통합을 위해 기여하고 있다고 보는 입장을 '사회 구성 요소들이 사회를 이루는 구조로 표현되어 사회 전체에서 각자 기능한다고

하여 기능론적 관점'이라고 한다.

기능론적 관점에서 파악하는 사회는 살아 있는 유기체의 각 부분이 조화와 균형을 이루어 살아 숨 쉴 수 있듯이 사회 구성원 또는 구성체 역시 일정한 질서에 의해 합의에 이르고 안정·유지된다고 본다. 기능론적 관점은 기존 사회 질서나 권력을 옹호하는 보수적 관점이라는 비판을 받으며, 사회 안정에 반(反)한 사회 변동 현상을 설명하는 데는 취약하다.

갈등론적 관점

사회 구조 안의 구성 요소들이 항상 서로 대립되고 불일치하는 관계로 존재하여 사회 전체의 변동을 이끈다고 보는 입장으로 '사회 구성 요소들이 불균형으로 갈등을 겪는 상태에 집중하여 갈등론적 관점'이라고 한다.

갈등론적 관점은 사회를 상호 의존 관계에 의한 안정적 상태로 보지 않고 갈등, 모순, 대립이 산재해 있는 어떤 것이며 이들의 표출로 사회는 변동된다고 보는 입장이다. 즉, 사회가 안정된 것처럼 보이는 상태는 기득권 집단의 권력 유지를 위해 강제해 놓은 것일 뿐이며 실제는 갈등 상태라고 본다. 갈등론적 관점은 갈등이라는 사회 변동을 일으키는 요소를 내재하고 있으므로 사회 변동에 의한 발전에 대한 설명력은 높으나 사회적 질서와 합의를 설명하는 데는 취약하다.

각 관점에서는 사회 계층 현상을 다음 표와 같이 설명하고 있다.

구분	기능론적 관점	갈등론적 관점
원인	사회 구성원인 개인의 사회적 기여도가 다른 결과로 생김	지배 집단의 임의적 사회 희소가치의 배분에 의한 결과로 생김
가치 배분	개인 노력·능력에 따른 합의의 결과	지배 집단의 임의적 강제 배분
역할	개인의 사회적 역할 발휘를 위한 동력	대립과 갈등으로 사회 통합 저해
한계	사회 변동 설명에 취약	사회의 조화 또는 균형 설명에 취약

주제 **4**

미시적 관점: 상징적 상호 작용론

〔작을 미 微, 볼 시 視, 과녁 적 的, 볼 관 觀, 점찍을 점 點〕

보다 작은 기준으로 사회 · 문화 현상을 고찰하는 관점

마인드 맵

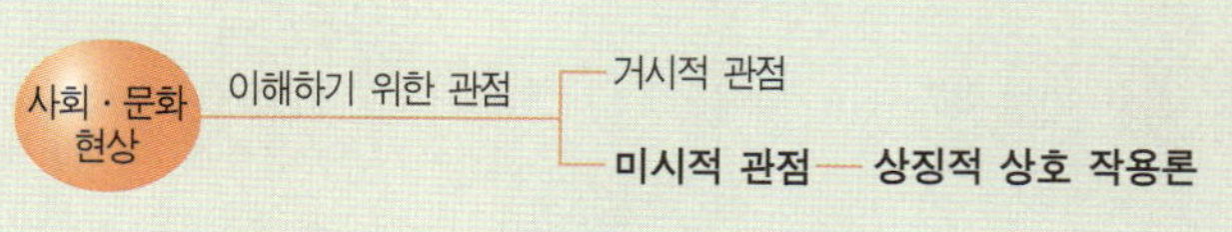

사회 · 문화 현상을 분석하기 위해 그 수준 또는 기준을 세울 때 사회를 이루는 구성 요소의 가장 작은 단위인 '개인'을 기준으로 분석하는 것을 '미시적 관점으로 사회 · 문화를 분석한다'라고 한다.

상징적 상호 작용론

대표적인 미시적 관점에 해당되는 이론으로, 사람들이 얼굴을 맞대고 상호 작용을 할 때 일어나는 커뮤니케이션에 관심이 있다. 즉 모든 사회 · 문화 현상에는 개별 사회 구성원의 상호 작용이 개입되어 있으므로, 현상을 이해하려면 개별 구성원들의 동기와 의미, 그리고 상호 작용을 하는 양상과 그로 인한 행동이 무엇인지 알아야 한다는 것이다. 이때 상호 작용은 언어라는 상징체계■에 의해 이루어져 상징적 상호 작용이라고 부른다.

■**상징체계**: 상징이 엮어 내는 체계. 각 사회 · 문화에 따라 서로 다르다.

사회 · 문화 현상을 개인 단위로 고찰하면 미시적 관점으로 분류되고, 사회 구조적 단위로 고찰하면 거시적 관점으로 분류된단다. 사회 · 문화 현상을 분석하는 기준이 되는 이러한 틀을 일차적으로 파악하는 것이 중요하지.

사회·문화 현상의 연구 방법

사회·문화 현상의 연구를 위한 방법

마인드 맵

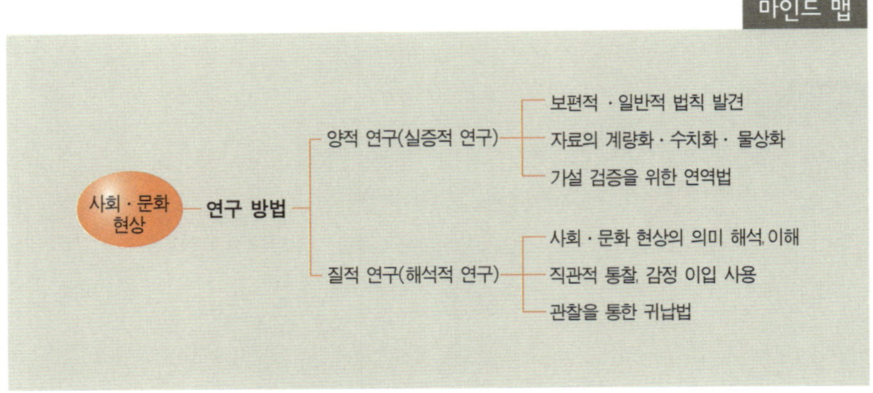

　사회·문화 현상을 과학적으로 연구하기 위한 방법으로는 크게 두 가지가 있는데, 하나는 양 또는 정도에 관심이 있는 양적 연구이고, 다른 하나는 연구 대상의 특질에 관심이 있는 질적 연구이다. 양적 연구는 의미 그대로 양量 quantity에 관심이 있고 계량화■를 목표로 측정하기 위한 연구 방법으로 실제 그러한 양이 계측되느냐에 해당되므로 실증적 연구라고도 한다. 질적 연구 역시 단어의 의미 그대로 연구 대상의 질質quality, features을 이해하기 위한 연구 방법이다.

양적 연구 방법실증적 연구 방법

사회·문화 현상을 양으로 계측하기 위해서는 연구 대상을 분명히 하기 위한 개념을 규정하고, 그것의 계측에 대한 가설을 설정하고, 계측을 통해 검증하고, 이론을 정립하게 된다. 이때 가설의 설정 후 계측을 통한 검증은 일반화에

■**계량화**: 어떤 현상이나 특성을 숫자나 도표 등을 이용하여 눈에 보이는 형태로 표현한 것.

서 구체화로의 도출 과정에 해당되므로 연역법이 적용된다.

또한 사회 · 문화 현상을 양적으로 계측하기 위해서는 각 현상에 대해 수치를 부여할 수 있는 방법으로 자료를 수집해야 하므로 주로 설문지법 또는 실험법을 사용한다. 예를 들면 '교실 문화와 학업 성취도의 관계'에 대해 양적 연구를 할 경우에 교실 문화를 수량으로 측정해야 하므로 교실 문화에 관한 문항을 만들고(우리 반은 수업 시간을 알리는 종이 울려도 떠든다 — ①매우 그렇다 ②그렇다 ③보통이다 ④아니다 ⑤전혀 아니다), 설문지를 돌려 각 문항별 점수 합산을 통해 현상을 양화하는 자료의 계량화 · 수치화 · 물상화物象化를 도모한다. 궁극적으로 양적 연구는 자연 현상과 같이 사회 · 문화 현상에서 보편적 · 일반적 법칙을 찾고자 한다.

질적 연구 방법해석적 연구 방법

사회 · 문화 현상이 과학처럼 규명되기 어렵다는 것을 인정하고 사회 · 문화 현상 자체를 해당 맥락에서 이해하는 것에 초점을 둔 연구 방법이다. 양적 연구와 같이 사회 · 문화 현상에 대한 보편적 · 일반적 법칙을 발견하여 현상을 예측하고자 하는 데 관심이 있는 것이 아니라, 해당 사회 또는 상황의 맥락에서의 특수성에서 지금 발생하는 현상에 대해 이해하는 것을 목표로 둔다. 이는 기본적으로 사회 · 문화 현상에 작용하는 수많은 변수를 통제할 수 있는 실험이 불가능하며, 가능하다고 하더라도 실제 사회에서는 수많은 변수들이 작용하여 예측이 무의미하기 때문이라는 생각이 전제되어 있다. 이에 연구자의 참여 또는 사회 구성원과의 면담으로 해당 사회 · 문화 현상에 대한 직관적 통찰, 감정 이입을 통한 맥락적 자료 수집을 통해 해당 사회에서의 의미 있는 원리principle 도출을 도모하므로 귀납법이 적용된다.

주제 **6**

사회 · 문화 현상의 연구 자료 수집 방법

사회 · 문화 현상의 연구 목적에 따른 자료 수집 방법

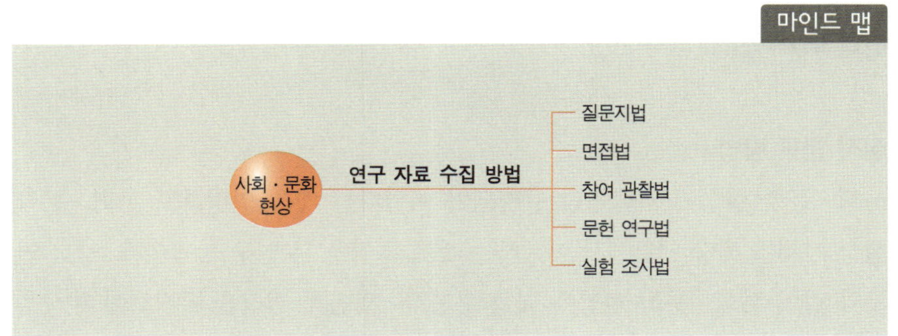

사회 · 문화 현상의 연구에서 필요한 자료를 수집하는 방법으로는 일반적으로 질문지법, 면접법, 참여 관찰법, 문헌 연구법, 실험 조사법이 있다.

질문지법

질문지를 제시하여 연구 대상자에게 답하도록 하는 자료 수집 방법으로, 시간과 비용을 절약할 수 있고, 정보 수집 및 자료 분석이 용이하다. 그러나 질문지 회수율이 낮고, 질문을 잘못 이해할 경우도 있으며, 문맹자에게 실시하기 어려운 단점이 있다.

면접법

연구자가 연구 대상자를 면접하는 방법으로 캐묻기probing가 가능하므로 깊이 있는 정보 수집에 유리하다. 반면에 연구 대상자의 시간과 보상이라는 측면에서 비용이 많이 들고, 적합한 표본을 대량으로 구하기가 어려우며, 면접하는 동안 연구자의 편견이 개입될 수 있는 단점이 있다.

참여 관찰법

연구자가 연구 대상자의 일원으로 직접 참여하여 관찰하는 것으로, 커뮤니티의 특성을 직접 경험함으로써 커뮤니티가 지니는 맥락에 근거한 심층 자료를 구하는 데 용이하다. 연구 대상자에 대한 외부자 시각뿐만 아니라 내부자 시각도 알 수 있어 유리하지만, 연구자가 수집하고자 하는 현상이 나타날 때까지 기다려야 하고, 연구자의 편견이 개입된 결론을 내릴 수 있다는 단점이 있다.

문헌 연구법

이미 작성된 기록물 및 통계 자료를 통한 자료 수집 방법으로, 연구 대상자의 특성 및 정황을 파악하므로 시간과 비용은 절약되지만 자료의 신뢰성이 확보되어야 하며 자료 해석에 연구자의 주관이 개입될 수 있다.

실험 조사법

연구 대상자에게 실험이라는 처치를 한 후 그 과정 또는 결과를 관찰하는 방법으로, 연구 대상자에 대한 윤리라는 측면에서 문제가 될 수 있으나 처치 이외의 모든 변수가 통제되므로 변수의 관계를 보다 분명히 밝힐 수 있어 해당 처치자극의 효과를 관찰할 수 있다.

다음은 연구 방법의 목적과 특징에 의해 연구 자료 수집 방법이 어떻게 결정되는지 보여 주는 예이다.

구분	실증적 연구 방법(양적 접근)	해석적 연구 방법(질적 접근)
목적	객관적 측정을 통한 분석	사회 · 문화 현상의 의미 해석, 이해
특징	자료의 계량화	직관적 통찰, 감정 이입
연구 자료 수집 방법	실험 조사법, 질문지법	참여 관찰법, 면접법

주제 **7**

연구 윤리
〔갈 연 研, 연구할 구 究, 인륜 윤 倫, 다스릴 리 理〕
research ethics

윤리학의 윤리 원칙을 연구 행위 전반에 걸쳐 적용한 것

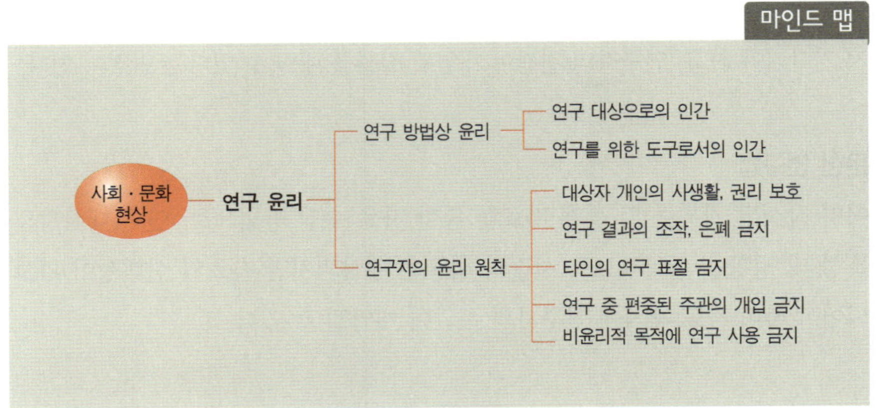

사회 과학은 인간의 행위와 관련된 내용을 연구하므로 인간이 연구 대상인 경우가 많으며, 또한 인간이 연구를 위한 도구가 되기도 한다. 그러나 사회·문화 현상의 연구 과정에서 연구 대상자가 되는 인간의 권리는 침해되지 않아야 한다. 따라서 사회 과학자들은 연구 대상자들에게 연구 시행과 관련된 허락을 받아야 하며 그들의 이익을 보호해야 할 책임이 있다.

연구자의 윤리 조항

연구자들의 윤리 조항은 다음과 같다. 첫째, 연구 대상자 개인의 사생활이나 민감한 부분들에 대한 권리를 보호해야 한다. 둘째, 연구 결과 또는 과정을 연구자의 의도대로 조작, 은폐해서는 안 된다. 자신이 예상하는 연구 결과가 나오지 못한 경우에도 그 사실을 그대로 시인하고 연구 결과로 보고해야 한다. 셋째, 다른 연구자의 연구 관련 저작물을 자신의 저작인 것처럼 가져다 쓰는

표절 행위는 강력하게 규제되고 있다. 이 모든 윤리 조항들은 불법 행위나 테러 행위 등 고려해야 할 더 중요한 이유가 없다면 반드시 지켜져야 한다.

연구 윤리는 윤리로서 연구자에게 강제성을 부여해 왔지만 최근에는 저작권법, 명예 훼손 등 관련 법률 조항의 적용으로 법적 처벌이 가능해짐에 따라 그 엄격성이 더해지고 있다. 2006년 감옥에 간 에릭 만은 학계에서 정설로 받아들여지거나 학계의 예상과 일치하는 결과를 많은 비용과 시간이 소요되는 임상 시험을 통해 얻어 냄으로써 명성을 획득한 학자였으나, 다른 사람이 재현할 수 없는 특이한 연구 결과로 유명세를 얻다가 그 타당성에 의심을 받기 시작하여 연구 부정행위로 적발되었다.

연구를 하는 목적은 인류의 삶을 보다 편리하고 풍요롭게 하여 삶의 질을 개선하기 위한 것이므로 뚜렷한 사명을 지니고 연구에 임하는 자세가 무엇보다 중요하다고 하겠다.

개인 생활과 사회 구조

개인 생활과
사회 구조

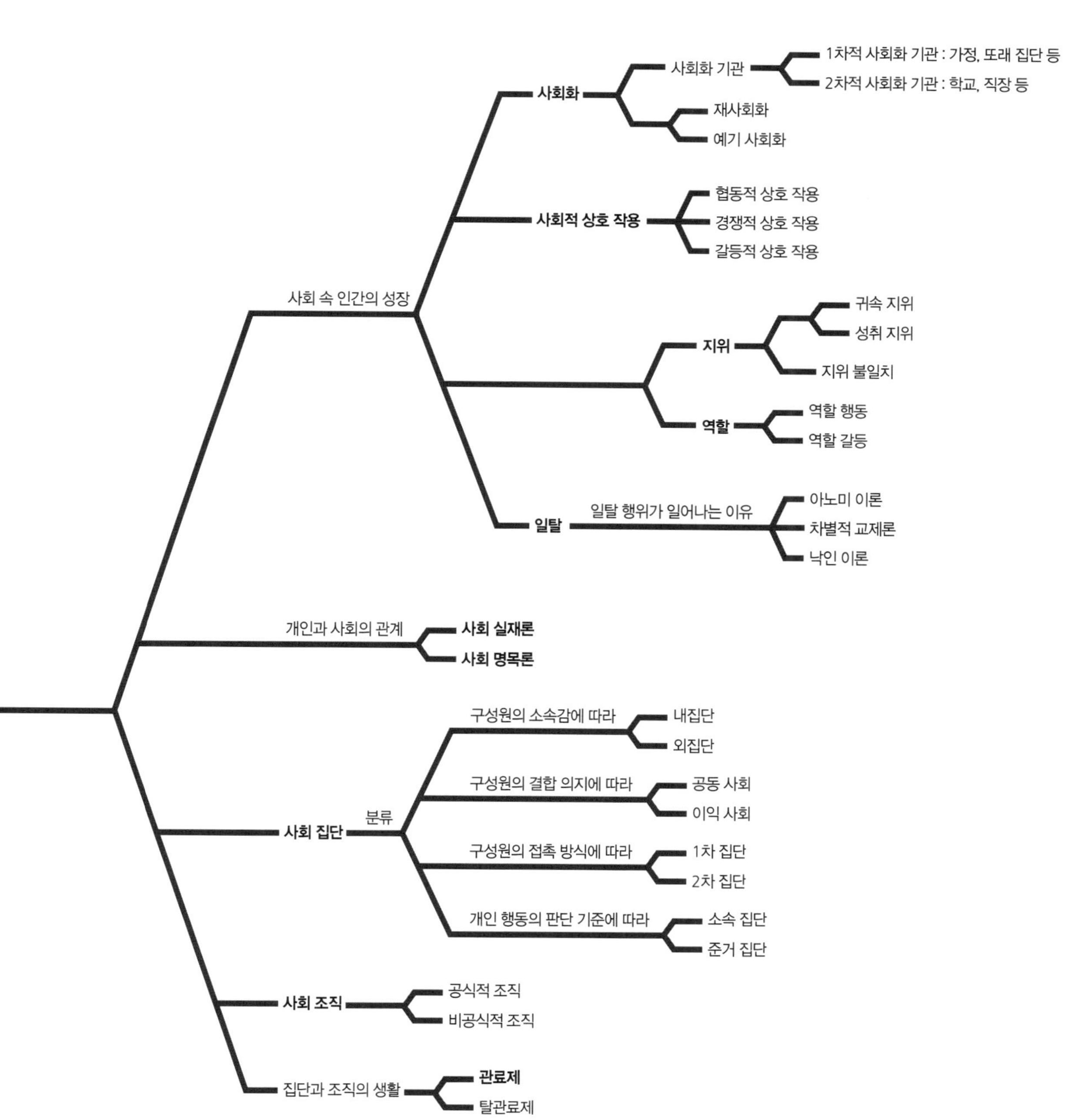

사회 속 인간의 성장
사회화
사회화 기관
1차적 사회화 기관 : 가정, 또래 집단 등
2차적 사회화 기관 : 학교, 직장 등
재사회화
예기 사회화
사회적 상호 작용
협동적 상호 작용
경쟁적 상호 작용
갈등적 상호 작용
지위
귀속 지위
성취 지위
지위 불일치
역할
역할 행동
역할 갈등
일탈
일탈 행위가 일어나는 이유
아노미 이론
차별적 교제론
낙인 이론
개인과 사회의 관계
사회 실재론
사회 명목론
사회 집단
분류
구성원의 소속감에 따라
내집단
외집단
구성원의 결합 의지에 따라
공동 사회
이익 사회
구성원의 접촉 방식에 따라
1차 집단
2차 집단
개인 행동의 판단 기준에 따라
소속 집단
준거 집단
사회 조직
공식적 조직
비공식적 조직
집단과 조직의 생활
관료제
탈관료제

주제 **1**

사회화 〔모일 사 社, 모을 회 會, 될 화 化〕
socialization

사회적 상호 작용을 통하여 그 사회의 문화를 배우고, 그 사회의 가치를 내면화하는 과정

마인드 맵

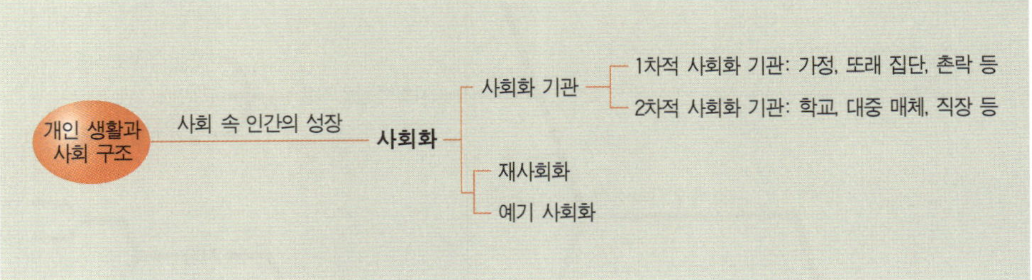

사회화는 다른 사회 구성원들과의 접촉을 통해 사회의 가치를 배우고 사회 공동체의 존속을 위한 방향으로 행동 양식과 규범을 익히는 과정으로 사회 구성원들과의 관계 속에서 자신의 정체성을 얻게 된다. 즉, 사회화에는 해당 사회의 사회적·문화적 유산의 전승과 개인의 인성 발달 과정 모두가 포함된다.

사회화 기관

가장 기본적인 사회화를 수행하는 기관을 1차적 사회화 기관이라고 하는데, 개인이 비교적 초기에 직면하는 사회적 유산을 지닌 공동체인 가정, 또래 집단, 촌락 등이 여기에 해당된다. 2차적 사회화 기관은 1차적 사회화 기관의 역할을 강화시키는 기관으로 학교, 대중 매체, 직장 등에서 그 기능을 수행한다.

재사회화

사회적 구성원인 개인의 성장을 유도하고 개인의 사회적 소속감을 향상시킴으로써 사회를 존속시키는 기능을 하도록 하는 것이 사회화인데, 사회 변동 시 변동되는 사회에 대한 적응·존속이 필요하므로 최초의 사회화 과정에서 배우지 못했던 것을 익히는 것이 재사회화이다. 성인이 되어 변화된 환경에 새롭게 적응하기 위해 이루어지는 과정으로 장년층을 위한 컴퓨터 교육 또는 스마트폰 교육, 군대 제대 후 사회 적응 프로그램 등이 재사회화의 대표적 사례로 볼 수 있다.

예기 사회화

자신이 속하게 될 집단의 규범이나 행동 양식을 미리 습득하는 것을 예기 사회화라고 한다. 예기 사회화의 대표적 예로 상급 학교의 선행 학습, 신입생 오리엔테이션, 기업체의 인턴 교육 등을 들 수 있다.

> **Tip** 재사회화와 예기 사회화의 의미는 다음과 같이 구분하면 쉬워! 재사회화는 이미 발생한 사회 변동에 적응하기 위한 2차적 사회화야. 반면 예기 사회화는 앞으로 개인이 직면할 사회 변동에 대비하는 것으로 아직 발생하지 않았으나 현재의 사회 맥락상 예상될 사회화에 해당되므로 미리 대비하는 것이지. 이미 일어난 것에 대한 사회화와 앞으로 일어날 것에 대한 사회화라는 점이 다르다는 것을 알아 두재!

주제 **2**

사회적 상호 작용

〔모일 사 社, 모을 회 會, 과녁 적 的, 서로 상 相, 서로 호 互, 만들 작 作, 쓸 용 用〕

인간이 사회생활을 하면서 서로 영향을 주고받는 것

마인드 맵

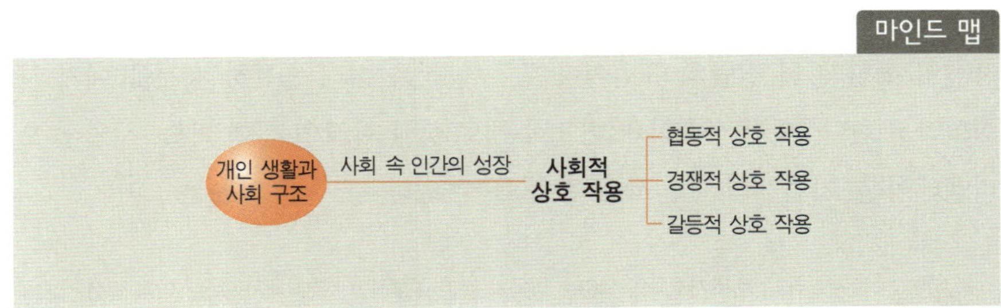

   사람들이 사회생활을 하면서 다른 사람들과 관계를 형성하고 서로 영향을 주고받는 행동들을 사회적 상호 작용이라고 한다.

   사회·문화 현상은 사회 구성원의 사회적 상호 작용을 기반으로 형성, 표출된다. 사회적 상호 작용의 유형은 크게 협동적·경쟁적·갈등적 상호 작용으로 분류된다.

협동적 상호 작용

사회적 상호 작용에 참여하는 사람들이 업무를 분담하거나 공동으로 노력하는 경우를 말한다. 협동적 상호 작용의 예로는 두레, 품앗이, 계 등이 있다. 협동은 혜택의 고른 분배가 가능할 때 지속된다.

경쟁적 상호 작용

동일한 목표를 지니고 있고 그 목표의 달성을 위해 공정하게 적용되는 규칙을 토대로 노력하는 상태이다. 경쟁적 상호 작용의 예로는 입시, 스포츠 경기 등을 들 수 있다.

갈등적 상호 작용

당사자들의 목표 또는 이해관계의 상충으로 상대방을 제거 또는 파괴하려는 상태를 의미한다. 갈등적 상호 작용의 예로는 전쟁, 노사 분규 등을 들 수 있다. 갈등적 상호 작용과 경쟁적 상호 작용의 차이는 규칙의 존재 유무에 있다.

협동적 · 경쟁적 · 갈등적 상호 작용의 비교 및 실제

협동적 상호 작용은 개별적으로 하는 것보다 힘을 모으면 공동의 목표를 더 쉽게 달성할 수 있다고 생각되었을 때 일어나는 반면, 경쟁적 상호 작용은 제한된 목표를 먼저 달성하려고 할 때 발생된다. 또한 경쟁적 상호 작용은 공정하게 적용되는 규칙에 따라 정당하게 이루려고 하는 것과 달리, 갈등적 상호 작용은 불법적이고 폭력적인 방법이 동원되기도 한다.

　실제 생활에서는 사회적 상호 작용의 세 가지 유형이 따로따로 일어나기보다는 서로 중복되거나 복잡하게 얽혀서 일어나는데 협동을 하다가도 경쟁하기도 하고, 경쟁하기 위해 협동하기도 하며, 갈등이 경쟁으로 완화되기도 한다.

주제 **3**

지위/역할

〔땅 지 地, 자리 위 位〕 status /
〔부릴 역 役, 벨 할 割〕 role

개인이 집단 내에서 차지하는 위치 /
해당 지위에 기대되는 행동

마인드 맵

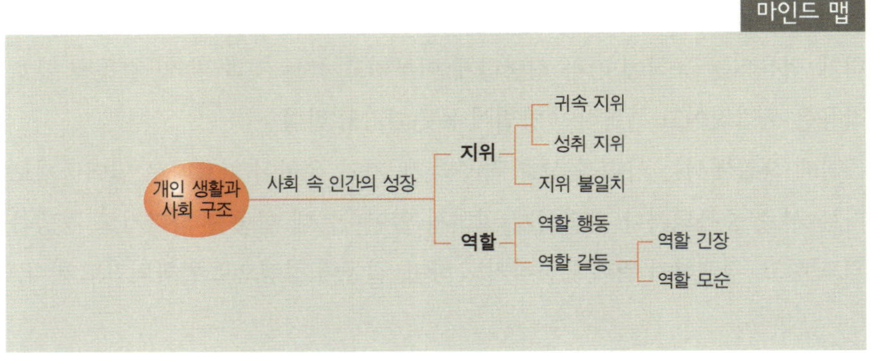

지위

개인이 속한 집단이나 사회적 관계 속에서 차지하는 위치를 지위라고 한다.
지위는 크게 선천적·자연적으로 주어지는 귀속 지위와 재능과 노력으로 획
득 가능한 성취 지위로 나뉜다.

지위 불일치는 한 개인이 차지하고 있는 지위 가운데 하나 이상이 사회적·경제적·정치적
측면에서 서로 동등하게 평가되지 않는 경우를 말해. 정치적으로 명예로운 사람이 경제적으
로는 매우 궁핍한 경우를 예로 들 수 있지. 이러한 지위 불일치는 활발한 계층 이동을 유발할
수 있지만 사회 질서가 어지러워져 사회 안정에 부정적 영향을 미칠 수 있다는 사실도 함께
알아 두자.

역할과 역할 행동

일정한 지위에 대해서는 사회적으로 기대되는 행동 방식이 있는데 이러한 것
을 역할이라고 한다. 개인이 자신에게 주어진 역할을 실제로 행하는 것을 역

할 행동 또는 역할 수행이라고 하는데, 어떤 지위에 기대되는 역할 행동을 했을 때는 사회적 보상을 받고, 그렇게 하지 않은 경우에는 사회적 제재를 받을 수 있다.

개인은 여러 집단에 소속되어 있으므로 여러 지위를 차지할 수 있다. 가정에서는 아버지, 회사에서는 과장, 동호회에서는 총무 등이 여러 지위의 예가 된다. 그러나 동일한 지위에 있어도 역할에 대한 인식의 차이가 있으므로 역할 행동은 사람마다 일치하여 나타나지 않는다.

역할 갈등

지위에 기대되는 역할은 다양한 사회적 지위를 지닌 개인에게 여러 가지 역할을 동시에 수행하도록 하는데, 이때 어떤 역할을 먼저 해야 할지 고민하는 상태를 역할 갈등이라고 한다.

특히 한 가지 지위에 대해 두 가지 이상의 상반되는 역할이 요구되는 경우가 있는데, 어머니의 경우 아이들에게 자상하면서 서로 친밀한 관계를 유지해야 하지만 한편으로는 엄하게 교육해야 하는 상황도 있다. 이때 어머니가 느끼는 역할 갈등을 '역할 긴장' 이라고 한다.

한편 한 사람이 두 개 이상의 지위를 지님으로써 시공간적 제약을 받아 동시에 수행할 수 없는 상태를 '역할 모순' 이라고 한다. 직장 여성이 가정에서 아이들을 보살펴야만 하는 경우 직장 여성의 역할과 어머니의 역할이 서로 상충되어 느끼는 역할 갈등을 역할 모순의 예라고 할 수 있다.

주제 **4**

일탈 〔달아날 일 逸, 벗을 탈 脫〕

한 사회의 규범 또는 표준에서 벗어난 행위

마인드 맵

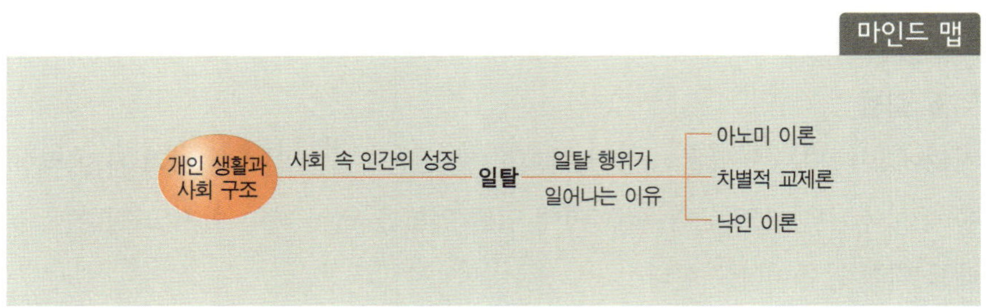

일탈이란 어느 사회가 규정한 정도正度를 벗어난 행위로서 그 행위의 본질 또는 내재적 특성으로 규정되는 것은 아니다. 어떤 사회가 어떤 시대에 어떠한 이데올로기ideology를 인정하느냐에 따라 일탈인지 아닌지가 결정된다. 예를 들면 조선 시대에는 여성에게 짧은 치마가 허용되지 않았지만, 오늘날 여성의 짧은 치마는 패션으로 인정된다. 또한 최근 한국 사회는 남성의 화장을 인정하고 있는데 이 역시 불과 몇 년 전에는 남성성을 흐리는 일탈로 간주되었다.

Tip 일탈은 공동체 구성원과의 관계를 손상시킨다는 측면에서 공동체에 해로운 존재가 될 수 있어. 하지만 일탈은 앞서 언급했듯 시대와 장소에 따라 사회가 주관적으로 규정한 산물임을 기억해. 즉, 한국에서는 일탈로 지탄받지만 미국에서는 그렇지 않을 수도 있고, 일본에서는 일탈인 행위가 아프리카에서는 아닐 수도 있다는 것이지. 일탈 역시 공동체 문화에 종속되어 있음을 알자!

일탈은 낙인찍는 주체의 범위에 따라 그 파급 효과가 달라지는데 가족, 친구, 동료보다 대중, 사법 당국에 의한 낙인은 소속 공동체 내의 규범 위반이라는 의미를 지니기도 한다.

일탈 행위의 발생 원인을 보는 이론

머튼Merton, R.K은 목표와 수단의 불일치로 인한 아노미anomie ■ 현상으로, 뒤르켐Durkheim, É은 사회 변동이 급격하게 진행되어 규범의 부재, 혼란 상태로 인한 아노미 현상으로 인하여 일탈 행동이 발생한다고 보았다.

차별적 교제론은 일탈 행위를 하는 사람과의 상호 작용에 의한 학습으로 일탈 행동이 유발된다는 관점이다.

낙인 이론은 일탈 행위자로 낙인labeling찍힌 사회 구성원은 일탈 행위에 대한 기대를 받아 일탈 행동을 지속한다는 입장이다.

다음은 청소년 일탈 현상의 원인을 각 이론에서 어떻게 설명하고 있는지 나타낸 것이다.

이론	청소년 일탈 현상의 원인
아노미 이론	사회의 급격한 변동으로 기존의 규범이 무너진 가운데 새로운 규범이 자리를 잡지 못해 나타나는 무규범 상태(아노미)에서 비행이 일어남
차별적 교제론	비행 청소년과 어울리거나 용인하는 문화와 접촉한 결과로 발생
낙인 이론	사회 구성원에 의해 일탈로 규정된 행위로 인해 일탈자로 낙인이 찍히면 계속 일탈 행위를 하게 되어 발생
하위 문화론	일탈 집단에 소속되어 그 집단의 문화를 학습한 결과로 발생
사회 해체론	산업화 · 도시화의 사회 변동 과정에서 확대 가족과 같은 기존의 사회 제도적 관계가 핵가족으로 해체되면서 발생하는 불안정성, 즉 변동한 사회적 상황에 적응하지 못하여 청소년 가출과 같은 일탈과 비행이 일어남
신갈등 이론	비행은 상호 갈등의 과정에서 사회의 지배적 집단이 종속적 집단의 문화적 행동 중에서 일부를 문제시하면서 나타난다는 관점으로, 지배 집단에 의해 일탈 행위가 규정된 결과로 발생

주제 **5**

사회 실재론

〔모일 사 社, 모을 회 會, 열매 실 實, 있을 재 在, 논의할 론 論〕

사회를 개인의 단순한 총합이 아닌 실체적 존재로 보는 관점

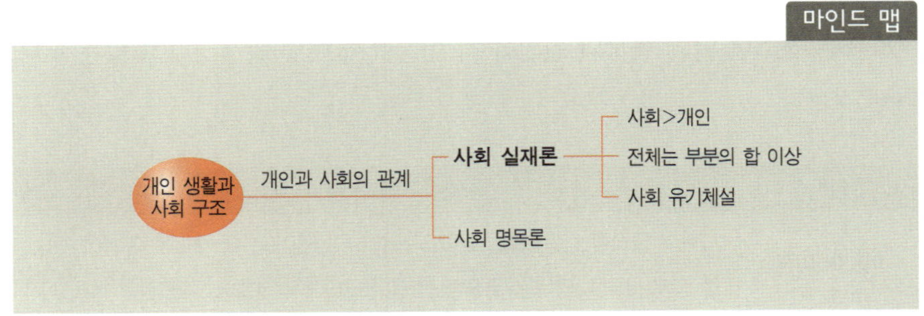

　개인들은 단지 사회를 구성하는 단위에 불과하며 실제로 존재하는 것은 전체 사회뿐이라고 보는 관점이다. 즉, 사회는 개인보다 더 근본적으로 존재하는 실체로 개인의 우위에 있다는 것이다. 한 개인이 사라져도 사회가 지속되는 것이 그 근거이다. 사회 구조는 하나의 유기체와 같으므로 사회 구조를 이루는 구성물, 즉 유기체 내의 어느 한 부분은 각각의 기능자로서 전체가 살게 된다는 사회 유기체설을 근간으로 하고 있다.

　사회 유기체설은 사회라는 유기체로서의 생물이 존재하기 위해 개인을 하나의 기관organ에 비유하는 것으로 전체는 부분의 합보다 크다는 관점이다. 사회는 사회 체계의 균형을 유지하려는 균형성과 이 균형 상태로 돌아가려는 항상성을 지닌다. 이렇게 사회가 하나의 체계로서 유지될 수 있는 것은 사회적 합의가 존재하기 때문이고, 이는 사회 구성원인 개인을 구속하는 실체로서 작용한다는 것이다. 결론적으로 사회 실재론은 실체로서의 사회가 작용하는 기능이 있음을 인정하는 것으로 사회는 해당 기능을 수행하면서 사회의 안정과 질서를 추구·부여하므로 기능론적 관점과 동일한 선상에 있다고 볼 수 있다.

사회 명목론

〔모일 사 社, 모을 회 會, 이름 명 名, 눈 목 目, 논의할 론 論〕

사회는 개인들의 집합체를 부르는 다른 이름이라는 관점

마인드 맵

```
                          ┌─ 사회 실재론
개인 생활과    개인과 사회의 관계 ┤
사회 구조                                ┌─ 개인>사회
                          └─ 사회 명목론 ┼─ 자유주의, 개인주의
                                          └─ 사회 계약설
```

사회는 수많은 개인들의 집합체에 대한 또 다른 이름에 불과하므로 실재하는 것은 개인뿐이라는 관점이다. 즉, 사회보다는 개인이 우위에 있으며, 사회라는 개념은 명목에 불과하다는 것이다.

17~18세기 영국 및 프랑스의 시민 혁명에서 중요한 사상적 토대를 제공한 사회 계약설에 의하면 사회란 개인들이 자연권을 보장받기 위해 인위적으로 만든 인공물로서 개인의 의지에 의해 만들어진 산물에 불과하므로 국가사회는 개인의 천부 인권■, 즉 자연권을 침해할 수 없다는 논리이다. 이에 명목상 존재하는 사회는 실체인 개인의 자유를 구속할 수 없으며 개인은 의지필요에 따라 사회를 다시 구성, 재계약하면 된다는 관점이므로 사회 명목론과 사회 계약설은 동일한 선상에 있다고 볼 수 있다.

■**천부 인권**(天賦人權): 인간이 태어나면서부터 자연적으로 가지는 권리.

Tip 사회 계약설과 사회 명목론은 같은 맥락에 있는 이론이지! 또한 상징적 상호 작용론과 같은 미시적 관점은 사회 실재론과 사회 명목론 모두에 해당되지 않는다는 점을 기억하자. 사회 실재론과 사회 명목론은 모두 사회와 개인을 독립−종속 변수로 파악하는 구조이지만, 미시적 관점의 상징적 상호 작용론은 두 변수의 독립−종속 관계를 인정하지 않으므로 사회 실재론이나 사회 명목론의 관점과 다른 논리 구조를 지님을 알아 두자.

주제 **7**

사회 집단 〔모일 사 社, 모을 회 會, 모을 집 集, 둥글 단 團〕

두 사람 이상의 구성원이 공동체 의식을 갖고 지속적 상호 작용을 하는 결합체

마인드 맵

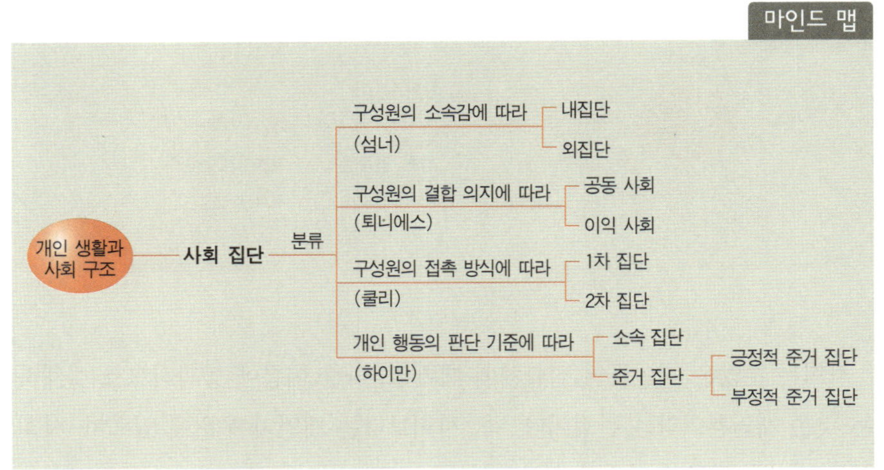

■**공동체 의식**: 개개인이 집단의 이익과 권위를 존중하고 공동체의 조화로운 발전을 도모하는 자세.

집단이란 두 사람 이상이 어느 정도의 공동체 의식■을 지니고 비교적 지속적인 상호 작용을 이루는 결합을 의미한다. 즉, 사회 집단이라는 개념은 두 명 이상의 사람, 공동체 의식, 지속적인 상호 작용이라는 세 가지의 요건으로 성립된다. 개인은 집단의 구성원이므로 소속 집단의 규범과 기대에 따라 행동하는 경향을 지니고, 집단과 개인의 존재는 서로 상호 작용을 하며 발전하게 된다.

내집단과 외집단

섬너Sumner, W.G는 구성원이 주관적으로 느끼는 소속감을 기준으로 사회 집단을 내집단과 외집단으로 분류하였다. 내집단은 소속감과 공동체 의식이 강하고, 외집단은 이질감과 적대 의식이 강하다.

공동 사회와 이익 사회

퇴니에스Tönnies, F.J는 구성원의 결합 의지를 기준으로 사회 집단을 공동 사회와 이익 사회로 분류하였다. 공동 사회는 구성원이 무의도적이고 본능적 의지로 자연 발생한 집단이고, 이익 사회는 의도적이고 선택적 의지로 인위적으로 발생한 집단이다.

1차 집단과 2차 집단

쿨리Cooly, C.H는 구성원의 접촉 방식을 기준으로 사회 집단을 1차 집단과 2차 집단으로 분류하였다. 1차 집단은 구성원들이 얼굴을 마주하는 대면적對面的 접촉과 친밀감으로 인격적 · 비형식적 관계를 지니는 집단이고, 2차 집단은 간접적 접촉과 수단적 만남으로 부분적 · 형식적 관계를 지니는 집단이다.

소속 집단과 준거 집단

하이만Heimann, E.은 개인 행동의 판단 기준으로 사회 집단을 소속 집단과 준거 집단으로 분류하였다. 소속 집단은 한 개인이 실제로 속한 집단이고, 준거 집단은 실제 소속과 관계없이 한 개인이 자신의 신념이나 가치관 등을 규정하고 그것에 따르기 위해 행동의 지침으로 삼아 모델로서 사용하는 집단을 말한다. 즉, 자신이 속하고 싶은 집단이다. 이때 개인 자신의 기준에서 모범이 되고 표준이 되는 집단을 긍정적 준거 집단이라 하고, 금기시되거나 부정의 기준이 되는 집단을 부정적 준거 집단이라고 한다.

Tip 준거 집단은 예기 사회화와 관련이 있어. 자신이 삼은 준거 집단의 가치 또는 행동 양식을 모방하고자 하는 것은 예기 사회화를 촉진하게 되겠지?

사회 조직

〔모일 사 社, 모을 회 會, 짤 조 組, 짤 직 織〕

사회 집단 중에서 목표가 뚜렷하고 지위와 역할이 명백하며 엄격한 규범이 존재하는 조직화된 집단

마인드 맵

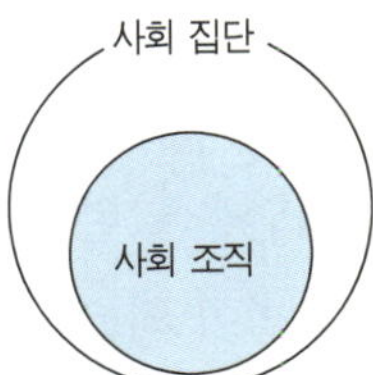

■ **사회 집단**(社會集團): 두 사람 이상의 구성원이 공동체 의식을 갖고 지속적 상호 작용을 하는 결합체.

사회 집단 중에서 그 집단의 목표와 경계가 분명하고, 구성원의 지위와 역할이 전문화되어 있으며, 규범이 엄격하게 규정되어 있는 조직성을 지니는 집단을 사회 조직이라고 한다.

사회 조직의 1차적 관심은 목표와 과업의 효율적 달성에 있고, 이에 구성원은 형식적·비인격적 관계를 지닌다. 현대 사회의 분업화·전문화에 따라 조직화된 사회 집단은 증가하고 있으나 이러한 사회 조직 속의 현대인의 주체성과 자율성의 상실에 관한 우려가 대두되고 있다.

공식적 조직과 비공식적 조직

사회 조직은 크게 공식적 조직과 비공식적 조직으로 나뉜다. 2차적 인간관계에 의해 제도적으로 맺어진 공식적 조직은 특정한 목표를 달성하기 위한 효율을 중시한다.

반면, 1차적 인간관계를 토대로 만들어져 심리적 애착심이 강한 비공식적 조직은 취미, 관심 등이 유사한 구성원들에 의해 자발적으로 형성되는 조직이다.

　공식적 조직 내의 비공식적 조직이 공식적 조직의 목표에 집중하기보다 비공식적 조직의 친분에 몰입하는 경우 업무의 효율성이라는 측면에서는 역기능으로 작용할 수 있으나, 정서적 안정감을 제공하고 조직에 대한 만족감을 높일 수 있다는 측면에서 순기능도 지닌다.

공동의 목표나 이해관계를 지닌 사람들이 목표 도달을 위해 자발적으로 결성한 집단을 자발적 결사체라고 해. 뚜렷한 목표를 지닌다는 측면에서 비공식적 조직과 구별되고, 자발적으로 결성했다는 측면에서 공식적 조직과도 구별되지. 친목이 목표인 친목 단체, 직업의 이익이 목표인 노동조합, 공익 증진이 목표인 비정부 기구(NGO) 등이 대표적 예가 될 수 있단다.

관료제

〔벼슬 관 官, 동료 료 僚, 절제할 제 制〕
bureaucracy

근대 사회에서 대규모 조직을 관리·운영하는 합리적 방식

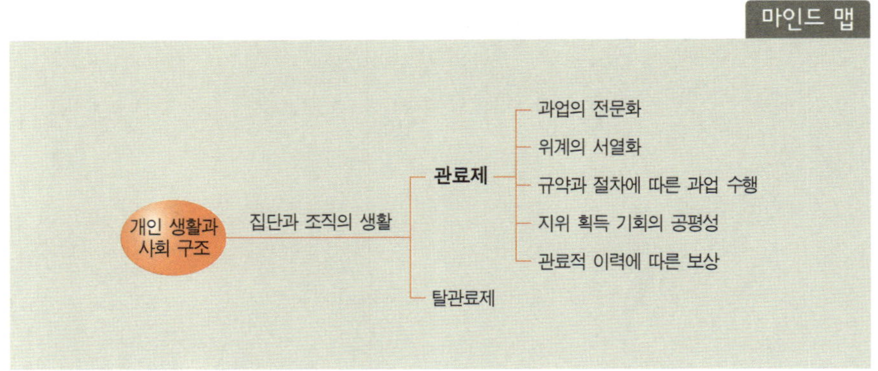

관료제는 권위적인 위계질서를 바탕으로 명시적인 규범과 절차에 따라 대규모 조직을 합리적으로 관리하고 운영하는 체제를 말한다.

관료제의 특징

사회학자 베버Weber, M.가 분석한 관료제의 특성은 다음과 같다.

① 과업의 전문화

조직의 업무를 효율적으로 처리하기 위해 전문성을 기준으로 분업한다.

② 위계의 서열화

조직 내의 모든 지위가 권한과 책임의 정도에 따라 서열화되어 있다.

③ 규약과 절차에 따른 과업 수행

공식적인 과업의 수행 과정에서 개인적 판단과 의사의 개입이 극히 제한된다. 문서로 규정된 규약과 절차에 따라 수행한다.

④ 지위 획득 기회의 공평성

지위 획득은 전문성과 실력을 기준으로 공개 경쟁을 통해 이루어진다.

⑤ 관료적 이력에 따른 보상

구성원의 보상 기준으로 연공서열▪이 중시된다.

관료제는 과업에 대한 효율적·안정적 처리, 조직 및 과업 수행의 지속성 유지라는 순기능을 가지고 있지만, 목적보다는 수단을 더 중시하는 수단과 목적의 전치轉置 현상, 인간 소외 현상의 증대 등의 역기능이 우려된다.

탈관료제

관료제의 역기능을 극복하기 위한 대안으로 탈관료제 경향이 나타나고 있다. 즉, 경직된 피라미드 구조를 탈피하여 구조의 유연성을 높이고 사회 변화에 신속하게 적응할 수 있는 새로운 조직 형태들이 생겨나고 있다.

대표적인 것이 '팀team제'로 서열화된 질서 속의 분업화된 업무에서 벗어나 구성원들이 창의성과 인간성을 발휘하도록 도모하는 방식이다. 이외에 특정한 형태 없이 과업과 목적에 따라 유연하게 재편될 수 있는 조직인 '아메바형 조직'과 수직적 구조에서 탈피하여 수평적 관계를 강조한 '네트워크형 조직'이 있다. 또한 여러 부분의 수평적 하모니를 통해 목표를 달성해 가는 조직을 '심포니 오케스트라형 조직'이라고 강조하여 부른다.

문화와 사회

문화와
사회

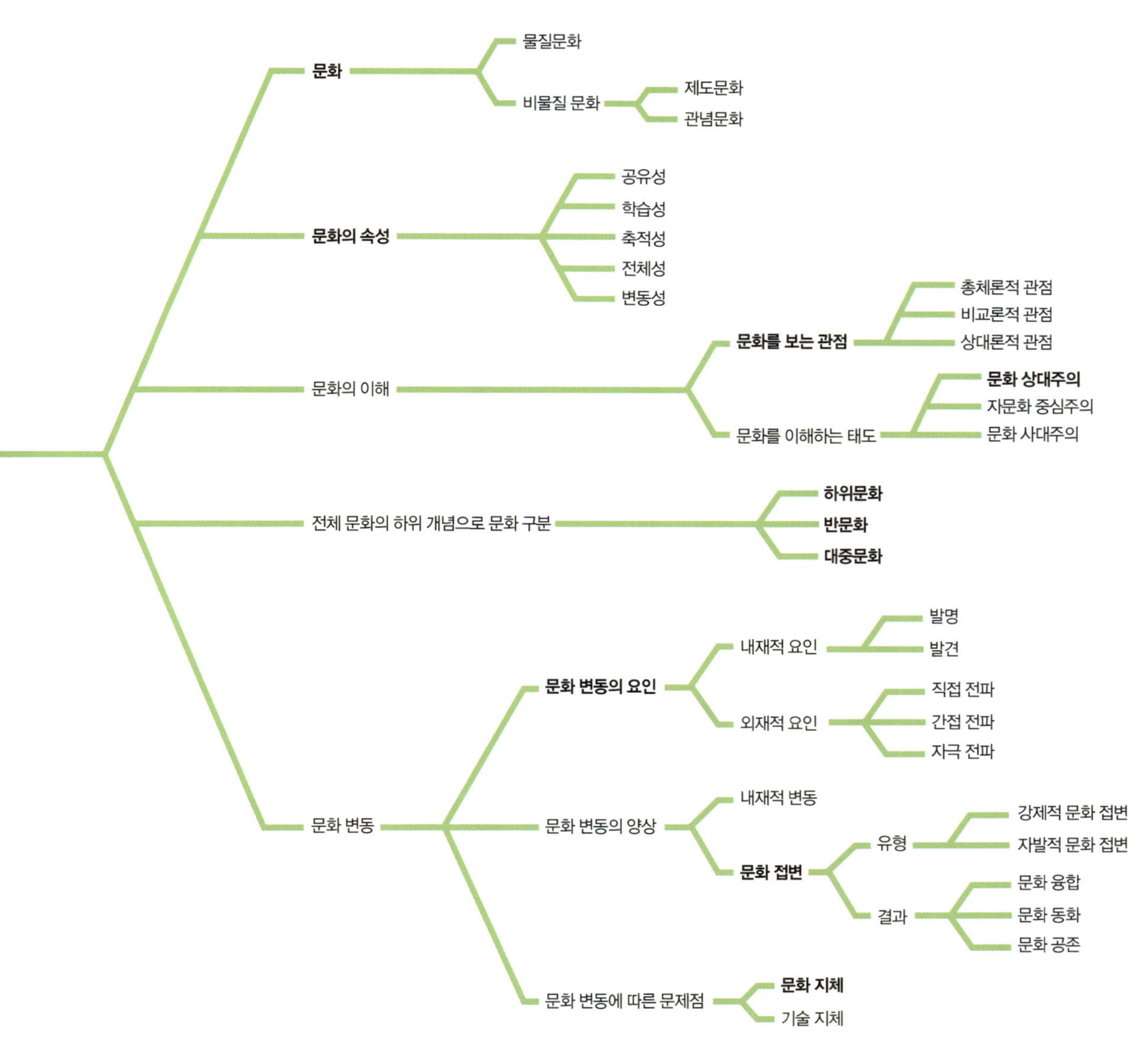
문화
물질문화
비물질 문화
제도문화
관념문화
문화의 속성
공유성
학습성
축적성
전체성
변동성
문화의 이해
문화를 보는 관점
총체론적 관점
비교론적 관점
상대론적 관점
문화를 이해하는 태도
문화 상대주의
자문화 중심주의
문화 사대주의
전체 문화의 하위 개념으로 문화 구분
하위문화
반문화
대중문화
문화 변동
문화 변동의 요인
내재적 요인
발명
발견
외재적 요인
직접 전파
간접 전파
자극 전파
문화 변동의 양상
내재적 변동
문화 접변
유형
강제적 문화 접변
자발적 문화 접변
결과
문화 융합
문화 동화
문화 공존
문화 변동에 따른 문제점
문화 지체
기술 지체

주제 **1**

문화 〔글월 문 文, 될 화 化〕
culture

각 사회의 구성원에 의해 공유되는 생활 양식의 총체

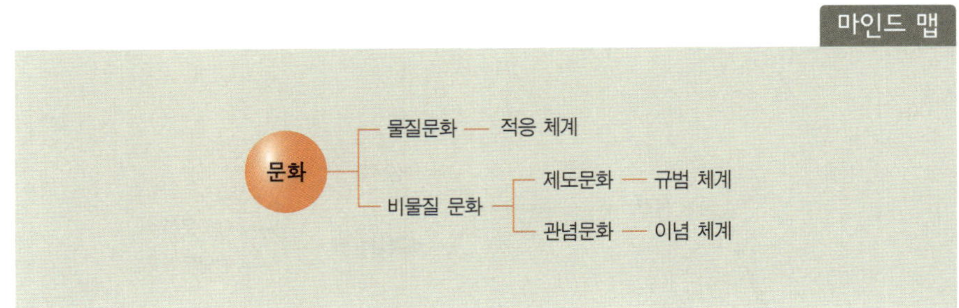

일상 용어로 쓰이는 좁은 의미의 문화는 문화인, 문화생활 등과 같이 '편리한, 세련된, 지적인, 발전된' 것을 의미한다. 그러나 사회학에서 다루는 넓은 의미의 문화는 한 사회 구성원이 가지는 생활 양식 전부를 일컫는다.

사람들은 자신이 속한 집단의 문화에 따라 다르게 행동하게 된다. 한국인은 겨울철 온돌방에서 몸을 녹이며 주로 바닥에 앉아서 생활하고 수저를 사용하여 밥을 먹지만, 서양인은 벽난로로 난방을 하고 침대를 사용하며 식사할 때 포크와 나이프를 사용한다. 이와 같은 차이는 그 사회의 문화라는 관점에서 자연스럽게 받아들이고 이해할 수 있다.

물질문화와 비물질 문화

문화에는 물질문화와 비물질 문화가 있다. '물질문화'는 인간이 주변 환경에 적응하기 위해 만들어 낸 물질적인 것으로 구성원의 욕구를 충족시켜 주는 것들을 의미한다.

'비물질 문화'는 제도문화와 관념 문화로 구분해 볼 수 있다. '제도문화'는 인간이 만들어 낸 규범 체계로 구성원의 행위를 규제하고 사회 질서를 유지하기 위한 것들이 해당된다. '관념 문화'는 선대로부터 전해 내려오는 철학이나 문학, 전설 등과 같이 정신적인 가치를 의미하는데 구성원들에게 삶의 목표, 생활에 필요한 지혜를 제공해 주는 역할을 한다.

Tip 문화를 공부할 때에는 '넓은 의미의 문화'의 개념으로 접근하는 것이 중요해. 모든 인간 공동체는 어떠한 형태로든 문화가 존재하는데 원시 종족의 고유한 풍습, 예를 들어 옷을 입지 않는다거나 손으로 식사를 하는 것을 미개한 것으로 보고 문화가 아니라고 생각해서는 안 된단다. 다른 사회의 문화를 접할 때 우리 문화와 많이 다르다고 저속한 것으로 보거나 비판하려는 경향이 나타나는데, 문화의 여러 속성을 잘 이해하고 문화를 바라보는 관점을 올바로 정립해 나가야겠지?

주제 **2**

문화의 속성 〔글월 문 文, 될 화 化, 무리 속 屬, 성품 성 性〕

어떤 사회 현상을 문화적 시각에서 파악하기 위하여 이해하여야 하는 문화의 특성

마인드 맵

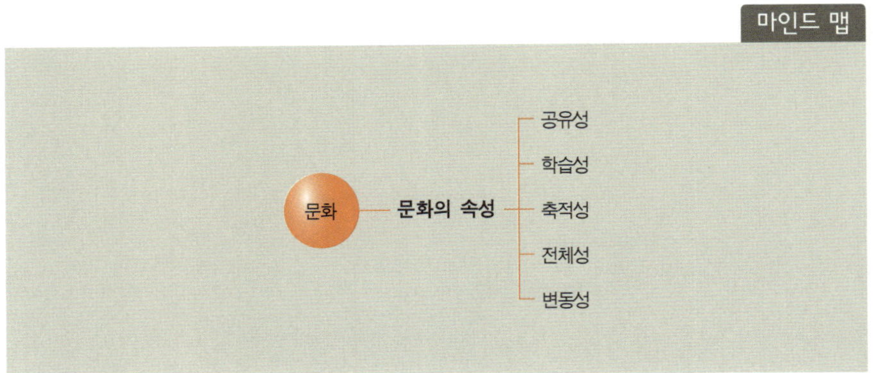

문화는 본능이나 욕구와 같은 생물학적인 특성과는 다른, 인간 사회에서 발견되는 고유의 집단적인 생활 양식을 의미한다. 사회 집단에서 나타나는 다양한 현상들을 '문화' 의 관점에서 이해하기 위해서는 다음에 언급하는 다섯 가지 문화의 속성을 잘 이해하여야 한다.

문화의 공유성共有性

한 사회의 구성원들의 행위에서 다른 집단의 것과 구별될 만한 어떤 공통적인 것을 발견할 수 있는데, 우리는 이것을 문화라고 부른다. 문화는 개개인마다 다르게 지니고 있는 습관이나 취향, 버릇과는 구별되는 것으로 우리들의 행동 대부분은 소속된 집단의 행동 양식을 따른다. 따라서 문화는 각 집단의 구성원들에 의해 함께 공유된 것이라고 볼 수 있다.

예를 들면 한국 사람들은 한국어와 한글로 의사소통을 한다. 겨울철에는 집

집마다 김장을 하며, 온돌이라는 고유의 난방 문화를 가지고 있고, 어른을 공경해야 한다는 사고방식을 공통적으로 지니고 있다. 이와 같은 문화의 공유성으로 인하여 우리는 특정한 상황에서 타인의 행동을 예측할 수 있고, 그 행동의 의미가 무엇인지도 파악해 낼 수 있다.

문화의 학습성學習性

우리의 생활 양식 중에서 선천적이고 본능적인 것들은 문화라고 볼 수 없다. 한국인들이 공유하고 있는 검은색 머리에 검은 눈동자는 태어나면서 가지고 있는 생물학적인 특징에 해당된다. 또한 인간은 배고프면 식사를 하고 졸리면 잠을 잔다. 이러한 특징들이 어떠한 공동체 내에서 공유된다고 하더라도 문화와는 거리가 멀다고 볼 수 있는데, 그 이유는 문화는 후천적으로 학습되는 것이기 때문이다. 그 대표적인 것이 각 나라의 언어이다. 한국인이라 할지라도 외국에서 태어나 자랐을 때 한국어를 구사하지 못하는 사례를 보면 문화는 비유전적인 수단에 의해 습득된다고 볼 수 있다.

　모든 인간은 생물학적이며 본능적인 욕구를 가지고 있지만, 욕구를 충족시키는 구체적인 방식은 사회마다 다르다. 먹는 것은 인간의 본능이지만 공동체마다 다양한 형태의 고유한 조리법이 세대에 따라 전승되어 내려오기 때문에 음식 문화는 각각 다르게 나타나게 된다. 이와 같은 문화의 학습성은 구성원들의 '사회화'와도 밀접한 관련이 있다.

문화의 축적성蓄積性

동물들도 학습 행위를 한다는 연구 결과가 있다. 하지만 이전 세대로부터 누적된 지식을 체계적으로 교육받으며 자라는 인간과는 달리 동물들의 학습은 다른 동물의 행위에 대한 직접적인 관찰과 모방에 의한 것이 대부분으로, 여러 세대를 거쳐 지속적으로 전달되기는 어렵다고 볼 수 있다. 그에 비해 인간은 언어와 문자라는 상징체계를 가지고 있기 때문에 한 세대의 지식들이 다음 세대로 전해져 내려오기가 수월하다. 특히 문자를 사용한 이후로는 인간이 가진 엄청난 양의 지식들이 후대로 전해져 내려오는 것이 가능해졌다. 이와 같이 문화는 여러 세대에 걸쳐 축적된 생활 양식과 지식의 총체이다.

문화의 전체성全體性

문화의 전체성은 문화의 총체성이라고도 한다. 한 사회 집단의 문화는 예술, 종교, 관습 등 수많은 부분으로 구성된다. 그러나 한 사회의 문화를 구성하는 이런 부분들은 서로 독립적으로 존재하는 것이 아니라, 서로 간에 밀접한 관계를 유지하면서 하나의 체계 혹은 전체를 이루고 있다. 따라서 문화의 일부 구성 요소가 변하면 문화의 여러 분야도 동시에 변화를 겪게 된다.

오늘날 정보화가 진행됨에 따라 사회의 모든 분야가 변하고 있다. 인터넷을 통하여 원격으로 이루어지는 교육 방식이 등장하였고, PC방 놀이 문화와 채팅을 이용한 만남이 생겨났으며, 선거 때 후보가 홈페이지를 통하여 시민들과 소통하는 등 선거 운동의 양상도 달라졌다. 이와 같이 우리 사회의 하위문화■는 서로 밀접한 연관을 맺고 있으므로 따로 떼어 놓고 보아서는 안 될 것이다.

문화의 변동성變動性

문화는 항상 변하고 있는데, 왜 변하는가? 사람들은 생활의 불편함을 개선하기 위하여 새로운 기술과 물자를 만들어 낸다. 전구의 발명은 밤에도 활발한 일상생활을 할 수 있게 하였고, 전화의 발명은 원거리 통신을 가능하게 하여 물리적인 거리를 단축시켰다. 이러한 혁신들이 사회 구성원들의 생활의 한 부분으로 정착되고, 다른 부분들과의 상호 작용 속에서 문화 전체에 변동을 유발하게 된다. 이러한 문화 변동은 내·외부적인 원인, 즉 발명, 발견, 전파 등에 의해 다양하게 진행되며 그 결과로 인하여 문화는 점차 발전하게 된다.

> **Tip** 문화의 다섯 가지 속성은 다양한 예시로 주어질 수 있는 개념인데, 핵심적인 개념을 통해 구분하여 이해하면 어떤 예시가 나와도 당황하지 않을 수 있어. 비슷한 예시를 스스로 만들어 보면서 이해해 보자!!
> 하나 더! 문화의 보편성과 다양성에 대해서도 살펴볼까? 어느 사회, 어느 시대에서나 각 문화에는 공통적인 요소가 존재하는데 그 이유는 인간은 같은 생물학적인 특성과 유사한 사고방식을 지니고 있기 때문이야. 인간은 보편적인 의식주 문화를 가지고 있다는 거지! 여기서 인간에게 주어진 보편적 성향을 제일성(齊一性)이라고 해. 그러나 사회에 따라 의식주 문화는 다른 형태로 나타나지. 이것이 바로 문화의 다양성을 의미해. 문화는 보편성과 다양성이라는 상반된 특성을 동시에 지니므로 사례를 통해 다각적으로 이해할 수 있어야 해.

문화를 보는 관점

다양한 문화들 간의 상호 관계 속에서 한 사회의 문화를 바르게 이해하기 위한 종합적인 시각

마인드 맵

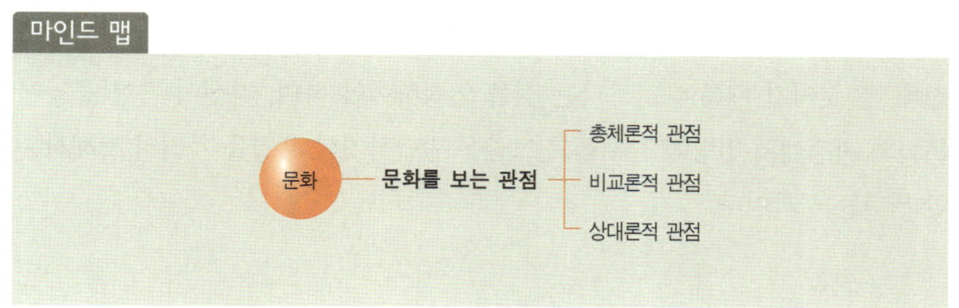

　인간 사회는 크고 작은 다양한 집단으로 구성되어 있으며 그 속에는 다양한 문화들이 존재하고 있다. 그래서 어느 특정한 문화를 바르게 이해하기 위해서는 먼저 특정한 문화를 그 사회의 역사적·환경적 맥락에서 살펴보고, 다른 유사한 문화와 비교해 보거나, 여러 문화의 관점에서 총체적으로 살펴보는 노력이 필요하다. 이러한 문화를 보는 관점은 다음 세 가지로 정리해 볼 수 있다.

총체론적總體論的 관점

문화 현상을 전체적인 맥락 속에서 다른 문화 요소들과의 상호 관련성까지 파악하며 이해하려는 태도가 총체론적 관점이다. 한 사회의 문화는 정치 제도, 경제 제도, 가족 제도, 종교, 예술 등 여러 부분으로 구성되는데, 사회의 각 부분은 독립적으로 작용하는 것이 아니며 어느 한 분야의 변화가 다른 분야의 변화를 일으키고 나아가 전체적인 문화 변동을 일으키게 된다. 문화는 어느 한 부분을 떼어 놓고 본다면 올바른 이해가 불가능하기 때문에 문화를 보는 총체적인 관점이 요구된다.

비교론적比較論的 **관점**

인간의 문화는 각 공동체마다 나름대로의 특징을 지니고 있다. 그런데 한 사회의 문화만을 단독으로 떼어 놓고 본다면 그 문화를 바르게 이해하기는 어렵다. 따라서 다른 사회의 문화와 비교하여 해당 문화의 특징을 이해하고자 하는 관점이 필요하다.

상대론적相對論的 **관점**

어떤 사회의 문화를 그 사회의 독특한 역사적 · 자연환경적 맥락에서 이해하려는 관점을 말한다. 각 사회의 문화는 제각각의 환경 속에서 적응하면서 발전해 온 것이기 때문에 다르다는 점을 인정하여야 하며, 자신이 속한 공동체 문화의 관점에서 일방적으로 옳고 그름을 판단하거나 우열을 가리려고 해서는 안 된다는 시각이다.

주제 **4**

문화 상대주의

〔글월 문 文, 될 화 化, 서로 상 相, 대할 대 對, 주인 주 主, 옳을 의 義〕

타문화를 그 사회의 역사적·자연적 맥락에서 이해하려고 하는 것

마인드 맵

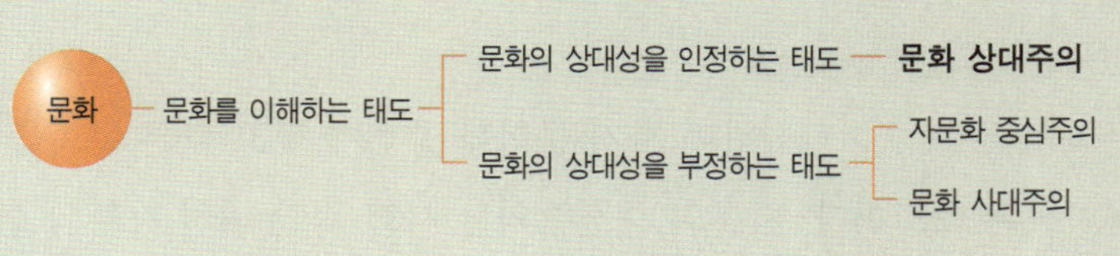

우리는 다른 사회의 문화를 이해할 때에 타문화를 우월한 것으로 보고 숭상하거나 반대로 미개한 것으로 보고 배척하는 태도를 갖기도 한다. 조선 시대에는 중화사상의 영향을 받아 중국 문화를 숭상하는 경향이 있었으며, 오늘날에는 미국의 언어와 문화를 무조건적으로 따르려고 하는 풍토를 흔히 찾아볼 수 있다. 한편 손으로 음식을 먹는 인도의 식문화食文化를 접하였을 때에는 원시적이고 미개한 것으로 보고 배척하는 등 주로 후진국의 문화를 낮게 평가하고 무시하기도 한다. 프랑스 여배우가 한국의 개고기 문화를 야만적인 문화라고 강하게 비판하였던 일화는 여러 번 언급되었을 정도로 유명하다. 이것은 문화의 상대성을 부정하고 문화 간에 우열이 있다는 시각에서 다른 문화를 평가하였기 때문에 나타난 태도이다.

한 사회의 문화는 그 사회의 맥락 속으로 들어가 사회 구성원의 시각에서 바라볼 때에 올바른 이해가 가능하다. 문화를 판단할 때 하나의 기준으로만 판단해서는 안 되는데, 이는 어떤 사회에서 당연하게 여겨지는 현상이 다른 사회에서는 잘못된 것으로 이해될 수 있기 때문이다. 예를 들어 열대 우림 기후 지역에서는 주변에 흔한 나무와 잎으로 집을 짓는 것이 합리적인 일이지만, 남극 지방에서는 식생이 거의 없기 때문에 나무로 집을 짓는 것은 어리석은 행동으로 여겨질 것이다. 즉 문화를 이해하는 데에는 상대주의적인 시각이 요구된다.

문화 상대주의는 문화의 상대성을 인정하고, 한 사회의 문화를 그 사회의 맥락에서 이해해야 한다는 태도로서, 문화의 우열을 가리고자 하는 것은 옳지 않다고 보는 입장이다. 이와는 달리 문화의 상대성을 부정하는 태도인 자문화 중심주의와 문화 사대주의를 함께 이해해 보자.

자문화 중심주의自文化中心主義

자기 문화의 우수성을 과신하여 자기 문화를 중심에 두고 다른 문화를 부정적으로 평가하는 태도이다. 자문화 중심주의는 사회 집단 내의 자부심을 높이고 구성원 간에 일체감을 느낄 수 있도록 하여 사회 통합을 강화시키는 장점이 있다. 그러나 이러한 태도는 국제 사회에서의 고립을 자초하고 국제 협력을 어렵게 하여 국가 발전에 장애를 야기할 가능성이 있다.

문화 사대주의文化事大主義

다른 사회의 문화를 가장 우수한 것으로 인식하고 동경한 나머지 자기 문화를 업신여기거나 낮게 평가하는 태도이다. 이러한 태도는 문화적인 주체성을 상실하게 되는 결과를 낳는다.

> **Tip** 문화의 상대성은 아무리 강조해도 지나치지 않단다. 우리는 역사 속에서 임의적으로 문화에 서열을 매기고 타문화를 무시하거나, 반대로 지나치게 타문화를 추종하는 것을 볼 수 있어. 자문화 중심주의적 시각을 가지면 제2차 세계 대전 당시 나치의 유태인 대량 학살과 같은 심각한 부작용이 나타날 수 있지. 문화 사대주의의 사례로는 다른 문화에 동화되어 문화적 정체성을 상실하고 역사 속으로 사라진 여러 문화들을 떠올려 봐.

하위문화 / 반문화 / 대중문화

전체 문화와 구분되는 특정한 집단의 문화 /
지배 문화를 파괴하는 문화 /
대중 사회를 기반으로 대중 매체에 의해 형성된 문화

마인드 맵

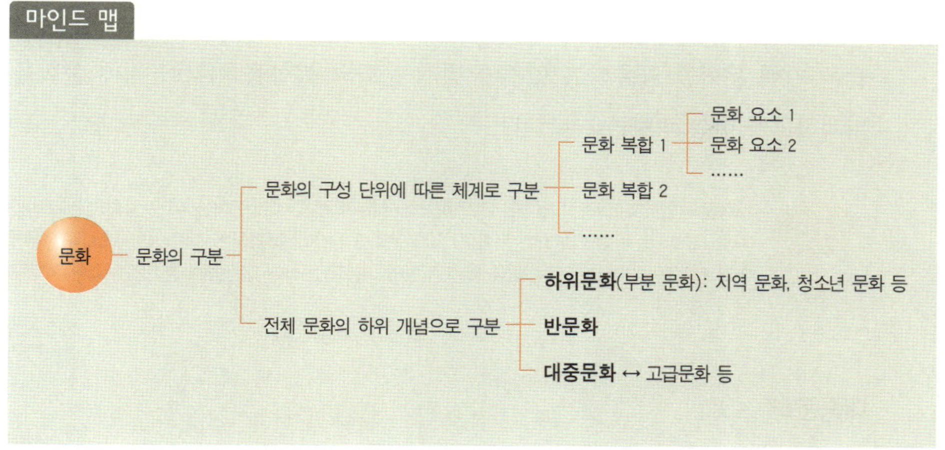

문화를 구성하는 부분은 단순한 하나의 의미 단위로서의 문화 요소휴대 전화, 서낭당, 김장 등에서부터 추상화된 종교, 결혼 풍습과 같은 문화 복합으로 세분화할 수 있다.

또 한 나라 안에서도 지역 문화가 다양하게 형성되어 하위문화, 즉 부분 문화部分文化를 형성하기도 하고, 지배 문화에 대항적인 반문화가 형성되기도 한다. 또한 현대 사회에 이르러 소수의 지배층이나 귀족이 아닌 다수의 대중에 의해 널리 향유되는 대중문화 같은 하위 개념의 문화가 나타나 널리 통용되기도 한다.

하위문화 下位文化, subculture

지역 및 계층별로 나타나는 생활 양식의 차이에 따라 문화를 구분해 볼 수 있는데, 전체적인 문화 내부에 존재하면서 어떤 부분에서는 독자적인 생활 양식을 하위문화라고 한다. 예를 들면 도시 문화, 경상도 문화 등은 모두 지배 문화인 한국 문화에 포함되어 있지만 의식주, 언어 등을 공유하고 있으므로 전체 문화와 구분되는 하위문화라고 볼 수 있다.

반문화 反文化

어떤 집단의 문화가 그 사회의 지배적인 문화와 대립되는 경우 지배 문화를 파괴하기 위하여 존재하는 문화를 말한다. 예를 들어 범죄 집단에 속한 사람들은 지배 문화를 공유하고 있지만 범죄 문화와 복합을 이루어 지배 문화를 파괴하고자 하는 성향을 나타낸다.

대항문화(對抗文化)라는 개념도 함께 비교해서 알아 두자. 대항문화는 어떤 사회의 지배적인 가치 체계나 문화를 거부하는 문화로, 지배 문화를 단순히 파괴하는 것이 아닌 새로운 질서에 의한 대치를 의미하는 거야. 예를 들면 기존의 어른들 문화에 대항하는 청소년 문화를 생각해 보면 되겠지.

대중문화 大衆文化

대중 사회를 기반으로 대중 매체에 의하여 형성된 문화이다. 대중문화는 소비 문화의 속성을 지니며 누구에게나 개방되고 누구나 쉽게 즐길 수 있는 문화지만, 내용이 획일적인 경향이 있고 그것을 받아들이는 사람의 창의성, 판단 능력이 무시되는 측면이 있어 비판의 대상이 되기도 한다.

반면 교육을 많이 받는 상류층의 생활 양식을 '고급문화'라고 하는데, 높은 수준의 교육을 전제로 하기 때문에 낮은 수준의 교육을 받은 사람들이 수용하기에는 어려운 면이 있어 소수 집단의 문화라고도 볼 수 있다. 고급문화는 향유하는 사람들의 창의력이 요구되고 지속적인 측면이 있어 긍정적으로 받아들여지고 있다. 그러나 고급문화와 대중문화는 일종의 취향 문화이기 때문에 어느 것이 좋고 나쁜지 평가하는 것은 바람직하지 못하다.

문화 변동의 요인

문화적 특성들이 변화하는 현상의 원인

마인드 맵

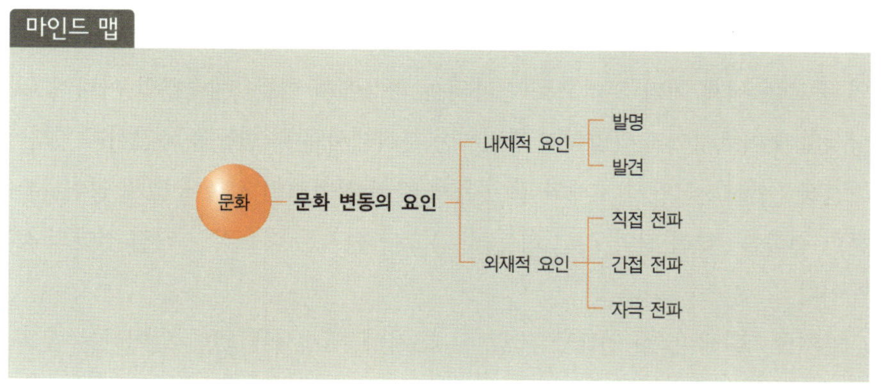

문화는 끊임없이 변화하는 속성문화의 변동성을 가지고 있다. 문화 변동은 다양하고 복합적인 문화 구성 요소들의 상호 작용으로 일어나는데, 그 요인으로는 사회 내에서 자체적으로 문화 변동을 일으키는 내재적 요인과 다른 사회의 문화 요소가 전해져 문화 변동을 일으키는 외재적 요인이 있다.

문화 변동의 내재적 요인

발명과 발견은 문화 변동의 내재적 요인에 속하는 것으로 사회 내에 새로운 문화 요소가 등장하는 것을 의미한다. 새로이 등장한 문화 요소들은 기존의 문화 요소와 상호 작용을 통하여 문화 변동을 유발한다.

발명發明은 이미 존재하는 문화 요소들이 합해지거나 바뀌어서 그때까지 존재하지 않았던 새로운 물건이나 행동으로 처음 나타나는 것을 말한다. 발명에는 화약·나침반과 같이 물질적인 것도 있고, 종교와 같이 비물질적·관념적인 것도 있다.

발견發見은 이미 존재하고 있었지만 아직 알려져 있지 않은 문화 요소들을 새로이 알아내는 것을 말한다. 태양의 흑점이나 박테리아가 발견되어 문화 변동에 영향을 준 사례가 대표적인 예이다.

문화 변동의 외재적 요인(문화 전파)

한 사회의 문화를 구성하는 요소 중에는 다른 사회에서 전해져 온 것들도 많은데, 한 사회의 문화 요소들이 다른 사회로 전해져 그 사회의 문화에 통합되어 정착되는 현상을 문화 전파文化傳播라고 한다. 대표적으로 기독교, 불교 등의 종교는 세계 여러 지역으로 전파되는 과정에서 학문, 예술뿐만 아니라 일상생활에 이르기까지 다양하고 광범위한 분야에서 문화 변동을 촉진시켜 왔다.

전쟁 · 선교 · 식민지 지배와 같이 문화 간의 직접적인 접촉에 의해 일어나는 문화 전파를 '직접 전파'라고 하는데, 유교나 한자는 대표적인 직접 전파의 사례이다.

인쇄물 · 텔레비전 · 인터넷과 같이 제3자나 매개체에 의해 일어나는 문화 전파를 '간접 전파'라고 한다. 오늘날에는 문화권 간의 접촉이 잦아지면서 문화 전파 현상이 과거보다 증가되고 있다.

또한 전파된 문화 요소에 자극을 받아 발명이 일어난 경우의 문화 전파를 '자극 전파'라고 한다. 체로키 인디언은 고유의 문자를 가지고 있지 않았으나 백인들과 접촉하면서 영어에서 아이디어를 얻어 '체로키 문자'를 만들어 냈다. 신라가 한자의 음과 뜻을 이용하여 '이두'라는 문자 표현 방식을 만들어 낸 것도 자극 전파의 사례에 해당된다.

문화 접변 〔글월 문 文, 될 화 化, 이을 접 接, 변할 변 變〕

문화 간의 장기간에 걸친 직접 접촉에 의한 문화 변동

마인드 맵

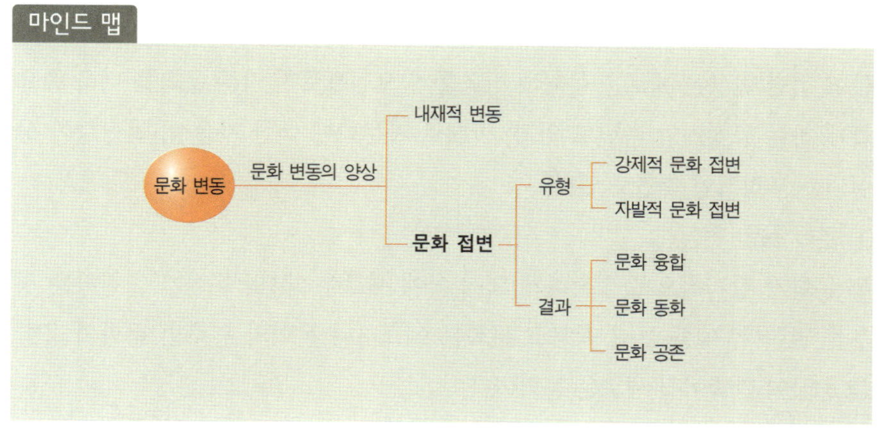

　문화 변동은 문화 요소들의 끊임없는 상호 작용의 결과로 나타나는 현상이다. 문화 변동에는 내재적 변동과 문화 접변으로 인한 외재적 변동이 있는데, 내재적 변동은 발명과 발견을 통해 나타난 새로운 문화 요소가 기존의 문화 요소와 상호 작용을 하는 가운데 일어난다.

　문화 접변은 문화들 간의 장기간에 걸친 전면적인 접촉 과정에서 일어나는 문화 변동이다. 이는 단지 전파로 인하여 문화 요소가 추가되는 것에 그치지 않고 새로운 문화 요소의 등장을 초래하는데, 보통 장기간에 걸친 접촉은 양쪽 문화 모두의 변화를 가져오는 경우가 많다.

문화 접변의 유형

① 강제적 문화 접변

식민지 사회에서 찾아볼 수 있는데, 주로 지배 집단이 피지배 집단에 강제적인 힘을 행사하는 과정에서 일어나는 경우가 많다. 이러한 강제적 문화 접변은 피지배 집단의 반동反動을 낳기도 한다.

② 자발적 문화 접변

문화 접변은 이민이나 유학 등 스스로의 필요에 의해 자발적으로 이루어지기도 한다. 이 경우에는 새로운 문화가 기존의 문화보다 더 낫다고 판단될 때 새로운 문화가 자연스럽게 수용된다.

문화 접변의 결과로 일어나는 현상

문화 접변 현상은 새로운 문화의 창조를 일으킴으로써 기존 문화를 더욱 풍요롭게 하는 긍정적인 측면도 있고, 반대로 자문화에 대한 자율성, 독립성이 상실되는 부정적인 측면도 있다.

① 문화 융합 현상

두 문화가 장기적으로 접촉하게 되어 아예 새로운 제3의 문화가 출현하는 경우를 말한다. 예를 들면 멕시코 문화는 에스파냐 문화와 원주민 문화의 융합을 통하여 만들어진 새로운 문화이다.

② 문화 동화 현상

일방적인 문화 전파로 피지배 문화가 지배 문화에 흡수되는 경우를 말한다. 우리나라 사람들이 평상시에는 한복을 거의 입지 않고 청바지, 티셔츠, 양복과 같은 서양의 의복을 입고 생활하는 것이 그 예가 된다.

③ 문화 공존 현상

접촉한 두 문화의 요소들이 그대로 남아 고유의 성격을 잃지 않고 함께 존재하는 경우이다. 예를 들어 한국의 거리 간판을 살펴보면 영어와 한글 간판이 혼재되어 있는데 이것이 문화 공존 현상이다.

Tip 문화 접변은 익숙지 않은 단어라 어렵게 느껴질 수 있는데 '다른 문화 간의 장기간에 걸친 문화 접촉'이 문화 접변의 핵심적 내용이야. 문화 접변의 구체적인 양상인 문화 융합(A+B ➡ C), 문화 동화(A+B ➡ A), 문화 공존(A+B ➡ A, B)에 대해서도 알아 두어야 해. 문화 접변과 수평적인 개념으로 혼동하기가 쉬운데 마인드맵을 통해 정확히 구분해 두자.

문화 지체 〔글월 문 文, 될 화 化, 더딜 지 遲, 막힐 체 滯〕
cultural lag

문화가 변동할 때 물질문화와 비물질 문화 간의 변화 속도 차이로 인하여 나타나는 사회의 부조화 현상

마인드 맵

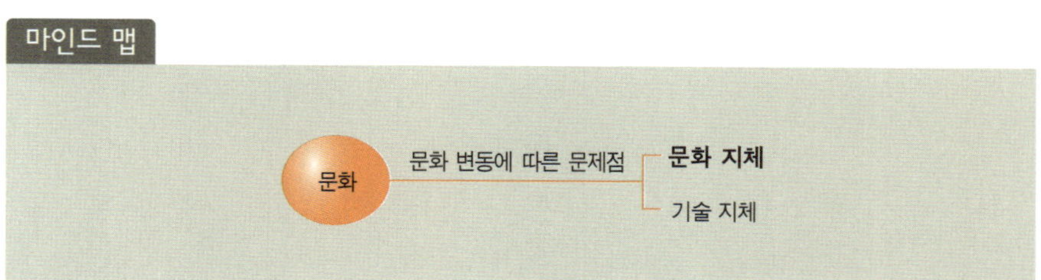

문화 지체란 문화 요소 사이에 문화 변동 속도의 차이, 특히 물질문화와 비물질 문화의 변화 속도의 차이로 인해 사회 구성원들이 사회생활에 적응하지 못하거나 가치관의 혼란 등의 부작용을 겪게 되는 현상을 뜻한다. 각 사회에서 문화가 변동할 때에는 다양한 부분 문화■가 조화롭게 발전하는 것이 이상적이다. 그러나 보통 물질문화의 도입으로 인한 변화는 빠르게 이루어지지만 제도·가치관·예절 등의 비물질 문화는 천천히 변화한다.

예를 들어 자동차 수는 빠르게 급증하지만 교통질서에 대한 의식의 변화는 더디게 이루어지고, 휴대 전화의 보급 속도는 빠르지만 그 속도만큼 공공장소에서 휴대 전화의 사용 예절은 빠르게 변하지 못하고 있는 현상은 문화 지체의 대표적 예이다. 최근 사이버 범죄는 날로 지능화되고 있으나 이를 처벌할 수 있는 법적 수단은 뒤늦게 마련되기 때문에 사이버 공간에서의 범법 행위를 통제하기에 어려움을 겪기도 한다. 따라서 이러한 사례들을 문화 지체 현상으로 이해하고, 사회적 부조화로 인한 사회 문제를 해결하기 위해 노력하여야 한다.

■ **부분 문화**(部分文化): 전체 문화와 구분되는 특정한 집단의 문화.

기술 지체

반면 후진국에 선진국의 이념이나 지식이 먼저 도입되어 교육되고 정착되지만 이를 지원하는 기술 체계가 뒤떨어져 문제가 나타날 수 있다. 예를 들면 서구적인 생활 양식이 관념적으로 전파되는 데에 반해 기술적인 발전이 뒤떨어질 때 그 사회에서는 기대에 대한 실망과 좌절을 경험하게 되는데, 이러한 현상을 기술 지체라고 한다.

Tip 토끼와 거북이 경주를 한다면? 토끼(물질문화)는 깡충깡충 앞서 나가고 거북(비물질 문화)은 느릿느릿 뒤따라가겠지? 이 둘 간의 격차는 어쩔 수 없이 점점 벌어지는데 이것을 문화 지체 현상으로 비유해 볼 수 있어. 이는 사회 변동 과정에서 발생하는 필연적인 현상이므로 사회 문제가 심각해지기 전에 발빠른 대처가 필요하겠지?

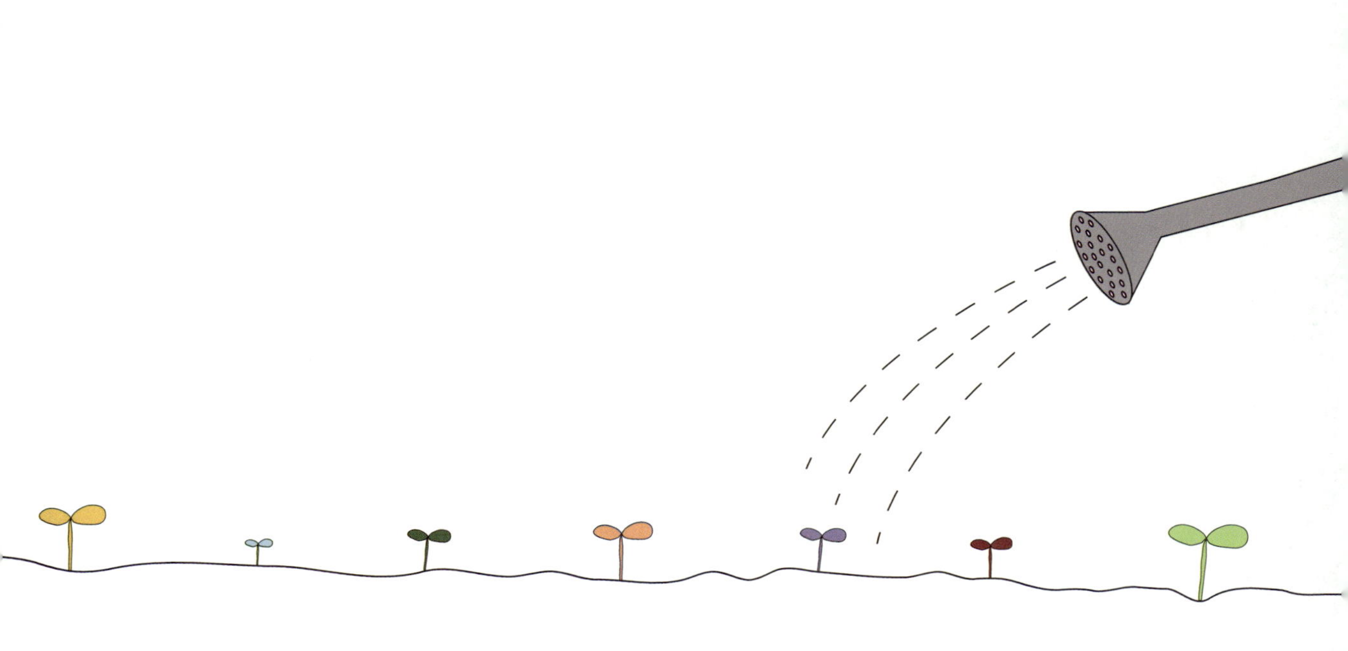

사회 계층과 불평등

8장

사회 계층과
불평등

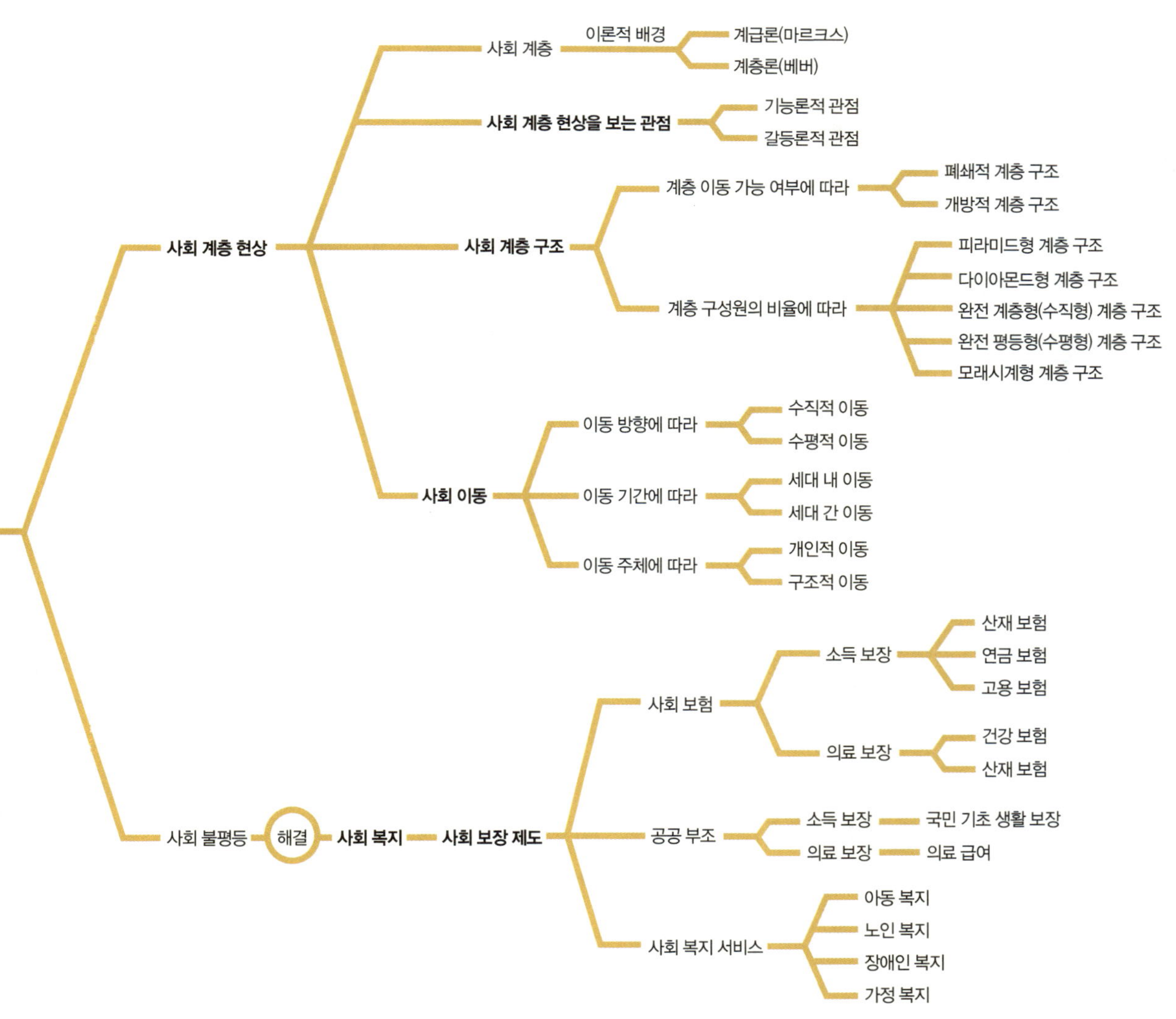
사회 계층 현상
사회 계층
이론적 배경
계급론(마르크스)
계층론(베버)
사회 계층 현상을 보는 관점
기능론적 관점
갈등론적 관점
사회 계층 구조
계층 이동 가능 여부에 따라
폐쇄적 계층 구조
개방적 계층 구조
계층 구성원의 비율에 따라
피라미드형 계층 구조
다이아몬드형 계층 구조
완전 계층형(수직형) 계층 구조
완전 평등형(수평형) 계층 구조
모래시계형 계층 구조
사회 이동
이동 방향에 따라
수직적 이동
수평적 이동
이동 기간에 따라
세대 내 이동
세대 간 이동
이동 주체에 따라
개인적 이동
구조적 이동
사회 불평등
해결
사회 복지
사회 보장 제도
사회 보험
소득 보장
산재 보험
연금 보험
고용 보험
의료 보장
건강 보험
산재 보험
공공 부조
소득 보장
국민 기초 생활 보장
의료 보장
의료 급여
사회 복지 서비스
아동 복지
노인 복지
장애인 복지
가정 복지

주제 **1**

사회 계층 현상

한 사회 내에서 사회적 희소가치를 분배하는 데 있어서의 불평등의 제도화 현상

마인드 맵

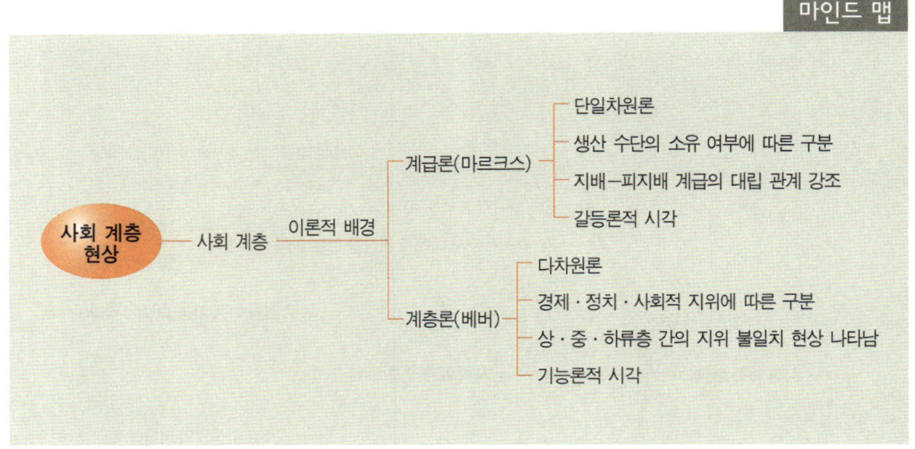

　　사회 구성원들은 사회에서 일정한 지위를 가지고 주어진 역할을 수행하면서 살아간다. 사회 구성원들의 지위와 역할은 사회의 특정 가치 기준에 따라 다르게 평가되며 하나의 위계적 구조를 이룬다. 사회 구성원들은 자신의 위치에 따라 물질적·정신적 희소가치를 불평등하게 분배받게 되는데, 이러한 희소가치 분배에서의 불평등에 따른 서열화 현상이 '사회 계층 현상'이다. 그리고 희소가치가 비슷하게 분배되는 지위를 가진 사람들을 한데 묶어 '사회 계층'이라고 한다.

계급과 계층

우리는 일상 속에서 '계급'과 '계층'이라는 용어를 구분 없이 사용하곤 한다.

하지만 엄밀히 말하면 두 용어는 이론적으로 다른 근거를 가지고 있는 개념이
므로 정확히 구분하여 알아볼 필요가 있다.

구분	계급론(마르크스의 단일차원론)	계층론(베버의 다차원론)
의미	경제적 생산 수단(토지, 자본)의 소유 여부에 따라 계급을 구분함	재산, 교육, 사회적 위신 등에서 비슷한 사회적 지위를 가진 개인들의 집합체로 보는 관점. 계급(경제), 권력(정치), 지위(사회)
특징	봉건 사회: 영주–농노 계급 자본주의 사회: 유산(有産)–무산 계급	계층을 상류층, 중류층, 하류층으로 구분하며 세 가지 구분 요소(계급, 권력, 지위) 간의 지위 불일치 현상이 발생하기도 함

▲ 계급과 계층

① 계급階級

계급은 경제적 요소만을 기준으로 사회 집단을 나누어 놓은 것이다. 이 개념
을 처음 도입한 마르크스는 계급을 규정하는 핵심적인 차원으로 경제적인 것
을 이야기하고 있다. 즉, 생산 수단의 소유 여부라는 한 가지 기준에 따라 지배
계급인 자본가 계급부르주아과 피지배 계급인 노동자 계급프롤레타리아으로 구분하
고 있는 것이다마르크스의 단일차원론. 나아가 마르크스는 두 계급 간의 대립적 · 갈
등적 관계를 전제로 하여 계급 개념을 통해 사회 계층 현상을 설명하였다.

② 계층階層

베버는 사회 계층 현상이 경제적 계급, 사회적 지위, 정치적 권력이라는 세 가
지 측면으로 이루어진다고 보는 다차원론을 주장하였다베버의 다차원론. 이는 마
르크스에 비하여 사회 계층을 보다 포괄적으로 해석하고 있는 것이다.

베버의 이론에 따르면 경제적 계급class은 마르크스 이론과 유사하게 재산의
소유 여부에 따라 결정된다. 사회적 지위status는 명예, 존경 등 다른 사람들로

부터 받는 정신적 대우의 정도에 따라 결정되는 지위이다. 정치적 권력power은 다른 사람의 저항에도 불구하고 자신의 의지를 실현시킬 수 있는 힘을 의미한다.

베버가 지적한 사회 계층의 세 가지 측면은 서로 관련이 있을 수 있으나 반드시 일치하지는 않는다. 오히려 세 가지 기준 사이에 괴리가 발생하는 것이 일반적이라고 본다. 계급, 지위, 권력은 각각 별개의 것으로 시대와 사회에 따라 변하는 것이다.

지위 불일치(地位不一致, status inconsistency)라는 개념에 대해서도 알아 두자. 한 개인 또는 집단이 여러 계층 차원에서 서로 일치하지 않은 지위 등급을 갖는 상황이 발생하기도 해. 이러한 경우를 지위 불일치라고 정의할 수 있어.

사회 계층 현상을 보는 관점

사회 계층을 사회의 발달 과정에서 나타나는 보편적·필연적 현상으로 보는 입장과 사회 계층을 지배 계급의 기득권 유지를 위해 존재하는 현상으로 보는 입장

마인드 맵

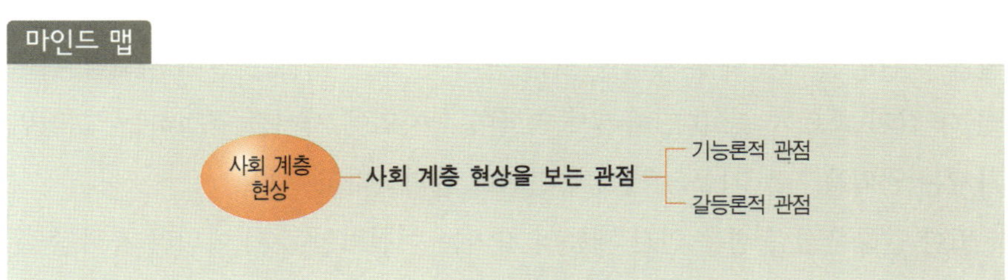

사회 계층 현상을 바라보는 상반된 이론적 관점으로 기능론적 관점과 갈등론적 관점이 있다.

기능론적 관점

사회 계층 현상은 사회생활의 영위에 없어서는 안 되는 중요하고 어려운 일을 적절히 수행할 수 있도록 하기 위해 꼭 필요한 장치라는 관점으로, 사회 계층은 사회의 존속을 위해서 중요한 기능을 수행하고 있다는 주장이다.

특정한 사회적 지위는 다른 지위에 비해 전체 사회에 미치는 영향이 다르며, 기능적으로 중요한 역할에는 특수한 지식과 능력이 요구된다. 이러한 재능을 가진 사람은 한정되어 있으며, 재능을 가지고 있다 하더라도 이를 발전시켜 제 역할을 하도록 하기 위해서는 교육이 필요하고 이에 많은 비용과 노력이 요구된다. 그러므로 사회는 재능을 가진 사람들이 교육에 따르는 손실과 비용을 감수하고 교육을 받을 수 있도록 하기 위한 장치를 마련하게 되는데, 이것

이 더 많은 희소가치의 분배 현상으로 나타난다.

따라서 각 지위에는 기능적인 중요도에 따라 차등적인 보수와 그에 수반되는 명예, 존경 등이 주어진다. 즉 기능론적 관점은 어떤 지위의 사회적인 중요도에 따라 주어지는 보수의 불평등 체계가 사회 계층이며, 사회 계층은 꼭 필요한 현상이라고 본다.

갈등론적 관점

갈등론적 관점을 기능론적 관점의 주장에 대한 비판을 통해 이해해 보자.

먼저 갈등론적 관점은 기능론적 관점에서 사회의 지위와 역할에 중요도가 다르다고 주장하는 것은 잘못이라고 본다. 예를 들어 판사와 환경미화원의 역할에 객관적인 차이가 존재하는 것은 아니며, 모든 역할은 전체 사회를 위해서 다 같이 중요한 것이다. 따라서 역할이나 지위에 차이를 규정하는 그 행위 자체는 권력을 가진 자들의 자의적 판단에 불과하다고 본다.

또한 갈등론적 관점은 인간 재능의 차이는 선천적인 것이 아니라 자라난 환경의 차이에서 비롯되는 후천적인 것이라고 주장한다. 부유한 집안에서 태어나 교육을 많이 받은 사람이 자연스럽게 높은 학습 성과를 나타낼 가능성이 크다는 것이다. 따라서 기능론적 관점의 주장은 현재의 지배 계층을 그대로 유지하려는 의도에서 나온 것이라고 본다.

한편 기능론적 관점에서는 모든 인간은 이기적인 존재라고 규정하고, 인간은 각자의 안락한 삶을 위하여 많은 경제적 부를 얻을 수 있는 역할을 차지하려 한다고 주장한다. 그러나 갈등론적 관점에서는 인간은 이기적인 존재가 될 수도 있고, 이타적인 존재가 될 수도 있다고 본다. 따라서 인간 행동에 대한 동기 부여는 보수에 의해서만 이루어지는 것이 아니며 스스로의 양심이나 의무감 등에 의해서도 가능하다고 본다.

결론적으로 갈등론적 관점에서는 계층의 역기능을 강조하고 있는데, 계층 체계는 현재의 계층을 확대 재생산하기 위한 수단에 불과하며 사회의 폭넓은 인재 육성과 발굴을 제한하고 있다고 주장한다. 또한 계층 체계의 불평등한 보수의 배분이 하층민에 의해 용인된 것이 아닌 이상, 계층 체계는 사회 계층 간의 불신을 조장하고, 사회 통합을 저해하게 된다고 주장한다.

이와 같이 사회 계층 현상은 어떤 시각에서 바라보느냐에 따라 사회의 발달 과정에서 나타나는 자연스럽고 공정한 현상으로 생각할 수도 있고, 지배 계급에 의한 강압적인 현상으로서 부정적으로 생각할 수도 있다.

다음은 사회 계층 현상을 보는 기능론적 관점과 갈등론적 관점을 정리한 것이다.

기능론적 관점	갈등론적 관점
– 사회 계층 현상은 사회적 희소가치의 차등 분배의 자연스런 결과로 나타남 – 사회 계층 현상은 구성원 간의 합의에 의한 필수 불가결하며 보편적인 현상 – 사회 계층 현상은 개인의 능력 향상과 사회의 유지 발전에 기여함	– 사회 계층 현상은 지배 집단의 기득권 유지를 위한 노력의 결과로 나타남 – 사회 계층 현상은 지배 집단의 가치가 반영된 인위적인 현상 – 사회 계층 현상은 사회적 박탈감 유발, 집단 간 대립·갈등을 야기함

사회·문화에서는 기능론적 시각과 갈등론적 시각으로 비교하는 경우가 많이 나오지? 기능론과 갈등론의 기본적인 시각을 이해한다면 사회 계층 구조에 대한 각각의 입장을 이해하기가 어렵지 않을 거야. 사회 계층 현상은 필요할까, 아니면 필요하지 않을까? 어느 쪽의 주장이 더 타당한지 자신의 입장을 정리해 보자.

주제 **3**

사회 계층 구조

사회 계층의 배열 상태

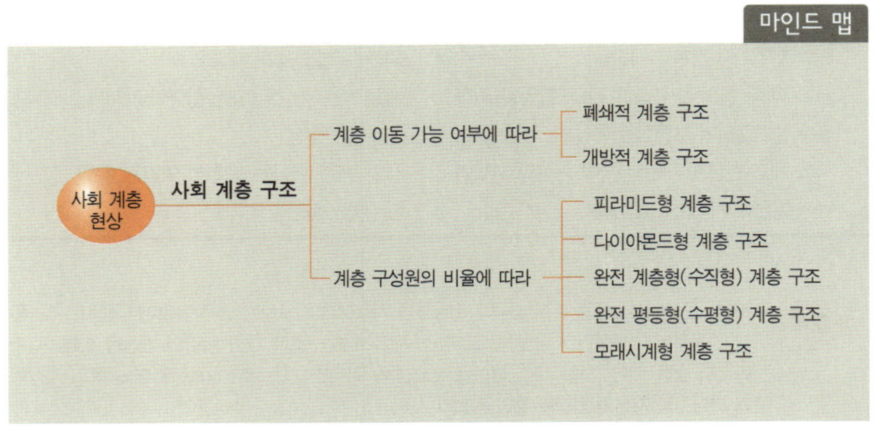

　사회 계층 구조社會階層構造를 사회 구성원의 계층 이동 가능 여부와 계층 구성원의 비율 두 가지 기준에 따라 나누어 보면 다음과 같은 유형이 있다.

계층 이동 가능 여부에 따른 계층 구조

① 폐쇄적開鎖的 계층 구조

수직 이동이 제한된 계층 구조로 인도의 카스트 제도, 신라의 골품 제도 같은 신분 제도를 예로 들 수 있다. 신분은 주로 세습되며 다른 계층으로의 이동이 제한되어 태어날 때에 주어진 지위에 따라 일생을 살아가는 경우가 대다수이다.

② 개방적開放的 계층 구조

현대 사회의 계층 구조에 해당된다. 다른 계층으로의 이동은 물론 같은 계층 내에서의 이동도 자유롭고, 개인의 노력과 능력에 따른 사회 이동이 많으며, 성취 지위가 중요시되는 계층 구조이다.

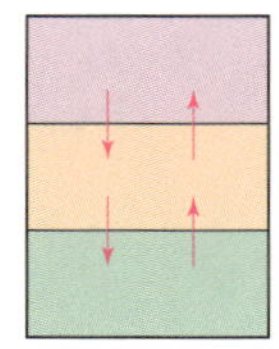

폐쇄형 계층 구조

개방형 계층 구조

계층 구성원의 비율에 따른 계층 구조

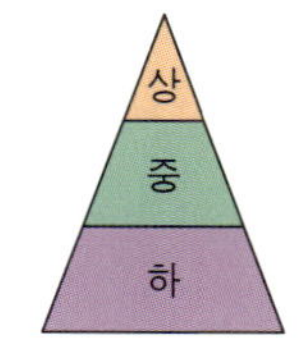

피라미드형 계층 구조

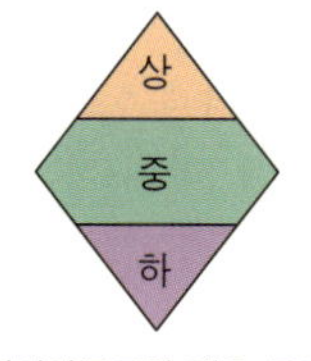

다이아몬드형 계층 구조

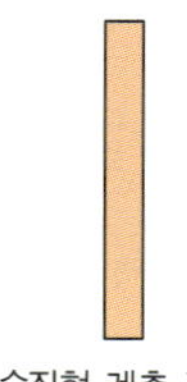

수직형 계층 구조

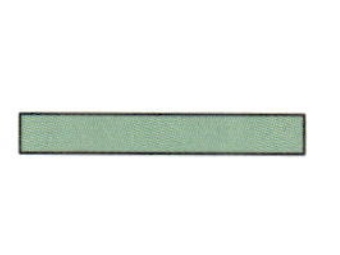

수평형 계층 구조

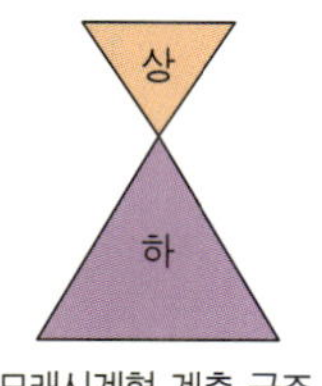

모래시계형 계층 구조

① 피라미드형 계층 구조

구성원 비율이 상류 계층에 비해 하류 계층으로 갈수록 월등하게 높은 계층 구조이다. 전근대적인 신분 사회에서 이와 같은 형태가 나타났다.

② 다이아몬드형 계층 구조

중류 계층의 비중이 상·하류층에 비해 높은 구조로, 오늘날 복지 사회에서 추구하는 이상적인 계층 구조에 해당된다.

③ 수직형 계층 구조

완전 계층형 계층 구조인데 모든 구성원이 1등부터 꼴찌까지 일직선으로 배열 되어 있는 형태로 완전한 불평등계층화 상태이다.

④ 수평형 계층 구조

완전 평등형 계층 구조로 모든 구성원이 평등한 위치에 서 있는데 현실에서는 찾아보기 힘든 다소 극단적인 형태이다.

⑤ 모래시계형 계층 구조

중류층이 몰락하여 상·하류층의 양극화 현상이 심각한 사회에서 찾아볼 수 있는 계층 구조로, 중산층의 비중을 높이기 위한 대책이 요구된다.

주제 **4**

사회 이동

〔모일 사 社, 모을 회 會, 옮길 이 移, 움직일 동 動〕
social mobility

개인이나 집단이 특정한 사회적 위치에서 다른 사회적 위치로 변화되는 것

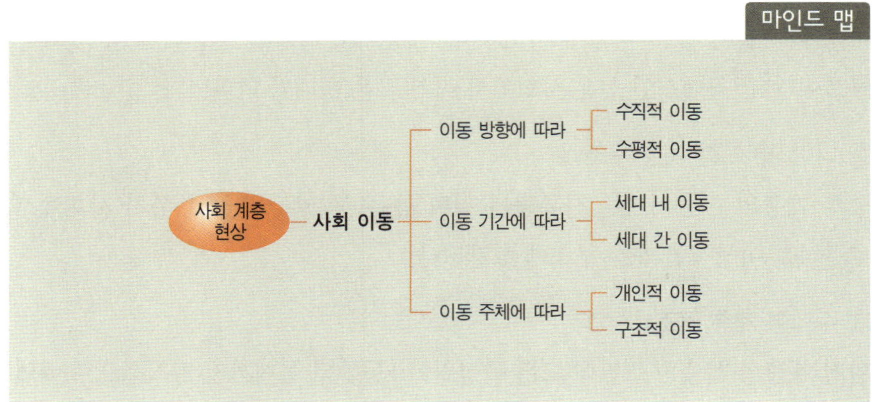

사회적 자원의 불평등한 분배에 따라 다양한 계층이 생기고, 이러한 사회적 불평등 체계에서 개인과 집단의 위치가 변화되는 현상을 '사회 이동'이라고 한다. 집단 또는 개인의 사회적 지위의 변화를 의미하는 사회 이동의 유형은 이동 방향, 이동 기간, 이동 주체에 따라 다음과 같이 분류된다.

수직적 · 수평적 이동

'수직적 이동'은 계층적 위치가 위아래로 이동하는 것을 의미하며, '수평적 이동'은 계층적 지위에 변화는 없지만 비슷한 위치의 다른 직업이나 소속으로 이동하는 것을 의미한다.

세대 내 · 세대 간 이동

'세대 내 이동'은 한 개인의 생애 동안에 나타나는 계층적 위치 변화를 의미하며, '세대 간 이동'은 부모와 자녀 간의 계층적 위치 변화를 의미한다.

'개인적 이동'은 개인의 능력 · 교육 · 노력에 의해 이루어지는 위치 변화를 의미하며, '구조적 이동'은 사회 변동에 의해 계층 구조 자체가 바뀜에 따른 위치 변화를 의미한다.

예를 들어 가난한 집에서 태어난 철수가 법과 대학에 진학하여 법무부 장관이 된다면 개인적 이동에 속하지만, 일제 강점기에 부유했던 대지주들이 6·25 전쟁으로 인하여 대거 빈민이 되었다면 이는 구조적 이동에 속한다고 볼 수 있다.

주제 **5**

사회 복지
〔모일 사 社, 모을 회 會, 복 복 福, 복 지 祉〕
social welfare

국민의 생활 향상과 사회 보장을 위한 사회 정책과 시설을 통틀어 이르는 말

마인드 맵

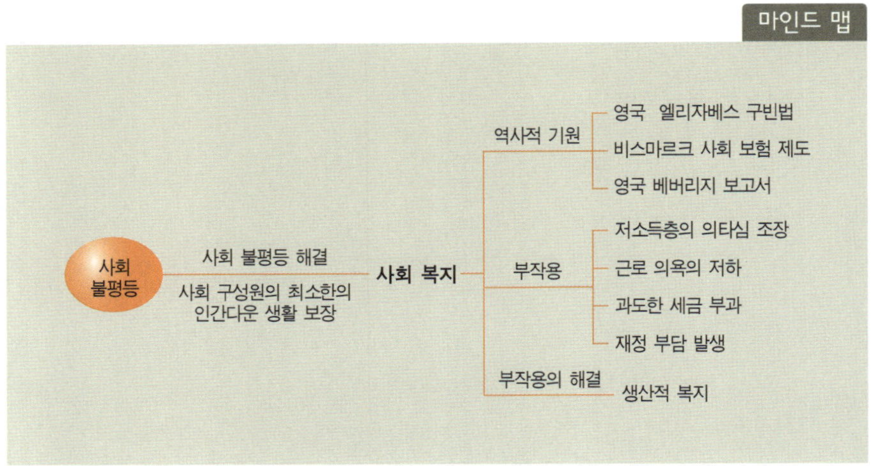

　　사회 복지는 교육, 문화, 의료, 노동 등 사회생활의 모든 분야에 관계하는 조직적인 개념으로 생활 보호법, 아동 복지법, 사회 복지 사업법 등의 법률에 기초를 둔다.

복지 이념의 등장

과거 전통 사회에서는 빈곤의 원인이 오로지 개개인에게 비롯되는 것으로 보았으나, 산업 혁명 이후 자본주의가 발달하는 과정에서 빈부 격차가 심화되고 노동자의 열악한 생활 환경 문제 등이 대두되면서 국가의 적극적인 개입과 조정이 필요하게 되었다. 그 결과 정부가 국민의 최소한의 인간다운 생활을 보장하고자 하는 복지 국가 이념이 등장하게 되었다.

사회 보장 제도의 발달

복지 정책의 시초는 산업 혁명 이전에 제정되었던 영국의 엘리자베스 구빈법 救貧法 Poor Law, 1601년이다. 이후 본격적인 의미의 사회 보장 제도는 독일의 비스마르크에 의해 시작되었으며 이때에 질병 보험, 재해 보험, 노령 보험 제도 등이 채택되었다. 1942년 영국 정부에 제출된 '베버리지 보고서Beveridge Report' 에 의해 '요람에서 무덤까지' 의 복지를 국가가 책임져야 한다는 적극적인 사회 보장 제도의 확립이 이루어졌고, 이후 경제 상황과 이념적 논쟁으로 인해 복지 제도는 다양한 변화를 겪게 되었다.

복지 제도의 부작용

복지 제도의 확충은 국가의 재정 부담을 야기하고 저소득층의 의타심을 조장하여 자립을 방해하는 한편, 과도한 세금 부담으로 근로자의 근로 의욕을 저하시키는 문제를 낳기도 한다. 특히 1970년대 석유 파동 이후 신자유주의 사상이 도래하자 각 나라는 복지 제도를 축소하고 시장의 자유로운 경제 활동을 장려하기도 하였다.

　하지만 오늘날 대부분의 나라에서 복지 문제는 구성원의 인권 보장과 관련하여 여전히 중요한 국가 정책으로 다루어지고 있으며 다양한 사회 보장 제도가 마련되고 있다. 한편 복지 제도의 부작용 문제를 해결하기 위한 대안으로서 노동과 복지를 연계하는 '생산적 복지' 라는 개념도 각광을 받고 있다.

Tip 사회 복지는 모든 사회 구성원의 인간다운 생활을 보장하는 것을 목적으로 해. 하지만 복지 제도의 시행은 정부의 재정 부담을 높이는 결과를 가져오지. 최근 무상급식의 시행을 두고 과도한 재정 낭비라는 의견과 보편적 복지 정책으로서 꼭 필요하다는 의견이 대립되기도 했었지? 한편 복지 제도가 너무 잘되어 있으면 국민들의 근로 의욕이 저하되는 '복지병' 현상이 나타나기도 한단다. 따라서 불필요한 재정 지출을 막고 경제적 효율성을 높이기 위하여 '생산적 복지' 라는 개념이 나타났는데, 이는 일을 해야 복지 혜택을 얻을 수 있도록 하는 것으로 복지 확대의 부작용을 최소화하려는 목적이 있다고 볼 수 있어.

주제 **6**

사회 보장 제도

〔모일 사 社, 모을 회 會, 보호할 보 保, 막을 장 障, 억제할 제 制, 법도 도 度〕

질병, 재해, 실직 등의 어려움에 처한 사회 성원들의 생활을 국가가 공공 지원을 통하여 해결해 주는 제도

마인드 맵

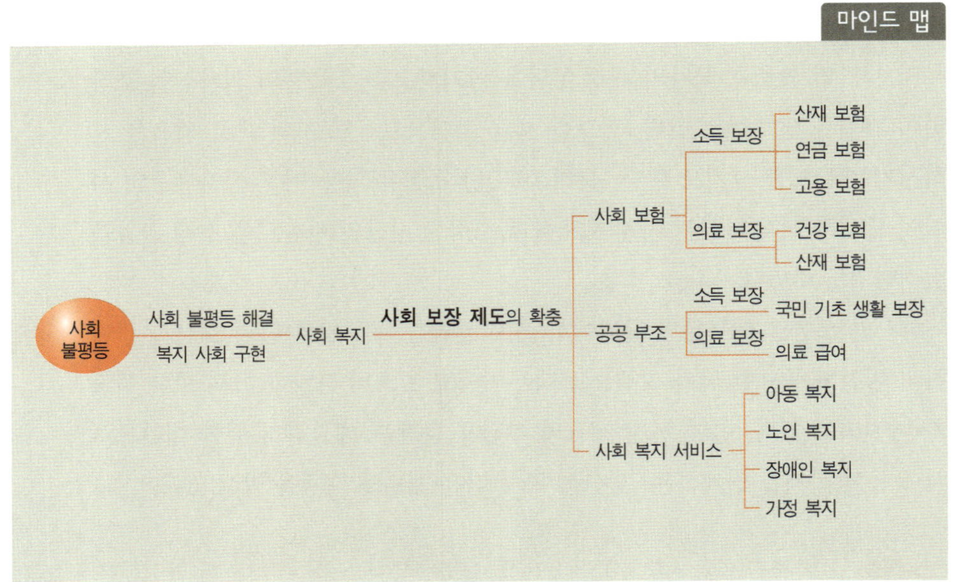

　　사회 불평등 현상을 해결하기 위해 국가적으로 여러 가지 복지 제도를 확충하게 되는데, 사회 보장 제도는 개인이 어떠한 불행을 당하더라도 최소한의 인간다운 생활을 보장할 수 있도록 하는 제도이다. 그중에서 사회 보험과 공공 부조, 사회 복지 서비스가 대표적인 사회 보장 제도이다.

사회 보험社會保險

산업 재해, 실업, 질병 등으로 인하여 소득이 상실되었을 때를 대비하여 국가

적으로 보장하고 있는 보험으로, 산업 재해 보험, 국민연금, 고용 보험, 의료 보험 제도가 있다.

사회 보험은 개인의 자유 의사에 따라 가입하는 사적 보험과 달리 강제적인 성격을 지닌다. 보험료는 혜택을 받는 개인과 고용주 또는 국가가 나누어 부담하는데, 개인의 능력에 따라 부담하는 형태로 소득이 높을수록 보험료 부담이 높아지며 상호 부조의 성격을 지니고 있다.

공공 부조公共扶助

생활 능력이 없는 사람의 최저한의 생활 보호를 위해 마련된 제도로, 우리나라의 국민 기초 생활 보장 제도가 대표적인 예이다.

공공 부조는 보험료를 부담할 능력이 없는 사람을 대상으로 하며, 비용 전부를 국가가 부담하여 이루어진다. 이것은 가난한 사람에 대한 소득 재분배 효과는 있으나 국가에 일정한 재정 부담을 야기하므로 국가적인 경제 수준과 복지 이념에 따라 적정한 수준의 보장이 이루어지도록 하여야 한다.

사회 보험과 공공 부조의 목적 및 종류, 비용 부담 등을 정리하면 다음과 같다.

구분	사회 보험	공공 부조
목적	산업 재해, 실업, 사망 등에 따른 소득의 중단이나 상실에 대한 불안을 해소	보험료의 부담 능력이 없는 사람을 국가가 직접 보호
종류	산업 재해 보험, 고용 보험, 건강 보험, 연금 제도 등	국민 기초 생활 보장 제도, 의료 보호, 재해 구호, 보훈 사업 등
비용	피보험자와 고용주 또는 국가가 공동 부담	국가 재정에서 전부 부담
특징	강제 가입, 능력별 부담, 상호 부조의 성격	소득 재분배의 효과가 나타남

▲ 사회 보험과 공공 부조의 비교

사회 복지 서비스

국가적인 보호가 필요한 취약 계층을 대상으로 이들이 정상적인 생활을 할 수 있도록 도와주는 여러 비경제적인 지원 제도를 의미한다. 주로 아동, 노인, 장애인을 위한 복지 제도가 여기에 포함된다.

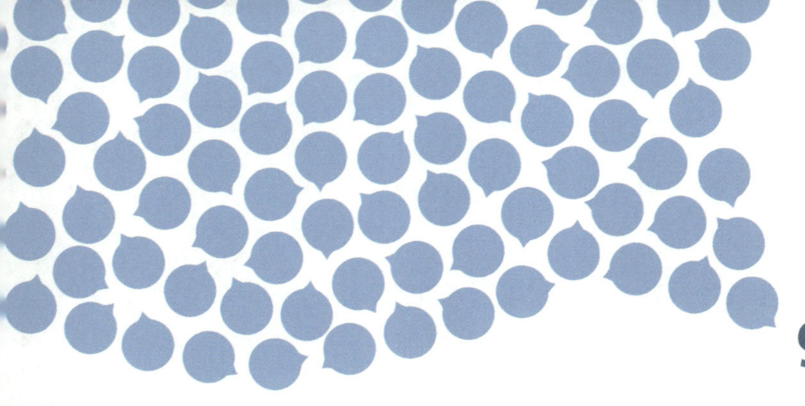

9장

현대 사회와 사회 변동

현대 사회의 특징

사회 변동을 보는 이론

근대화

사회 문제

현대 사회와
사회 변동

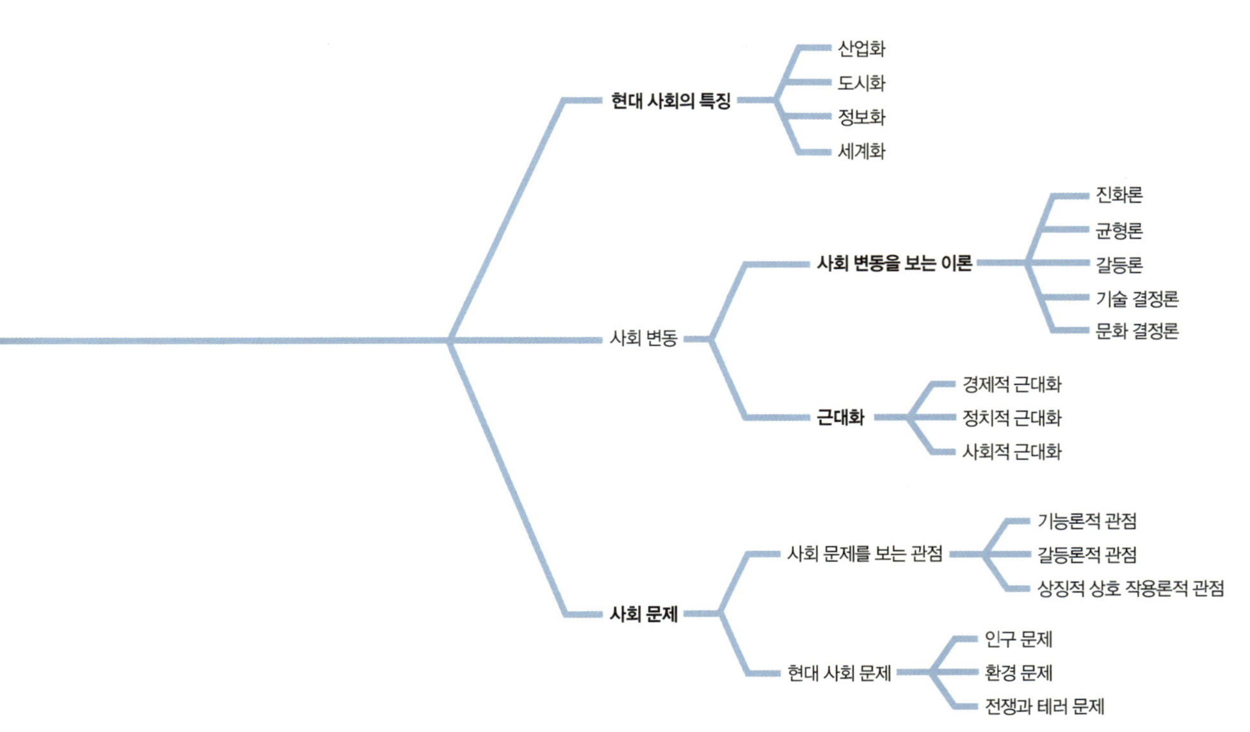

현대 사회의 특징
산업화
도시화
정보화
세계화
사회 변동
사회 변동을 보는 이론
진화론
균형론
갈등론
기술 결정론
문화 결정론
근대화
경제적 근대화
정치적 근대화
사회적 근대화
사회 문제
사회 문제를 보는 관점
기능론적 관점
갈등론적 관점
상징적 상호 작용론적 관점
현대 사회 문제
인구 문제
환경 문제
전쟁과 테러 문제

주제 **1**

현대 사회의 특징

급격한 사회 변동으로 인하여 현대 사회에서 나타나는 전통
사회에서와 구별되는 점들

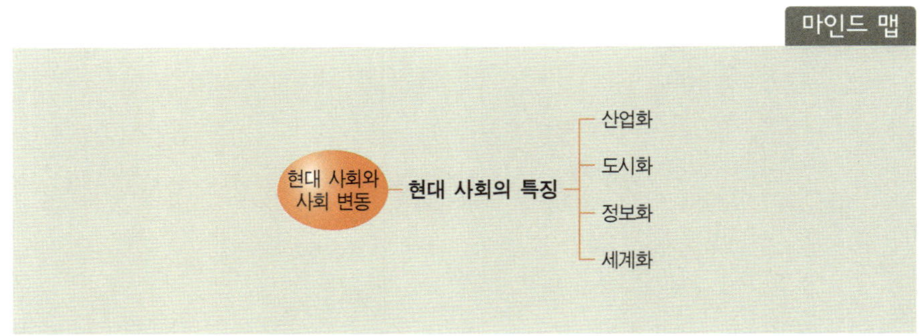

17세기 이후 발생한 시민 혁명, 산업 혁명, 급격한 과학 기술의 발달은 사회
변동을 촉진하였고 그 결과 사회는 점점 빠르게 변화하게 되었다. 현대 사회
는 산업화, 도시화, 정보화, 세계화의 시대라고 정의해 볼 수 있는데, 이러한
현대 사회의 특징과 그로 인해 발생하는 문제점들은 다음과 같다.

산업화

산업 혁명은 18세기 영국에서 시작되었는데 농업과 수공업을 기반으로 한 소
규모의 자급적 경제에서 거대한 산업 사회로의 변화를 초래한 사건을 의미한
다. 산업 혁명 이전까지 인류는 필요한 물건을 수공업 방식으로 소량씩 제조
해 왔기 때문에 만성적인 물자 부족 상태에 놓여 있었다. 그러나 산업 혁명 시
기에 공장제 기계 공업 방식을 도입한 이후로 그 생산량이 획기적으로 증가하
여 오늘날과 같이 물질적으로 풍요로운 사회가 도래하는 계기가 마련되었다.
산업 혁명은 경제적인 변화에 그치지 않고 사회 구조의 변화를 촉진시켰다

는 점에서 역사적 의의가 크다고 볼 수 있다. 전통 사회는 신분 사회로서 지배·피지배 계급이 태어나면서부터 결정되었고 계급 간의 이동은 거의 불가능했었으나, 산업 혁명 이후에는 생산 수단기계을 소유한 자본가 계급과 노동자 계급이 등장하게 되었다. 자본가 계급은 평민에 불과했지만 경제력을 바탕으로 새로운 권력층을 형성하였고, 시민 혁명의 주도 계급으로서 기존의 신분제 사회를 서서히 무너뜨리는 데 기여하며 민주주의 사회의 발전에 큰 영향을 끼쳤다.

한편 생산 수단을 소유하지 못한 노동자 계급은 장시간의 노동과 저임금으로 인한 비참한 상태에 놓이게 되었다. 계급 간의 빈부 격차가 점차 심화되고, 일자리를 얻기 위해 도시로 모여든 과도한 인구로 인한 도시 문제, 환경 오염 문제 등이 새로운 사회 문제로 등장하였다. 노동자들은 노동 조건 개선과 임금 인상을 위해 단결하여 노동조합을 결성하기에 이르렀고, 빈곤 문제의 원인이 사회 구조적 측면에 있기 때문에 국가가 국민의 인간다운 생활을 적극적으로 보장하여야 한다고 주장함으로써 복지 사회로의 변화에 영향을 미치게 되었다.

도시화

전통 사회에서는 대부분의 인구가 1차 산업에 종사하면서 촌락에 거주하고 있었으나 산업 혁명으로 인하여 도시에 일자리가 늘어나자 많은 인구가 도시로 모여들게 되었다. 즉, 도시화는 산업화로 인해 촉진된다고 볼 수 있다.

오늘날 대부분의 선진국은 전체 인구 중에서 도시에 거주하는 인구 비율도시화율이 80% 이상으로 도시화가 완성된 단계라고 본다. 우리나라는 1960~70년대에 이촌향도■ 현상이 활발하게 일어나 도시화가 급격히 진행되었고, 현재는 지나치게 많은 인구와 자원이 도시 지역에 밀집되어 있으며 특히 수도권과 지방 간의 격차가 심한 편이다. 도시 인구 과밀 현상은 교통 체증, 환경 오염, 주택 부족 등의 문제를 야기하므로 신도시 건설 등 지방으로의 인구 분산 정책이 요구된다.

■ **이촌향도**(離村向都): 산업화로 인해 농촌 인구가 다른 산업에 취업할 기회를 갖기 위해 도시로 이동하는 것

정보화

최근 우리 사회는 컴퓨터, 인터넷, 무선 통신 기술 관련 분야가 급격히 발전하는 정보 사회로 변화해 가고 있다. 정보 사회는 정보와 지식이 가장 중요한 자원이 되는 사회라고 정의할 수 있다.

정보 통신 기술은 우리에게 혁신적인 생활의 변화를 낳고 있다. 컴퓨터, 휴대 전화 등의 통신 기기는 하루가 다르게 발전하고 있으며 이제는 어디서든 무선으로 인터넷에 접속하는 것이 가능한 시대가 되었다. 시공간의 제약이 없는 사이버 공간은 새로운 사회적 공간으로서 우리에게 무한한 가능성을 열어 주고 있다.

한편으로는 저작권 침해와 사생활 침해 문제, 개인 정보 유출 문제가 새로운 사회적 문제로 등장하게 되었으며, 사이버 범죄 또한 나날이 교묘하게 발전하고 있는 추세이다. 사이버 공간에서의 비대면적 인간관계는 현실 사회와의 괴리를 낳고 있으며, 정보의 소유 여부에 따른 정보 격차 문제도 앞으로 극복해야 할 과제이다.

세계화

오늘날의 사회는 다른 나라와의 교류 없이는 발전해 나갈 수 없다. 정치, 경제, 문화 등 모든 분야에서 국적을 초월한 교류는 교통의 발달과 정보 통신 기술의 발달로 더욱 촉진되고 있다.

1995년 세계 무역 기구WTO의 등장으로 국가 간의 무역은 점차 확대되고 있으며, 최근에는 국적을 초월하여 경제 활동을 하는 다국적 기업도 그 영역을 확장해 나가는 추세이다. 또 아시아 태평양경제 협력체APEC, 북미 자유 무역 협정NAFTA, 유럽 연합EU과 같은 경제 블록이 블록 내 국가 간 교류를 확대하고 있으며, 여러 나라 간의 자유 무역 협정FTA의 체결은 무역 장벽을 완화하려는 노력으로 속속 진행되고 있다. 그뿐만 아니라 국적을 초월한 문화 콘텐츠의 교류도 매우 활발한 추세로, 과거에 비해 개별 국가의 의미는 점차 정치적 영역에 국한되며 축소되고 있다.

한편 세계화 현상의 이면에는 어두운 면도 존재하는데, 세계화는 각 나라의

문화적 정체성을 약화시키는 문화적 획일화 경향을 야기하게 된다. 또한 세계
경제의 상호 의존성이 심화됨으로써 한 국가의 금융 위기가 국경을 넘어 다른
국가의 경제를 위협하기도 한다. 세계화 시대에 경쟁에서 뒤처져 강대국의 경
제적 종속 관계에 놓인 저개발국의 빈곤 문제 또한 세계화의 부정적인 부분이
라고 할 수 있다.

주제 **2**

사회 변동을 보는 이론

사회의 질서나 제도 또는 문화가 부분적·전체적으로 변화하는 사회 변동을 보는 이론

마인드 맵

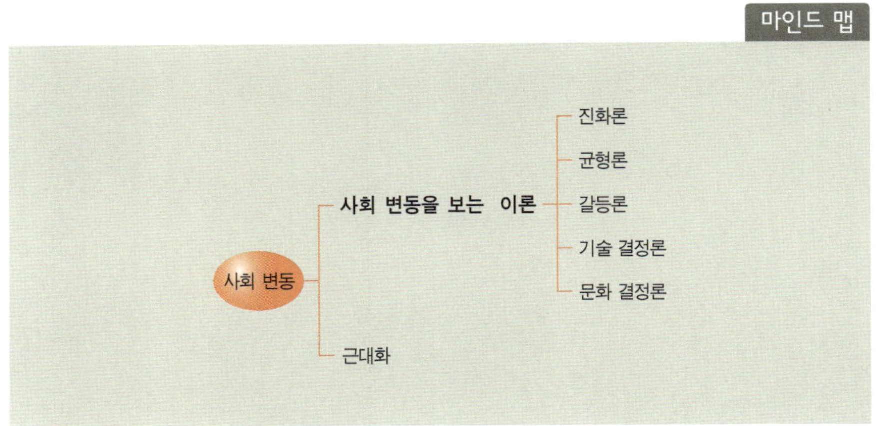

사회 변동社會變動social change은 사회의 질서나 제도 및 문화가 부분적·전체적으로 변화하는 것으로, 그 변동 원인과 과정에 따라 여러 가지 이론의 시각에서 다르게 파악해 볼 수 있다.

진화론進化論

사회학자 뒤르켐Durkheim, É.은 사회 변동을 단순 사회에서 복합 사회로 발전하는 것으로 보았다. 단순 사회는 노동의 분화가 최소한으로 이루어져 있는 미분화된 상태로, 공통의 가치관을 통하여 결속기계적 연대하는 사회이다. 그런데 현대 사회로 오면서 인구가 급증하고 분업이 심화되어 전문화된 각 부분들은 상호 의존하면서 전체 사회의 기능을 원활하게 한다. 이때의 결속을 '유기적 연대'라고 한다. 이와 같이 사회는 일정한 방향으로 발전하는 것이며 오늘날

의 사회는 과거의 사회보다 더 나은 상태라고 보는 이론을 진화론이라고 한다.

　그러나 진화론은 많은 비판점을 내포하고 있다. 역사적으로 사회 변동은 다양한 방향으로 이루어지는 것이지 단선적인 것은 아니며, 만약 동양 사회의 서구화를 더 나은 것으로의 발전이라고 한다면 문화 상대주의적인 입장에서도 잘못되었다고 볼 수 있다. 또한 진화론은 선진국의 아프리카, 아시아에 대한 식민지 지배를 정당화한다는 점에서 많은 비판을 받고 있다. 사회의 변동이 반드시 진보적이라고는 볼 수 없기 때문에 서구 사회의 발전 과정이 모든 분야에서 진보는 아니라는 주장이다. 예를 들면 산업화·도시화에 따라 나타난 핵가족화 현상은 노인 문제와 가족 해체 현상을 더욱 심화시켰다는 점에서 퇴보라고도 볼 수 있다.

균형론均衡論

사회를 하나의 유기체로 보고, 사회 각 부분의 변화는 조정되고 통합되는 과정에서 전체적으로는 결국 변화가 일어나기 전과 같은 형태를 유지한다는 이론으로 기능주의 이론에 해당된다. 사회는 다양한 부분들로 구성되어 있는데 기본적으로 균형을 유지하고자 하는 체계이므로 사회 각 부분은 질서와 안정을 유지하는 데 기여하고 있다. 만일 어느 부분에서 균형이 깨지면 일시적으로 갈등이 발생하지만 결국에는 균형을 회복하게 되며 사회 변동은 사회가 균형을 이루는 방향으로 이루어진다는 것이다.

　그러나 균형론은 혁명적인 사회 변동에 대하여 설명하기 어렵다는 점에서 비판을 받는다. 과거 유럽에서는 시민 혁명에 의해 새로운 사회가 건설되었는데 이는 균형론의 입장에서는 모순되는 현상이다. 따라서 균형론은 기득권을 독차지하려는 지배층의 논리로 이용되고 있다는 비판을 받고 있다.

갈등론葛藤論

불안정, 투쟁, 사회적 와해를 야기하는 힘을 강조하는 이론으로 대표적인 학자는 마르크스Marx, K.H이다. 마르크스는 사회 변동을 계급 간의 상호 투쟁 현상으로 이해한다. 모든 사회는 계급 투쟁의 장이며, 사회는 유산 계급과 무산 계급의 갈등 속에서 끊임없이 변화하고 있다는 것이다. 독일의 사회학자 다렌

도르프Dahrendorf, R.G에 의하면 사회는 합의에 기초를 둔 것이 아니라, 가진 자의 강제력에 의해 통합된 상태라고 본다. 따라서 갈등론은 사회에는 갈등적인 요소가 내재되어 있으며 갈등이 표출되고 다시 힘에 의해 통합되는 현상이 사회 변동이라고 주장한다.

기술 결정론技術決定論

마르크스가 주장하는 대표적인 이론으로 '경제 결정론'과 같은 의미로 쓰이기도 한다. 마르크스는 사회 변동의 원인을 생산 양식의 변화에서 찾았다. 각 사회는 나름의 생산 양식을 가지고 있는데 이것이 경제 구조하부 구조를 결정한다고 본다. 이러한 경제 구조를 바탕으로 법, 정치적 상부 구조가 생겨나는데, 경제적 기초의 변화가 일어나면 상부 구조가 변화하게 된다고 보는 이론이다.

문화 결정론文化決定論

베버Wever, M.는 비물질 문화가 사회 변동에 더 중요하다고 본다. 예를 들어 칼뱅파■의 교리에 포함된 기독교적인 가치가 산업 혁명을 촉진하였다는 것이다. 칼뱅파의 교리에 따르면 내세에 구원받기 위해서는 현세의 직업에 충실해야 하는데칼뱅의 예정설, 이러한 교리가 자본주의의 발전에 기여하였다는 것이다. 즉, 인간의 의식 및 정신의 변화가 경제를 비롯한 사회의 전반적인 변동을 야기하게 되었다고 주장하는 이론이다.

■**칼뱅파**(Calvin 波): 칼뱅주의. 16세기 프랑스 종교 개혁자 칼뱅에게서 발단한 기독교 사상. 신의 절대적 권위를 강조하고, 예정설을 주장함.

근대화 〔가까울 근 近, 시대 대 代, 될 화 化〕
modernization

후진적인 사회에서 보다 향상된 사회로 변화하는 과정

마인드 맵

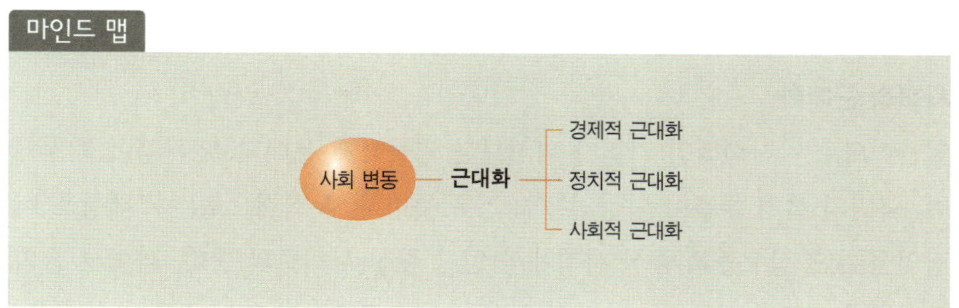

근대화는 일상생활 속에서 폭넓게 사용되는 용어로 그 의미 또한 다양하게 파악해 볼 수 있다. 일반적 의미의 '근대적'이라는 표현은 진보된 새로운 상황에서 사용하는데, 과거보다 민주적이고 합리적인 풍토가 나타날 때에 '근대적'이라고 한다. 근대화는 크게 경제적·정치적·사회적 근대화로 나누어 볼 수 있다.

경제적 근대화

사회학적 관점에서 근대화를 설명한다면 가장 먼저 경제적 관점에서 산업화·도시화를 통해 선진 산업 사회로 발전해 가는 과정을 근대화로 정의해 볼 수 있다.

정치적 근대화

정치적 근대화는 과거 오랫동안 대부분의 사회에서 있어 왔던 혈연이나 신분 중심의 정치 체제가 국가 관료주의적 체제로 바뀌는 과정을 뜻한다. 또한 국가의 권위와 정당성, 합법성이 국민으로부터 얻어지는 국민 주권 국가의 형성

과정을 의미하고 있다. 즉, 정치적 근대화는 국민의 지지에 바탕을 둔 정당이 형성되고, 국민에 의해 선출된 통치자가 등장하며, 국민의 의사를 반영하는 정치를 수행하는 민주화 과정이라고 볼 수 있다. 기존의 절대 권력이 성문화 成文化된 헌법으로 제한되는 입헌주의 정치 제체, 국민이 대표를 선출하여 정치를 하는 형태인 대의제 민주주의, 권력의 집중으로 인한 독재를 막기 위한 권력 분립 제도의 확립이 근대화 시대에 이루어져 현대 민주주의의 근간이 되고 있다.

사회적 근대화

일반적으로는 사회적인 기회가 과거보다 평등하게 분배되고, 문맹이 퇴치되며, 국민의 복지 수준이 향상되는 과정을 뜻한다. 문화적으로는 르네상스 이전의 신神 중심·종교 중심 사회에서 인간 중심 사회로의 변화, 과학 기술의 발전에서 비롯된 실증적實證的 사회로의 변화를 근대화라고 볼 수 있다.

Tip 근대 사회, 전근대 사회라는 표현을 많이 들어 보았을 거야. 근대화는 우리가 많이 사용하는 개념임에도 정확한 의미를 설명하기엔 부족했지? 잘 이해해 두재!!
또 근대화라는 개념을 더 잘 이해하려면 광복 이후에 우리나라가 겪어 왔던 변화 과정을 적용해서 생각해 봐. 주로 산업화·도시화가 머릿속에 떠오르지? 하지만 앞에서 설명한 관점은 전통과 근대화를 나누어 반대되는 개념으로 보고 단순화시킨다는 점에서 비판을 받고 있어. 동양의 전통과 고유한 사고방식을 무조건 낡은 것, 고쳐야 할 것이라고 보는 것은 무리가 있겠지? 또한 서양의 발전 과정을 근대화로 보고 이를 모방하는 과정에서 급속한 사회 변동을 겪은 여러 나라들에서는 정치적·경제적 부작용이 나타나기도 했단다. 근대화라는 개념 정의 자체가 서양 중심적인 입장이라 보고 이해할 필요가 있어.

주제 **4**

사회 문제

〔모일 사 社, 모을 회 會, 물을 문 問, 제목 제 題〕

발생 원인이 사회에 있고 지속적인 현상으로 사회 구성원들이 바람직하게 개선되어야 한다고 생각하는 사회 현상

마인드 맵

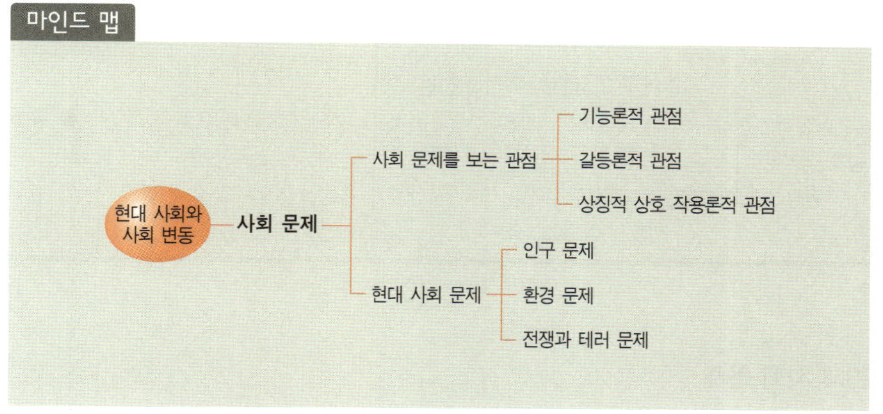

사회 문제는 자연적인 현상과는 구분되는 사회적 현상이며 사회 구성원 개개인의 문제가 아닌 구성원 다수와 관련된 부정적인 현상으로, 동일한 사회 현상이라도 시대와 장소에 따라 사회 문제로 규정할 수 있는지 그 여부는 달라진다. 사회 문제는 인간의 노력으로 해결이 가능하며, 사회 구성원은 바람직한 방향으로 개선을 원하고 이를 위해 노력하게 된다.

사회 문제를 보는 관점

사회 문제를 보는 관점에는 기능론적 관점, 갈등론적 관점, 상징적 상호 작용론적 관점이 있다. 각 관점에서 제시하는 사회 문제의 발생 원인과 해결 방법은 다음과 같다.

관점	발생 원인	해결 방법
기능론적 관점	– 사회 문제는 사회의 각 체계들이 제 기능을 다하지 못하여 사회가 균형을 잃고 질서가 파괴되어 발생하는 일시적인 병리 현상 – 규범의 파괴, 혼란이 일어나는 경우에 발생	– 사회 통제를 강화하여 각 부분이 제 기능을 다하여 균형 상태로 돌아올 수 있도록 함 – 사회 구성원의 역할 수행 강화
갈등론적 관점	– 사회 문제는 불평등한 사회 구조하에서 나타나는 지배 집단의 억압으로 인한 갈등 현상 – 필연적임	– 불평등한 사회 구조 및 제도의 근본적인 개혁 – 사회 문제가 해결되면 사회가 더욱 발전한다고 여겨짐
상징적 상호 작용론적 관점	– 사회의 주요 집단이 특정 상황을 문제라고 규정하기 때문에 사회 문제가 발생함 – 같은 문제라도 시대에 따라 달라질 수 있음	– 부정적인 낙인으로 사회 문제를 규정하는 것을 신중히 해야 함 – 정상적 범주의 확대 필요

현대 사회 문제

현대 사회의 다양한 사회 문제 중에서 인구 문제, 환경 문제, 전쟁과 테러 문제의 원인과 해결 방법을 살펴보면 다음과 같다.

① 인구 문제

현대 사회에 들어서 세계 인구는 급격한 속도로 늘어나고 있으며, 특히 중국과 인도와 같은 인구 대국을 비롯한 개발 도상국은 인구 성장 속도가 빠른 편이다. 세계 인구의 급속한 증가는 인구의 과밀화와 식량 부족, 자원 부족, 환경 문제 등을 야기하므로 인류의 근심거리가 되고 있다.

한편 우리나라는 근래에 들어 인구 증가가 둔화된 상태로 저출산·고령화 문제가 매우 심각한 사회적 문제로 자주 언급되고 있다. 결혼에 대한 가치관의 변화, 여성들의 초혼 연령 상승, 여성의 사회 활동 증가, 양육비 부담 증가로 인한 저출산 문제는 앞으로 경제 활동 인구 비중을 점차 감소시킬 것으로 우려된다. 이에 따라 노년 인구 부양 부담이 과도하게 증가될 것이며, 이러한 상황이 지속되어 총인구 감소 추세로 이어지는 경우에는 우리나라의 미래 전

망을 어둡게 할 수도 있다. 따라서 출산을 장려하기 위한 적극적인 해결책이 요구되고 있다. 평균 수명의 연장으로 인한 고령화 문제는 노인 빈곤 문제, 연금 재정 부족 문제 등을 낳을 수 있으므로 노후 대책 마련을 촉진하고 노인 일자리를 창출하는 등의 다양한 해결 방안을 모색해야 할 것이다.

② 환경 문제

산업화·도시화가 진행됨에 따라 지구의 환경 파괴 문제가 심각하게 진행되고 있다. 공장과 대도시에서 배출된 각종 폐기물이 바다, 강, 토양, 대기를 오염시키고 과도하게 배출된 이산화탄소와 메탄가스는 지구의 평균 기온을 상승시키는 지구 온난화 문제를 초래하여 인류를 위협하고 있다.

지나친 개발로 인한 생태계 파괴 문제, 이상 기후로 인한 사막화 현상, 산성비 등의 환경 문제는 국경을 넘어 여러 나라에 피해를 입히고 지구 전체에 악영향을 미치게 되므로 전 지구적인 환경 보호 노력이 필요하다.

③ 전쟁과 테러 문제

자본주의 진영과 사회주의 진영의 이념 대립이 중심이었던 냉전 체제가 막을 내리고 현대 사회에서는 종교 간의 분쟁, 영토·자원을 둘러싼 분쟁이 세계 평화를 위협하고 있다. 이슬람 문화권의 종교 분쟁, 비이슬람권에 자행되는 이슬람 문화권의 테러, 아프리카 지역의 종족 간의 내전 문제, 핵을 둘러싼 갈등 문제 등이 연일 뉴스를 장식하고 있다.

전쟁과 테러로 인해 생명과 자유를 비롯한 기본적인 인권이 심각하게 침해되고 있으며 난민이 발생하는 등 막대한 손실이 발생하는 만큼 이제는 통합과 공존을 지향하는 세계 질서로 나아가기 위한 각국의 노력이 절실히 요구된다.

민주주의와 정치

민주주의와
정치

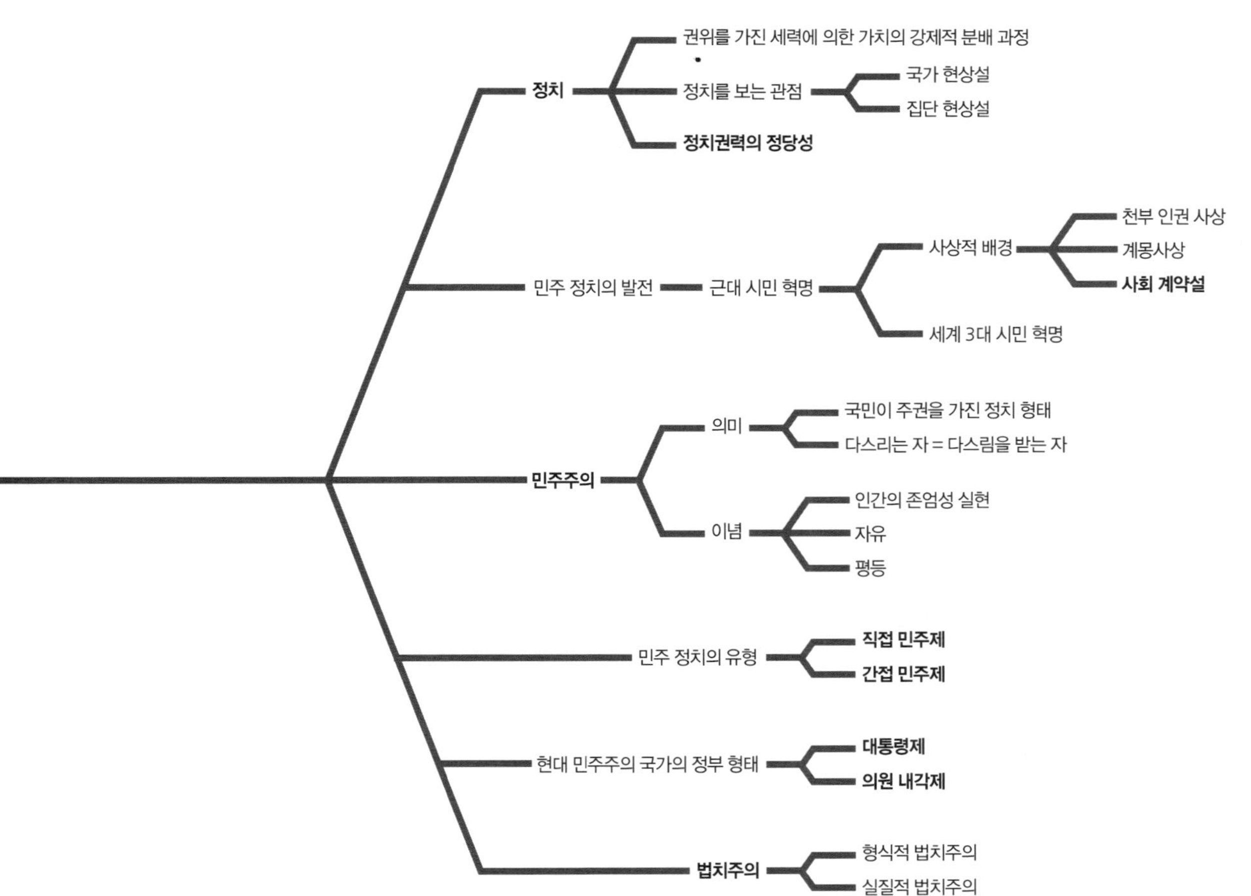
정치
권위를 가진 세력에 의한 가치의 강제적 분배 과정
정치를 보는 관점
국가 현상설
집단 현상설
정치권력의 정당성
민주 정치의 발전
근대 시민 혁명
사상적 배경
천부 인권 사상
계몽사상
사회 계약설
세계 3대 시민 혁명
민주주의
의미
국민이 주권을 가진 정치 형태
다스리는 자 = 다스림을 받는 자
이념
인간의 존엄성 실현
자유
평등
민주 정치의 유형
직접 민주제
간접 민주제
현대 민주주의 국가의 정부 형태
대통령제
의원 내각제
법치주의
형식적 법치주의
실질적 법치주의

정치 〔정사 정 政, 다스릴 치 治〕
politics

한 사회의 가치들을 권위적으로 배분하는 것(이스턴Easton, D.의 정의)

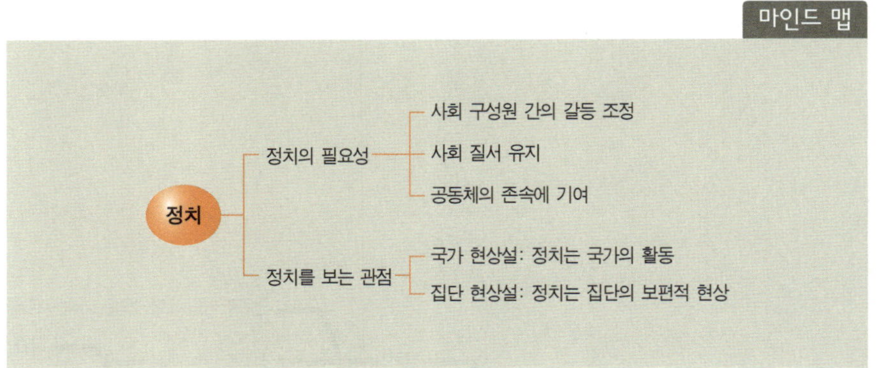

    정치 politics라는 용어는 고대 그리스의 도시 국가를 뜻하는 폴리스 polis에서 유래되었다. 오늘날 정치를 정의하는 기준은 다소 분분한데, "정치학 대사전"(한국정치학회, 1975)에서는 정치를 '권력의 획득과 유지를 둘러싼 항쟁 및 권력을 행사하는 활동' 이라고 정의하고 있다.

    정치를 국가의 목적 · 기능 · 존재 양식과 관련된 모든 활동으로 보는 이론이 있는데 이를 '국가 현상설' 이라고 한다. 그러나 국가의 모든 현상을 전부 정치라고 파악하기에는 무리가 있으며, 근대 국가가 발전하기 이전의 소규모 공동체 사회에서도 정치 행위가 있어 왔다는 점에서 국가 현상설은 한계를 갖는다.

    한편, 모든 사회 집단 내에서는 정복과 지배 현상이 나타나게 되며, 집단이 존재하는 모든 곳에서의 이러한 보편적인 현상을 정치로 보는 이론이 있는데 이를 '집단 현상설' 이라고 한다.

    우리에게는 희소한 가치, 예를 들면 부, 자원, 재화, 권력, 명예 등의 희소가치를 둘러싸고 여러 갈등이 나타나는데 이러한 갈등을 방치한다면 공동체가 와해될 수 있으므로 권위를 가진 세력에 의한 희소가치의 강제적인 분배가 필요하다. 이와 같은 분배 과정을 거쳐 사회 질서가 유지되고, 나아가 공동체의 존속이 가능하게 되는데, 이것이 바로 정치이며 인간 생활에 정치 활동이 필요한 이유이다.

> **Tip** 정치를 국회 의원이나 대통령이 하는 것으로 한정시켜 생각하지 말고, 국가가 등장하기 이전에 존재하던 사회는 물론 우리 가족 혹은 우리 반, 우리 고장 등 모든 집단에서 흔히 일어나는 갈등 해결 과정으로 사고의 폭을 넓혀 보자.

주제 **2**

사회 계약설

〔모일 사 社, 모을 회 會, 맺을 계 契, 맺을 약 約, 말씀 설 說〕
theory of social contract

자유롭고 평등한 개인들의 합의나 계약에 의해 국가가 발생하였다는 학설

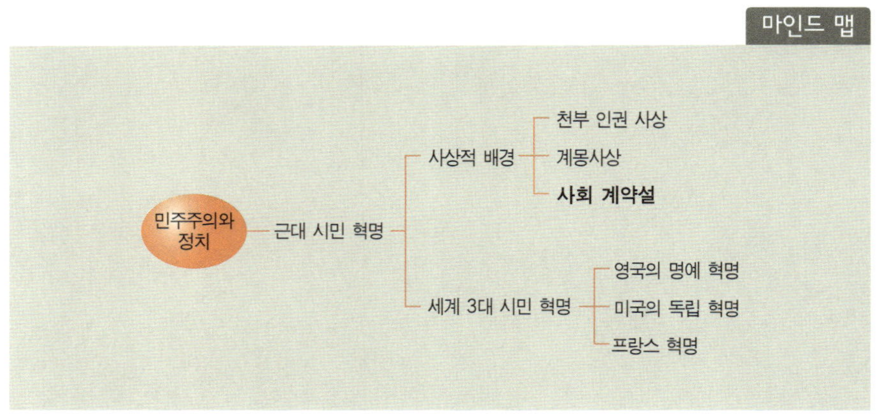

근대 민주주의는 17~18세기에 들어 절대 왕정에 대항하는 여러 시민 세력들이 성장하던 시기에 천부 인권 사상, 사회 계약설, 계몽사상을 사상적 근거로 하여 발생한 시민 혁명으로 인해 확립되어 갔다. 특히 사회 계약설은 자연법 학자들이 왕권신수설■에 반대하여 주장한 이론으로, 정부와 국가의 권력이 국민으로부터 비롯되었으며 국민을 위해 존재한다고 설명하고 있어 민주주의 정치 체제를 뒷받침하는 이론이다. 대표적인 사회 계약론자로는 홉스, 로크, 루소가 있다.

홉스의 사회 계약설

홉스Hobbes, T. : 1588~1679는 "리바이어던Leviathan"을 통해 사회 계약설을 주장하

■**왕권신수설**(王權神授說): 왕권은 신으로부터 주어진 것이므로 왕은 신에 대해서만 책임을 지며, 인민은 왕에게 무조건 복종해야 한다는 정치 이론.

였다. 그는 모든 인간은 사회성을 결여한 이기적이며 평등한 존재라고 보았다. 그리고 자연 상태, 즉 무정부 상태는 '만인에 대한 만인의 투쟁' 상태라고 생각했다. 자연 상태에서 인간은 항상 죽음의 공포에 시달리고 외롭고 비참하다. 따라서 자연 상태에서 벗어나기 위하여 모든 개인은 자신의 자연권을 제3의 주권자에게 자발적으로 전부 양도한다. 이렇게 주권자, 즉 국가 혹은 정부는 개개인에게서 양도받은 권리를 이용하여 절대적인 강제력을 행사^{절대 군주}하여 사회를 평화로운 상태로 이끌어 나가게 된다는 것이다.

▲ 홉스

> **Tip** 홉스는 절대 군주의 주권이 국민의 동의(계약)로부터 왔다고 했어. 왕권이 신으로부터 주어졌다고 주장한 기존의 절대 왕정과는 주권의 소재에서 명확한 차이가 나타나지!

로크의 사회 계약설

로크_{Locke, J.: 1632~1704}는 자신의 저서인 "시민정부론"에서 개인의 동의에 기반을 두는 '제한 정부론'을 이야기하였다. 로크의 자연 상태는 신에 의해 제정된 자연법이 존재하는 상태이다. 인간은 자유롭고 평등한 존재이며 어느 정도의 사회성도 지니고 있다고 보기 때문에 홉스와 달리 자연 상태가 다소 평화로운 상태로 묘사된다. 로크는 자연권 중에서 사적 소유권^{재산권}을 가장 중요시하는데, 자연 상태에서는 소유권의 완전한 확보에 어려움이 있다. 따라서 생명과 자유, 재산에 대한 권리를 확고히 보장받기 위하여 모든 사람들이 사회 계약에 동의하여 정치 사회를 구성하게 된다. 그리고 개인의 권력을 위임받은 정부가 구성되는데, 어떤 정부가 본래의 기능과 의무를 다하지 못하는 경우 사회 구성원의 의사에 따라 새로운 정부가 구성될 수도 있다고 주장한다. 이것이 바로 '로크의 저항권 사상'이다.

▲ 로크

> **Tip** 홉스는 개인의 자연권을 전부 양도받아 절대적인 권력을 지닌 정부를 이야기했지만, 로크는 정부에 대한 저항권을 명확히 이야기함으로써 정부 권력을 제약할 수 있는 가능성을 이야기했지. 따라서 시민 혁명을 사상적으로 뒷받침하게 된단다. 이러한 저항권 사상은 우리나라 헌법 전문(前文) 중에서 "불의에 항거한 4·19 민주 이념을 계승하고……"라는 구절에서도 찾아볼 수 있어.

루소의 사회 계약설

▲ 루소

루소Rousseau, J.J: 1712~1778는 자연 상태에서 인간은 평등하고, 자유를 누리며, 독립적인 삶을 영위한다고 생각하였다. 그러나 사회의 발전 과정에서 볼 때 분업화, 가족 제도, 사유 재산 등의 도입으로 인하여 사회적 · 경제적 · 정치적 불평등과 인간 소외 현상이 발생하게 된다. 이를 극복하기 위한 대안으로 "사회계약론"에서 민주적 자치를 통한 입법 과정과 이의 준수를 주장하였다. 사회 구성원이 모두 동등한 존재로 참여하여 진정한 자유를 추구하는 의사 형성 과정에서 공공선公共善과 공공 정신이 형성될 수 있는데, 이를 가능케 하는 정치 형태로는 고대 그리스의 직접 민주 정치를 가장 이상적인 것으로 보았다.

Tip 루소는 공공선을 지향하는 '일반 의지(General will)'에 시민 스스로가 복종한다고 보았단다. 따라서 민중이 복종하는 대상은 군주가 아니라 궁극적으로 개별적 시민 자신이며, 대표에 의해 이루어지는 대의제는 민주 정치가 아니라고 주장하지!

다음은 홉스, 로크, 루소가 자연 상태 · 인간 본성 · 주권 이론 · 정치 형태에 대한 견해를 정리한 표이다.

구분	홉스	로크	루소
자연 상태	만인의 만인에 대한 투쟁 상태	자연법이 존재하는 자유롭고 평등한 상태이나 권리 침해의 가능성이 있음	자유롭고 평등한 상태
인간 본성	본래 이기적이고 악한 존재(성악설)	성무선악설■	성선설
주권 이론	군주 주권론 전부 양도설	국민 주권론 일부 양도설	국민 주권론 양도 불가설
정치 형태	전제 군주 정치	대의 민주 정치	직접 민주 정치

■ **성무선악설**(性無善惡說): 인간은 태어날 때부터 선하거나 악한 것이 아니라 삶의 환경 속에서 선과 악이 나누어진다는 백지설.

민주주의 〔백성 민 民, 주인 주 主, 주인 주 主, 옳을 의 義〕

다수의 민중이 지배하고, 지배받는 정치 형태

마인드 맵

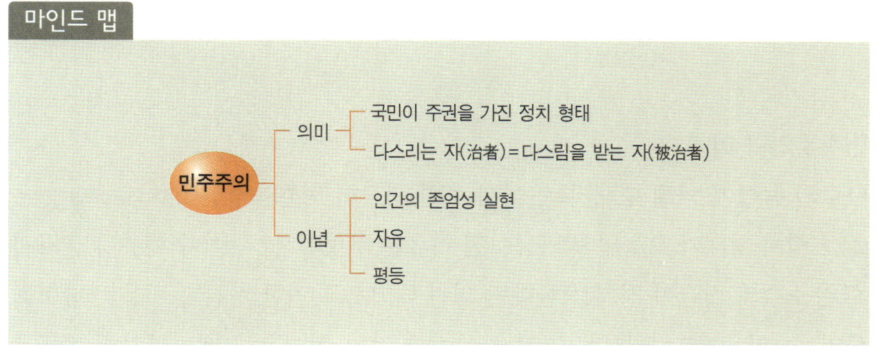

민주주의 democracy의 어원은 demos민중와 kratos지배의 합성어로, 즉 '민중에 의한 지배' 라는 뜻을 나타낸다. 역사적으로 볼 때 근대 이전의 국가들은 대부분 왕정이나 귀족정의 형태를 가지고 있었다. 즉 집단을 다스리는 주체가 1인 혹은 극소수에 불과한 정치 형태가 일반적이었다고 볼 수 있다. 예외적으로 고대 그리스의 도시 국가인 아테네에서는 시민 전체가 참여하여 중요한 일을 결정하는 민회■라는 의사 결정 기구가 존재했으며, 추첨제나 윤번제를 통하여 모든 시민이 공직에 나아갈 수 있었다. 이와 같이 다스리는 집단과 다스림을 받는 집단이 일치하는, 즉 치자治者＝피치자被治者인 정치 형태를 '민주주의' 라고 한다. 물론 고대 그리스 아테네의 시민이란 성인 남자 자유민만을 의미하는 특수 계급으로, 여성, 노예, 외국인이 제외되었다는 점에서 제한적인 형태의 민주주의였다는 한계점이 있다.

근대 시민 혁명기 이후에 다수의 민중은 피지배 계급이 아닌 정치의 주체로 자리를 잡게 된다. 시민, 즉 국민 스스로 국가의 정책 결정에 참여하는 정치 체

■**민회**(民會): 고대 그리스와 로마의 도시 국가에 있었던 최고 의사 결정 기구, 시민 총회.

■ **존엄성**(尊嚴性): 누구도 범할 수 없이 높고 엄숙함.

제인 민주주의가 오늘날 대부분의 국가에서 보편적으로 적용되고 있는데, 지배 계급의 억압과 착취로 개개인의 자유와 평등이 침해되는 것을 최소화함으로써 인간의 존엄성■을 수호하는 것이 민주주의의 궁극적인 목적이라고 볼 수 있다.

> **Tip** 오늘날 민주주의는 정치 형태만을 의미하지는 않아. '우리 학급의 분위기는 민주적이다', '우리 민주적으로 결정하자' 등등 생활 속에서도 민주주의의 원리를 쉽게 찾아볼 수 있어. 여기서 민주적이라는 것은 집단 내에서 건전한 비판과 타협이 이루어지며 타인에 대한 관용 정신이 발휘되고 있다는 뜻이겠지? 다수결이라는 의사 결정 방식도 우리 생활 속의 민주적인 요소의 하나야.

민주주의의 이념

다수의 참여에 의해 행해지는, 어찌 보면 굉장히 비효율적인(시간과 비용이 많이 수반되므로) 정치 형태가 오늘날 받아들여진 이유는 무엇일까? 왕이나 대통령 혼자서 혹은 소수의 집단이 정치를 한다면 의견 대립으로 인한 시간과 비용의 낭비를 줄일 수 있을지도 모른다. 그러나 이러한 정치 형태는 지배―피지배 계급을 양산하여 사회의 불평등을 야기한다. 또한 지배 계급은 민중의 자유를 억압하곤 하였으며, 다수의 민중이 노예와 같은 처지에 놓여 인간으로서의 존엄성이 침해되는 경우가 많았다. 따라서 민주주의는 모든 인간이 보장받아야 할 인간의 존엄성, 자유, 평등을 기본 토대로 하는 정치 형태이기 때문에 오늘날 가장 우월한 정치 형태로서 널리 정착된 것으로 이해할 수 있다.

인간의 존엄성은 인간으로 태어나면서부터 당연히 보장받아야 하는 것이다. 인간의 존엄성은 인간에게 주어진 자유와 평등이라는 두 가지 권리를 모든 인간에게 보장할 때에 지켜질 수 있다. 자유는 각자가 삶의 주인이 되어 국가로부터의 간섭과 억압 없이 스스로의 의지에 따라 선택하고 행동할 수 있는 것이다. 평등이란 근거 없는 차별을 받지 않아야 한다는 뜻으로, 무조건 모든 사람을 같다고 보는 것이 아니라 차이를 인정하되 그것이 차별의 근거가 되어서는 안 된다는 것이다.

어떤 부류의 인간이 타인의 부당한 지배를 수용해야 하거나 재산으로 취급되거나(노예), 이유 없이 어딘가에 갇혀 신체의 자유를 만끽할 수 없다면 인간의 존엄성이 침해받는 것이다. 이러한 상황을 방지하고 사회의 모든 구성원이 주어진 권리를 보장받기 위하여 지배 계급에 대항하게 되었으며 시민 혁명, 이것이 오늘날 민주주의가 보편화된 계기이다.

민주주의의 의미를 '시민이 주인이 되는 정치 체제'라고 사전적 정의만 암기하는 것은 그 의미를 제대로 파악하지 못하는 결과를 낳게 될 거야. 민주주의가 추구하는 이념들의 내용을 마음 깊이 곱씹어 보면서 어떤 경우가 민주주의가 아니라고 판단되는지 이해할 수 있어야 해!

정치권력의 정당성

〔정사 정 政, 다스릴 치 治, 권세 권 權, 힘 력 力, 바를 정 正, 마땅할 당 當, 성질 성 性〕

정치권력이 구성원의 자발적인 복종을 이끌어 내기 위한 전제 조건

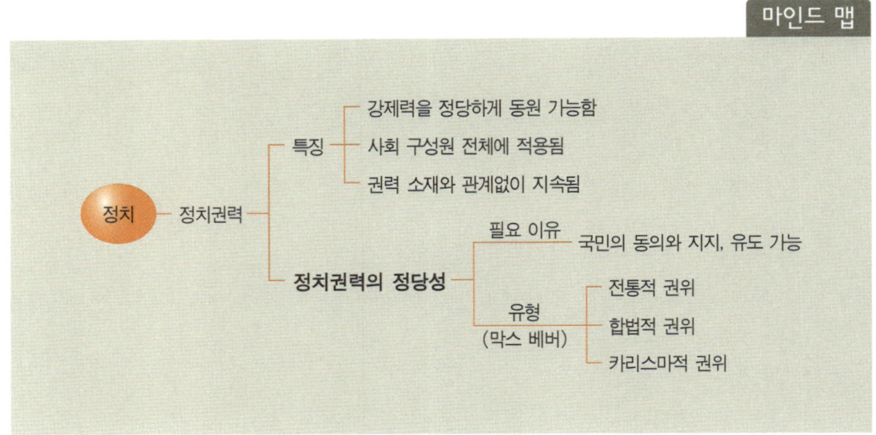

　'권력'은 타인의 행동에 대해 자기 의사를 강제할 수 있는 힘, 즉 인간 행동의 결과를 변화시킬 수 있는 능력을 의미하며, '정치권력'은 사회적 희소가치를 배분하는 과정에서 사회 구성원 전체에 대해 합법적으로 강제력을 행사할 수 있는 힘을 뜻한다.

권위 authority

정치권력을 가진 정부혹은 국가는 이러한 강제력을 독점적으로 행사하게 되는데, 정치권력의 행사 과정에서 이해관계를 달리하는 사회 구성원들의 반발에 부딪히는 경우도 종종 발생한다. 이러한 경우 정부의 권력이 시민의 반발을 최소화하고 자연스런 복종을 확보하려면 물리적인 힘에만 의존해서는 안 되며 정부의 권력이 '권위'를 지니고 있어야 한다.

정치적 권위를 가진다는 것은 사회 구성원들이 정치 지도자의 권력 행사를 정당하다고 인정하여 아무런 저항 없이 자발적으로 받아들이려는 마음 상태를 갖고 있다는 의미이다. 즉, 권위는 '정당성을 인정받은 권력'이라고 볼 수 있다. 만일 정부가 시민의 목소리에 귀를 기울이려 하지 않고 반대의 목소리를 물리적인 힘으로만 억누르려고 한다면 권위를 상실하게 되는 것이며, 그러한 정부는 오래 유지되지 못할 것이다.

권위의 원천

권위는 어떻게 발생하게 될까? 막스 베버는 정치적 권위가 궁극적으로는 물리적인 강제력에 의존하고 있다고 보고 있지만 이러한 힘이 '정당성'을 가지고 행사되어야 제 기능을 할 수 있다고 주장하였으며, 힘의 정당성은 전통적 권위, 합법적 권위, 카리스마적 권위에서 비롯된다고 설명하였다.

'전통적 권위'는 부족장, 봉건 영주, 세습적인 왕과 같이 전통이나 관습에서 비롯된 것이기 때문에 정당하다고 인정받는 경우에 생겨나는 권위이다.

'합법적 권위'는 정치권력이 법에 근거하여 집행되므로 그 권력의 행사가 정당한 것으로 보는 경우이다.

'카리스마적 권위'는 지도자가 초인적인 자질을 통하여 국민들로부터의 지지를 이끌어 내는 경우에 발생하는데, 이러한 권위는 불안정한 측면이 있으므로 전통적 권위나 합법적 권위로 전환되어야 오래 지속될 수 있다.

정치권력의 정당성을 얻기 위한 방법

현대 민주주의 국가에서 정치권력의 정당성은 어떻게 확보할 수 있을까? 일반적으로 국민들의 동의와 지지를 바탕으로 할 때에 그 권력이 정당성을 지니는 것으로 본다. 정치권력이 국민의 동의와 지지를 얻으려면 권력 획득은 민주적인 선거를 통하여, 권력 행사는 법의 테두리 안에서 공정하게 이루어져야 한다. 또한 국민이 정치권력을 지속적으로 감시 · 비판할 수 있어야 한다.

정당성을 상실한 정치권력은 물리적인 힘을 동원하여 시민을 억압하고 권력을 지속하려는 습성이 있어. 하지만 이러한 권력들은 시민들의 격렬한 반발에 부딪히고 결국 역사 속으로 사라지게 된단다. 근래에 아랍 국가들에서 민주화 운동이 거세게 일어나고 있는데 이들 지역에도 하루빨리 국민의 동의와 지지 위에 세워진 정부가 들어서기를 기원해 보자.

한편 권력은 스스로 확장·지속·집중되려는 습성을 가지고 있단다. 따라서 독재 정권의 출현을 막기 위해 권력을 입법부, 행정부, 사법부로 나누어 서로 견제와 균형을 이루도록 하는 거야. 대통령이나 국회 의원과 같은 직책에 일정한 임기를 두는 이유도 특정한 사람이 권력을 오랫동안 독점하는 것을 막기 위함이란다.

직접 민주제

〔곧을 직 直, 이을 접 接, 백성 민 民, 주인 주 主, 억제할 제 制〕
direct democracy

사회의 모든 구성원이 그 사회의 중요한 사항을 결정하는 데
직접 참여하는 정치 제도

마인드 맵

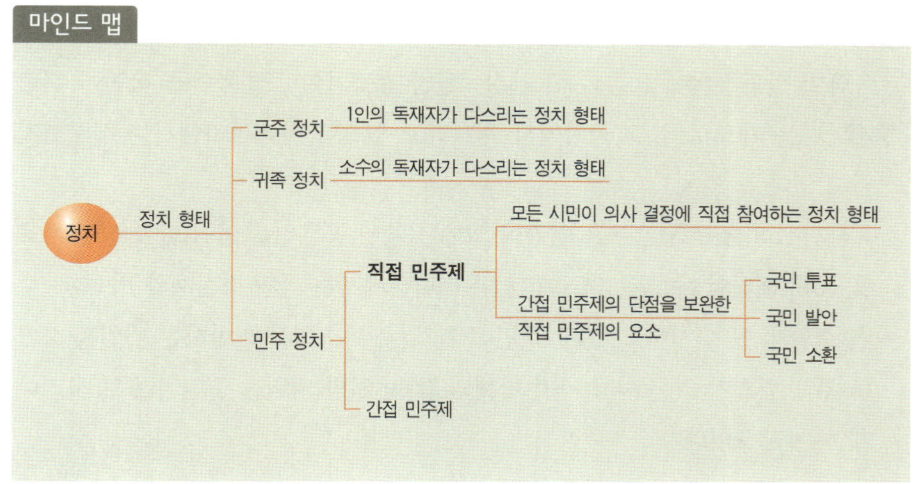

고대 그리스의 아테네는 국가 규모가 작은 폴리스polis, 즉 도시 국가였다. 여기서는 모든 시민이 구성원으로 참여하는 민회▪에서 국가의 모든 중요한 사항을 결정하였는데, 이와 같은 정치 형태를 '직접 민주제'라고 한다. 고대 그리스의 시민이란 당시 폴리스의 특권 계급, 즉 성인 남자 자유민을 의미하였다. 이들은 생산을 담당하는 노예를 가지고 있었으므로 현대 사회의 바쁜 일반인들과 비교해 볼 때 상대적으로 민회의 표결에 참석하거나 아고라agora▪에서의 정치 토론에 참여할 수 있는 시간적 여유를 많았다.

그러나 오늘날은 국가의 규모가 고대 그리스 사회와는 비교가 안 될 정도로

▪**민회**(民會): 고대 그리스와 로마의 도시 국가에 있었던 최고 의사 결정 기구, 시민 총회.

▪**아고라**: 고대 그리스의 도시 국가에서 시민들이 모여 정치 토론 등의 다양한 활동을 하던 공공의 광장.

크기 때문에 직접 민주제는 현실적으로 시행되기 어렵다. 따라서 오늘날 민주주의를 채택한 대부분의 국가에서는 선거를 통해 대표를 선출하여 입법 활동 및 정책 결정을 하도록 하는 '간접 민주제'를 시행하고 있다.

간접 민주제의 단점을 보완한 직접 민주제의 요소

일부 국가나 지방 정부에서는 간접 민주제의 단점을 보완하기 위해 직접 민주제의 요소가 가미된 제도를 일부 도입하기도 한다. 국민 투표, 국민 발안, 국민 소환이 그 대표적인 예이다.

국민 투표國民投票 referendum는 국가의 중요한 법안이나 정책을 구성원 전체가 직접 표결로 결정하는 제도이다. 우리나라는 헌법 개정안을 확정하기 위한 경우와 대통령이 중요 정책을 정할 때 국민 투표를 통해 결정할 수 있다.

국민 발안國民發案 people's initiative은 헌법 개정안이나 법률안을 국민이 직접 제안하는 제도로 일부 국가에서 채택하고 있으나 우리나라에서는 실시하지 않고 있다.

국민 소환國民召喚 recall은 선거에 의해 선출된 공무원을 임기 만료 전에 투표를 통해 해임할 수 있는 제도이다. 우리나라에서는 국민 소환제와 비슷한 '주민 소환제'를 실시하고 있다. 주민 소환제는 주민 의사에 반하는 행위를 하거나 부패 혐의가 있는 지방 자치 단체의 장 및 지방 의원을 주민 투표로 물러나게 하는 제도이다.

간접 민주제

〔사이 간 間, 이을 접 接, 백성 민 民, 주인 주 主, 억제할 제 制〕

국민이 대표를 선출하여 간접적으로 의사 결정에 참여하는 정치 제도

마인드 맵

- 정치 — 정치 형태 — 민주 정치 — 직접 민주제
  - 간접 민주제 — 선출한 대표가 정치를 전담하게 하는 형태
    - 한계 — 정치적 무관심 현상
      - 대표에 의한 국민 의사의 왜곡
    - 보완 — 적극적인 국민의 참여 필요
      - 직접 민주제의 요소 도입 — 국민 투표
        - 국민 발안
        - 국민 소환

    오늘날에는 국가의 규모가 비대해져 몇천만 혹은 몇억 단위에 이르는 모든 국가의 구성원이 한 공간에 모여 토의하는 것은 불가능하다. 또한 산업화 이후에 사회가 전문화·분업화를 이룸으로써 모든 시민이 자신의 역할직업만을 수행하기에도 바쁘다. 따라서 전문성을 갖춘 대표를 선출하고 선출된 대표가 국회의회에 모여 의사 결정을 하도록 일임하고, 의사 결정에 주권자인 국민이 따르는 형태가 오늘날 보편적으로 시행되고 있는데 이를 간접 민주제 또는 대의제代議制, 대의 민주주의라고 한다.

    대의제에서는 무엇보다 대표를 선출하는 것이 가장 중요하다. 대표를 잘못

선출하면 대표에 의한 자의적인 정책 결정으로 인해 공동체 전체에 악영향을 미치는 경우가 많다. 따라서 올바른 대표자를 선출하기 위한 민주적 선거 제도의 정착과 대표자를 견제하기 위한 국민의 관심과 참여는 오늘날 대의 민주주의의 성패를 결정하는 중요한 요소라고 볼 수 있다.

한편 각 나라에서는 제도적으로 직접 민주제의 요소인 국민 투표, 국민 발안, 국민 소환■을 도입하여 대의제의 한계를 보완하기도 한다.

■**국민 투표, 국민 발안, 국민 소환**: '직접 민주제'를 참조하세요.

대통령제

〔클 대 大, 거느릴 통 統, 거느릴 령 領, 억제할 제 制〕

행정부의 수반인 대통령이 국민에 의해 선출되어 정해진 임기 동안 행정을 담당하는 정부 형태

마인드 맵

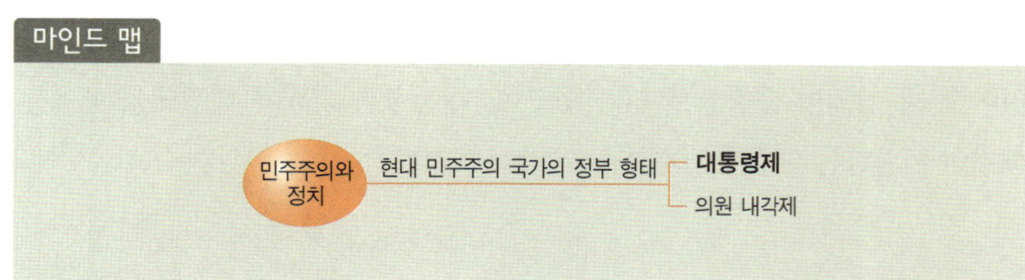

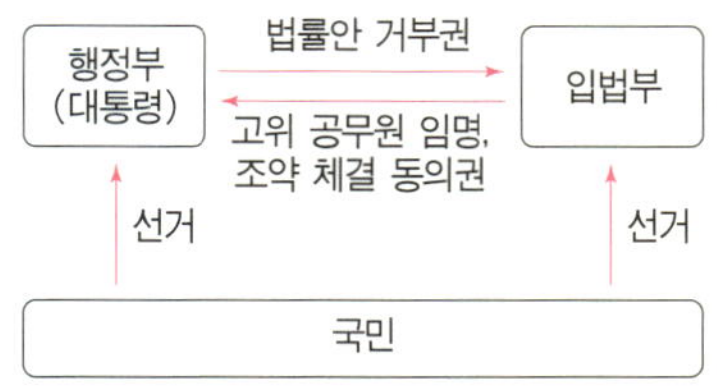

▲ 대통령제의 구조

현대 민주주의 국가에서 찾아볼 수 있는 정부 형태에는 대통령제와 의원 내각제가 있다. 이 두 가지 정부 형태는 행정부의 구성 방식과 입법부·행정부의 관계에 따라 나누어진다. 대통령제는 권력 분립형 정부 형태인 반면, 의원 내각제는 권력 융합형 정부 형태이다. 이 두 가지 정부 형태는 모두 사법권의 독립을 엄격히 보장하고 있다는 공통점이 있다. 대통령제대통령 중심제는 권력이 행정부의 수반인 대통령에게 집중되어 있으며, 입법부와 행정부가 선거에 의해 각각 선출되기 때문에 두 기관의 권력이 분리되어 있는 형태를 의미한다. 대통령제를 채택한 국가로는 미국과 라틴 아메리카 국가들, 대한민국 등을 들 수 있다.

대통령제의 특징

대통령제의 특징은 첫째, 행정부와 입법부국회를 엄격하게 분리하여 권력의 견

제와 균형이 이루어진다. 둘째, 대통령은 국민에 의해 선출되며 헌법에 규정된 일정한 임기를 보장받으므로 안정적인 집권이 가능하다. 셋째, 대통령은 행정부의 수반이면서 국가 원수의 지위를 가진다. 넷째, 대통령은 법률안을 제안할 수 없고, 법률안 거부권을 가진다.

대통령제의 장점과 단점

대통령제는 대통령의 임기 동안 정국이 안정되고 국가 정책의 계속성을 유지할 수 있다는 점과 국민이 뽑은 대통령에 의한 책임 있는 정치가 가능해진다는 측면에서 큰 장점이 있다. 반면에 대통령의 권한이 지나치게 비대해질 수 있어 독재 정권이 출현할 우려가 있으며, 대통령과 의회가 대립했을 때에는 해결이 어렵다는 단점이 있다.

의원 내각제

〔의논할 의 議, 인원 원 員, 안 내 內, 집 각 閣, 억제할 제 制〕

행정을 담당하는 내각이 입법부인 의회의 신임에 의해 구성되고 다수당의 대표가 수상이 되어 행정권을 담당하는 정부 형태

마인드 맵

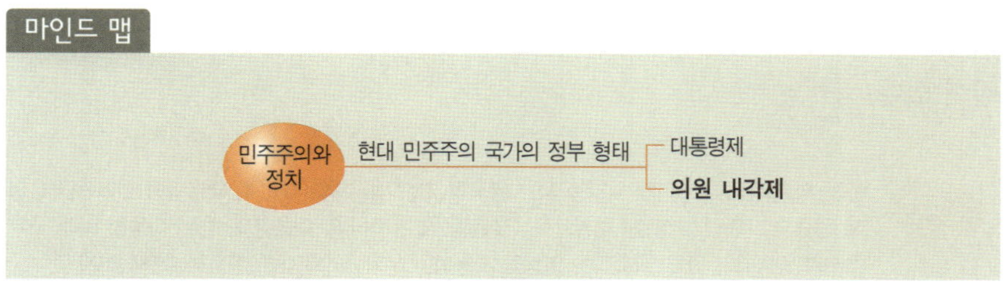

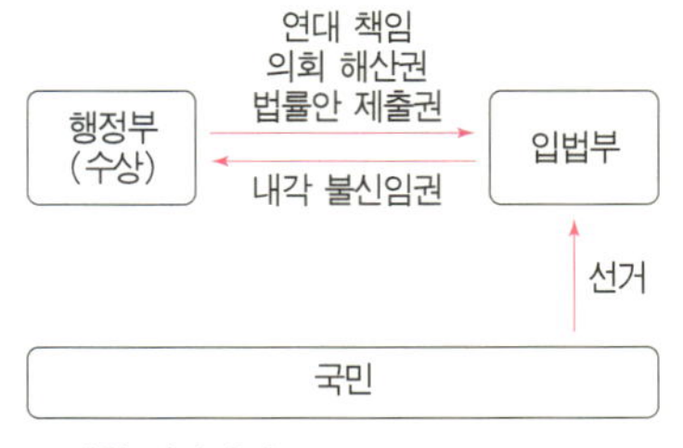

▲ 의원 내각제의 구조

의원 내각제는 입법부인 의회가 선거에 의해 구성되고 다수당의 대표가 수상의 지위를 가지고 내각을 구성하는 정부 형태이다. 의원 내각제는 의회와 군주 간의 권력 싸움이 오랜 기간에 걸쳐 나타났던 영국에서부터 비롯되었다. 그 밖에 의원 내각제를 채택한 국가로는 서부 유럽의 여러 국가들과 일본, 그리고 영국의 오랜 식민지였던 오스트레일리아와 인도 등이 있다.

의원 내각제의 특징

의원 내각제의 특징은 첫째, 국가의 왕이나 대통령은 상징적인 존재로 정치적 실권이 없고, 총리나 수상이 행정부의 대표이다. 둘째, 입법부와 행정부가 상

호 의존적인 관계로 권력의 융합을 추구하는 형태이다. 셋째, 의회의 다수당 대표가 수상이 되어 내각을 구성하게 되므로 의원은 각료를 겸직한다. 넷째, 내각집행부은 의회를 해산시킬 수 있으며, 법률안 제안권을 가진다. 다섯째, 내각은 의회의 불신임을 받으면 사임한다.

의원 내각제의 장점과 단점

의원 내각제는 권력 융합적 형태이므로 의회와 행정부 간의 긴밀한 협조가 가능하다는 점과 의회의 신임을 받지 못했을 때에는 내각이 사퇴하게 되므로 행정부가 국민의 요구에 적극적으로 유연하게 응할 수 있다는 장점이 있다. 한편, 잦은 내각의 교체로 정국이 불안정할 수 있고, 다수당이 의회를 독점하였을 경우에는 행정부도 이에 귀속되므로 다수당의 횡포가 발생할 수 있다는 단점이 있다.

Tip ㉮는 의회와 내각이 연대 책임을 지는 영국의 의원 내각제이고, ㉯는 대통령이 선거인단에 의해 선출되고 의회가 상원·하원으로 구성되어 있는 미국의 대통령제, ㉰는 대통령 아래 국무총리가 임명되어 있고, 국회라는 명칭을 사용하는 우리나라의 대통령제 정부 형태이지.
정부 형태에 따라, 또 같은 정부 형태라도 나라별로 조금씩 다르지? 각부가 어떻게 구성되고 어떤 권한을 가지는지 잘 비교해 보자.

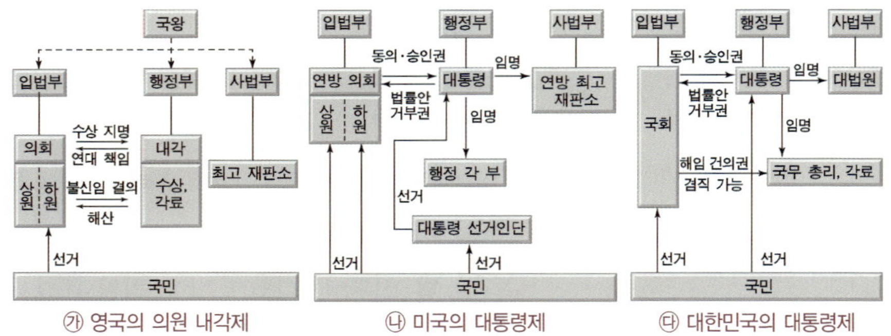

법치주의 〔법 법 法, 다스릴 치 治, 주인 주 主, 옳을 의 義〕

권력자에 의한 자의적인 통치가 아닌 법에 의한 통치를 통하여 국민의 기본권을 보장하고자 하는 사상

마인드 맵

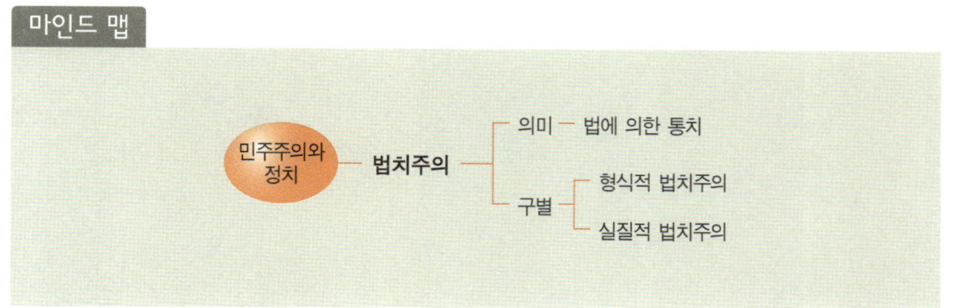

서양의 절대 왕정, 동양의 전제 군주정의 공통점은 지배자의 권력을 제한할 수 있는 장치가 없기 때문에 군주에 의해 백성들의 인권이 침해되는 경우가 자주 발생하였다는 것이다. 따라서 근대 시민 혁명의 최우선 과제는 군주도 법을 준수하도록 함으로써 절대 권력을 통제하고 시민의 기본적인 자유와 안전, 재산권을 보장하는 것이었다. 오늘날에는 국민의 대표자에 의해 의회에서 법이 제정되고, 통치자도 법에 귀속되며, 국민의 기본권 제한도 법률로써만 가능하도록 규정하고 있다.

법치주의를 보다 잘 이해하기 위해서는 형식적 법치주의와 실질적 법치주의의 두 관점에서 이해하여야 한다. 형식적 법치주의는 법의 제정 목적이나 내용과는 상관없이 의회에서 제정한 법에 근거하여야 한다는 것이다. 한편 과거 독재 정권들은 입법권을 독점하여 권력자의 입맛에 맞는 법을 만들어 국민을 억압해 왔다. 따라서 법의 목적과 내용도 정의에 부합하여야 한다는 실질적 법치주의의 관점에서 법을 이해하여야 할 것이다.

11장

정치 과정과 참여

선거

선거 제도

선거구 법정주의

선거 공영제

정당

이익 집단

여론

정치 문화

정치 과정과
참여

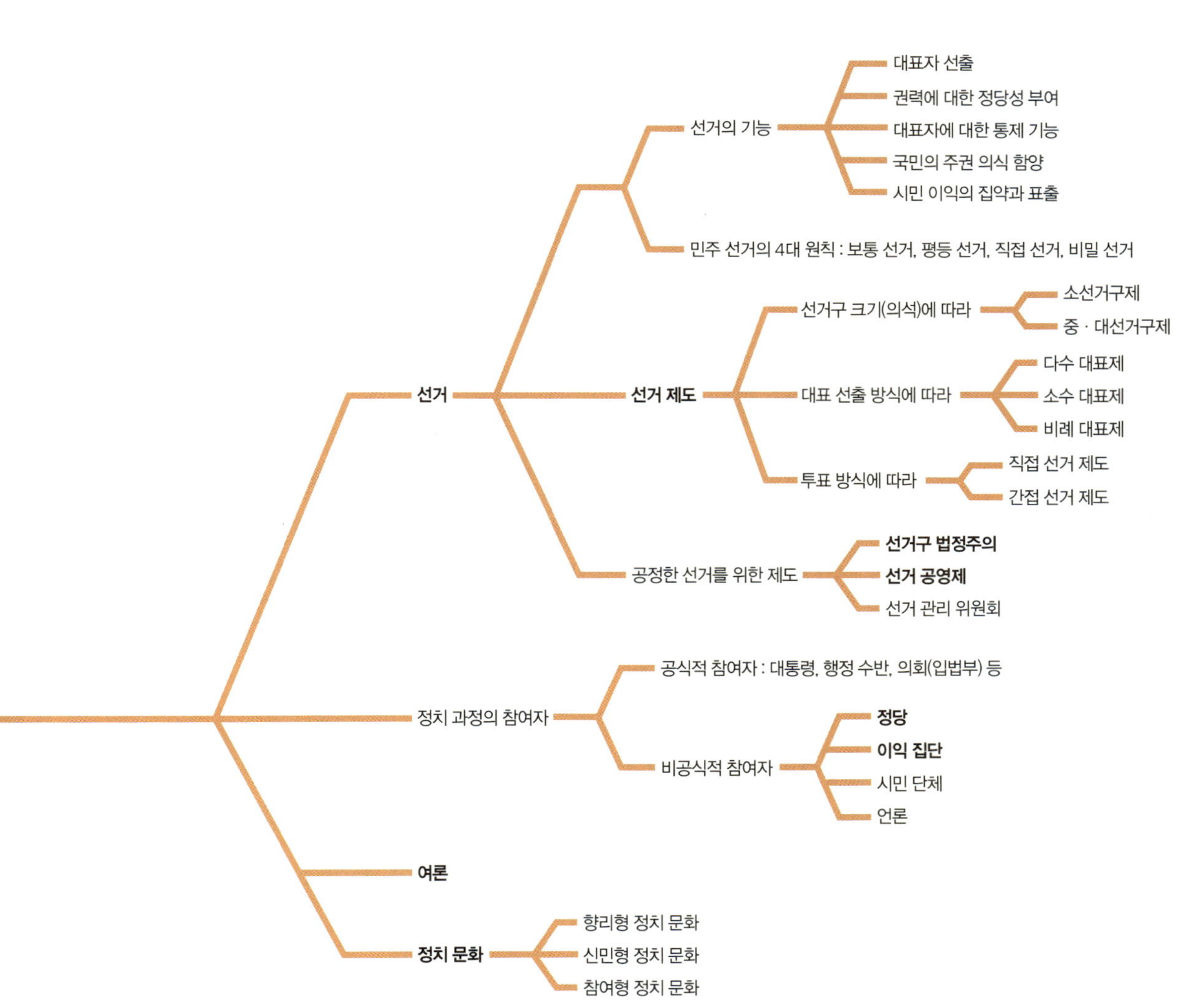
선거
선거의 기능
대표자 선출
권력에 대한 정당성 부여
대표자에 대한 통제 기능
국민의 주권 의식 함양
시민 이익의 집약과 표출
민주 선거의 4대 원칙 : 보통 선거, 평등 선거, 직접 선거, 비밀 선거
선거 제도
선거구 크기(의석)에 따라
소선거구제
중 · 대선거구제
대표 선출 방식에 따라
다수 대표제
소수 대표제
비례 대표제
투표 방식에 따라
직접 선거 제도
간접 선거 제도
공정한 선거를 위한 제도
선거구 법정주의
선거 공영제
선거 관리 위원회
정치 과정의 참여자
공식적 참여자 : 대통령, 행정 수반, 의회(입법부) 등
비공식적 참여자
정당
이익 집단
시민 단체
언론
여론
정치 문화
향리형 정치 문화
신민형 정치 문화
참여형 정치 문화

주제 **1**

선거 〔가릴 선 選, 들 거 擧〕
election

투표를 통해 공직자나 대표자를 선출하는 것

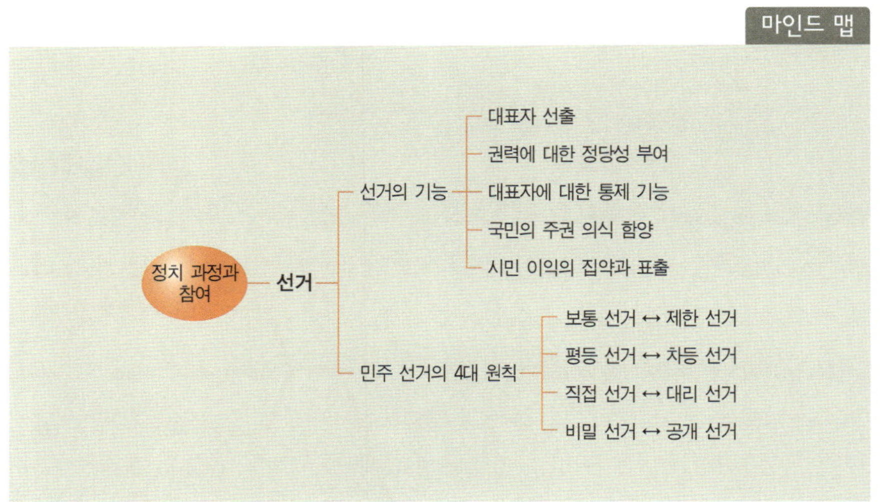

■ **대의제**(代議制): 국민이 스스로 선출한 대표자를 통해 국가 권력을 행사하는 정치 제도로 간접 민주제라고도 한다.

　　현대 민주주의 사회는 대부분의 국가가 대의제■ 민주주의를 채택하고 있다. 따라서 대표자를 선출하는 것이 민주주의의 성패를 가름하는 핵심적인 부분이라고 볼 수 있다. 유권자들은 후보자의 공약, 정책, 자질 등을 종합적으로 고려하여 후보를 신중하게 선택해야 하는데, 어떤 후보자가 당선되느냐에 따라 국정 운영이 천차만별로 달라지며 이는 국가 발전에도 큰 영향을 미치기 때문이다.

선거의 기능
선거는 대표자를 선출하는 것 이외에도 중요한 기능을 담당한다. 선거는 대표자에게 정당성을 부여하여 국정 운영을 해 나갈 수 있는 힘을 얻게끔 한다. 또한 대표자에 대한 통제 기능도 담당하는데 공약을 실행하지 않거나, 국정 운영 능력이 기대에 못 미치거나, 비리 의혹이 있는 대표자는 다음 선거에서 다시 표를 얻지 못하게 된다. 선거는 국민이 대표자를 선출함으로써 스스로 정치 과정에 참여한다는 주권 의식을 함양시켜 주는 기능을 한다. 또한 선거를 통해 국민의 의견과 이익이 표출되고 집약된다.

민주 선거의 4대 원칙

선거가 제 기능을 하기 위해서는 보통, 평등, 직접, 비밀 선거라는 민주 선거의 4대 원칙이 준수되어야 한다. '보통 선거의 원칙'은 일정 연령 이상의 국민이라면 모두 선거에 참여하도록 한다는 원칙이다. 현재 만 19세 이상의 성인 남녀라면 누구나 선거에 참여할 수 있는데, 만약 신분이나 재산, 성별 등에 따라 선거권을 제한한다면 보통 선거의 원칙에 위배되는 것이다. '평등 선거의 원칙'은 누구에게나 1인 1표를 부여하며 1표의 가치 또한 동일하여야 한다는 원칙이다. '직접 선거의 원칙'은 투표자가 대리인을 거치지 않고 직접 투표하여야 한다는 원칙이며, '비밀 선거의 원칙'은 각 개인의 투표 결과가 다른 사람에게 알려지지 않도록 해야 한다는 원칙이다.

현재 우리나라의 선출직 공무원은 대통령, 국회 의원, 광역 자치 단체장(특별시장·광역시장·도지사), 기초 자치 단체장(시장·군수·구청장), 광역 자치 단체 의원(특별시·광역시·도 의회 의원), 기초 자치 단체 의원(시·군·구 의원), 교육감이 있다는 것도 알아 두자!

주제 **2**

선거 제도

〔가릴 선 選, 들 거 擧, 억제할 제 制, 법도 도 度〕
electoral system

선거 때 후보자나 정당이 합리적이고 정당한 경쟁을 할 수 있도록 만든 선거 규칙이나 방식

마인드 맵

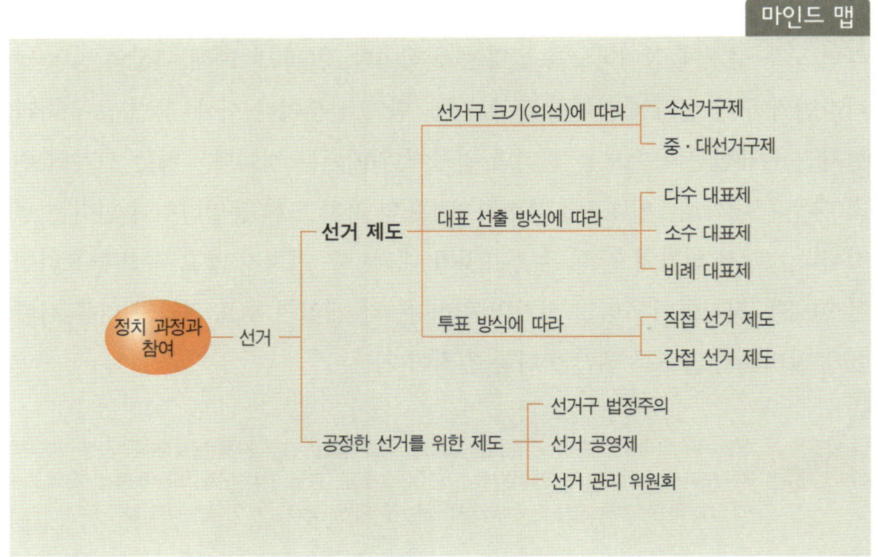

대의제 민주주의에서 대표를 선출하는 과정은 매우 중요하다. 선거에서 대표를 선출하는 방식에 따라 그 결과가 달라지기 때문이다. 우리나라의 다양한 선거 제도를 여러 가지 기준에 따라 분류하면 다음과 같다.

선거구에 따른 소선거구제, 중·대선거구제

선거구란 대표를 선출하는 단위 지역을 의미하는데, 선거 제도는 선거구 크기에 따라 소선거구제, 중선거구제, 대선거구제로 나누어 볼 수 있다. 소선거구제小選擧區制는 비교적 작은 지역을 하나의 선거구로 하여 한 선거구에서 1명의

대표를 뽑는 제도이고, 중·대선거구제中·大選擧區制는 비교적 넓은 선거구로 하여 한 선거구에서 2명 이상의 대표를 뽑는 제도이다. 각 선거구제의 장단점은 다음 표와 같다.

구분	소선거구제	중·대선거구제
장점	– 선거 비용이 절약됨 – 선거 결과가 다수당에 유리하여 정국이 안정됨	– 전국적 유명 인사의 당선 가능성이 높음 – 소수당이 정치에 진출할 가능성이 커짐 – 사표■가 감소함
단점	– 지역의 유명 인사가 당선될 가능성이 높음 – 사표가 많이 발생함 – 소수당에 불리 – 정치적 신인(新人)의 당선이 어려움	– 선거 비용이 많이 소요됨 – 군소 정당이 난립할 우려가 있음 – 유권자의 무관심이 심화될 우려가 있음

■ **사표**(死票): 선거에서 낙선자 후보에게 던져진 표.

대표 선출 방식에 따른 다수 대표제, 소수 대표제, 비례 대표제

선거 제도는 대표를 선출하는 방식에 따라 다수 대표제, 소수 대표제, 비례 대표제로 나누어 볼 수 있다. 다수 대표제多數代表制는 다수결의 원칙에 따라 한 선거구에서 유효 투표를 많이 얻은 후보자를 선출하는 방식이고, 소수 대표제少數代表制는 한 선거구에서 2~3명의 후보자를 선출하는 방식이다. 또 비례 대표제比例代表制는 여러 정당이 획득한 득표수에 비례하여 대표자를 뽑는 제도를 말한다.

대부분 소선거구제의 경우에 다수 대표제를 채택하며, 중·대선거구제의 경우는 소수 대표제와 연결된다.

소선거구–다수 대표제로 선거를 했을 경우에는 다수당에 지나치게 유리해지고 사표가 많이 발생하는 것이 가장 큰 단점이다. 이러한 경우에 정당의 득표수와 의석수가 심한 불균형을 나타내는데, 이를 보완하기에 용이한 방식이 비례 대표제이다. 비례 대표제는 유권자가 정당에 투표하도록 함으로써 득표수에 따라 각 정당에 의석을 배분해 주는 방식으로 정당 정치의 구현을 가능하게 해 준다.

Tip 우리나라는 국회 의원 선거(총선거)에서 지역구는 소선거구제와 다수 대표제로, 전국구는 정당이 얻은 득표수에 비례하여 의석을 배분하는 정당 명부식 비례 대표제를 도입하여 운영하고 있어.

투표 방식에 따른 직접 선거 제도, 간접 선거 제도

선거 제도는 투표 방식에 따라 직접 선거 제도와 간접 선거 제도로 나눌 수 있다. 직접 선거 제도直接選擧制度, 직선제는 국민이 직접 후보자에 투표하는 제도이고, 간접 선거 제도間接選擧制度, 간선제는 일정 수의 선거인단이 구성되고 이들이 후보자에 투표하여 당선자를 결정하는 방식이다.

우리나라는 과거 독재 정권들이 간선제로 개헌하여 장기 집권을 도모하였던 역사가 있다. 이에 대항하여 국민들은 대통령을 직접 자신의 손으로 뽑아 민주주의를 바로 세우고자 민주화 운동을 일으켰고, 그 결과 1987년 직선제 개헌이 이루어져 지금까지 이어져 오고 있다.

한편 미국의 대통령 선거는 각 주의 선거인단이 대통령을 선출하는 방식이나 선거인단의 선택이 해당 주의 주민 투표 결과에 귀속되므로 형식적인 의미의 간선제로 볼 수 있다.

선거구 법정주의

〔가릴 선 選, 들 거 擧, 구분할 구 區, 법 법 法, 정할 정 定, 주인 주 主, 옳을 의 義〕

공정한 선거를 위하여 선거구를 법률로 정하는 제도

마인드 맵

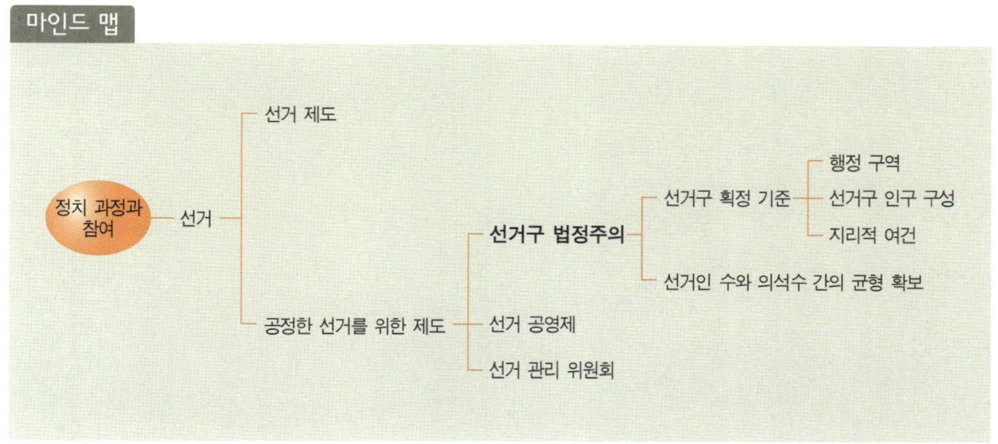

> **대한민국 헌법**
>
> 제41조 3항: 국회 의원의 선거구와 비례 대표제 기타 선거에 관한 사항은 법률로 정한다.

선거구의 획정은 선거 결과에 큰 영향을 미치므로 공정한 선거를 위하여 선거구를 법률로 정하고 있다.

선거구는 행정 구역, 인구 균형, 지리적 여건 등을 고려하여 획정된다. 특히 선거인 수와 의석수의 비율이 균형을 이루는 것이 중요한데, 만약 인구가 100명인 갑 선거구와 1,000명인 을 선거구에서 각각 1인의 국회 의원이 선출된다면 갑 선거구의 1표의 가치가 을 선거구의 10표에 해당되므로 표의 등가성等價性의 원리■에 위배되기 때문이다.

■**등가성의 원리**: 유권자의 1표는 모두 동등한 가치를 지녀야 한다는 원리.

선거구의 획정은 공정한 선거를 위해 매우 중요하단다. 자의적인 선거구 획정과 관련된 중요한 일화가 있는데, 다들 게리맨더링(gerrymandering)에 대해서 들어 봤지? 1812년 미국 매사추세츠 주지사인 게리(Gerry, E.)가 자신이 소속된 공화당에 유리하도록 선거구를 획정하였는데, 그 결과 득표수에는 연방당이 우세했지만 의석수는 공화당이 크게 앞섰다고 해. 게리가 정한 선거구가 전설 속의 괴물 샐러맨더(salamander : 불도마뱀)와 비슷하다고 해서 '게리맨더링'이라는 용어가 등장하게 된 거란다. 게리맨더링이란 특정 정당이나 후보에게 유리하도록 선거구를 조작하는 것을 의미해.

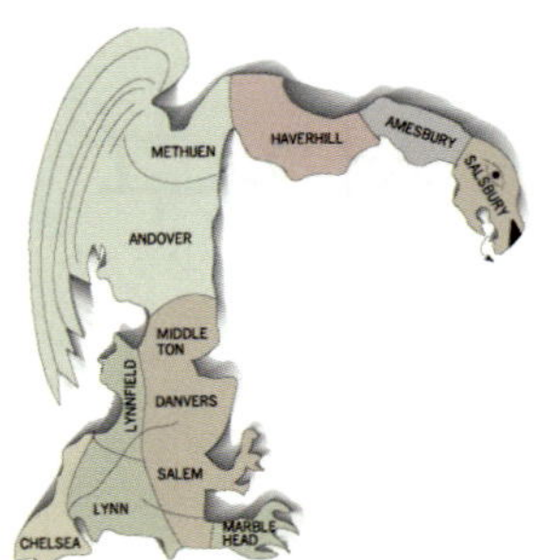

▲ 게리맨더링

선거 공영제

〔가릴 선 選, 들 거 擧, 공평할 공 公, 경영할 영 營, 억제할 제 制〕

선거 운동의 무분별한 진행으로 발생하는 폐단을 방지함으로써 공정한 선거를 치르기 위한 제도

마인드 맵

정치 과정과 참여 — 선거
- 선거 제도
- 공정한 선거를 위한 제도 — 선거 공영제
  - 선거구 법정주의
  - **선거 공영제**
    - 선거를 국가 기관이 관리
    - 선거 경비를 국가가 부담
    - 목적
      - 선거 운동의 균등한 기회 보장
      - 선거 비용의 절약
      - 선거의 공정성 확보
  - 선거 관리 위원회

　선거 공영제는 선거를 국가 기관이 관리하고, 정당·후보자의 선거에 관한 경비를 국가 또는 지방 자치 단체가 부담하는 제도이다.

　선거 공영제는 재력이 없는 후보자에게도 선거에 나설 수 있는 기회를 주고, 선거 운동의 기회를 균등하게 보장하며, 선거 비용을 절약함으로써 선거의 공정성을 확보해 주는 역할을 한다.

주제 **5**

정당 〔정사 정 政, 무리 당 黨〕
political party

정치적 견해를 같이하는 사람들이 정권 획득을 목적으로 조직한 단체

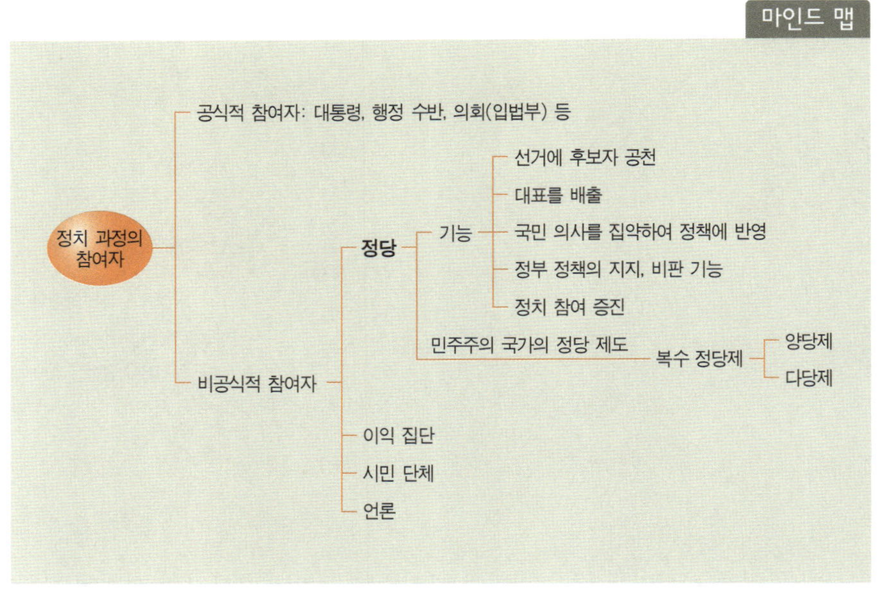

정당은 공익 실현을 목표로 권력 획득을 추구하는 사람들이 모인 집단이라는 점에서 사익을 추구하는 이익 집단과 구분해 볼 수 있다. 정당은 선거에 후보자를 공천公薦하고, 의회의 다수당을 차지하여 정권을 획득하는 것을 가장 큰 목적으로 하고 있다. 그 과정에서 정당은 국민의 다양한 의사를 수용하고 표출하며, 시민의 대표를 배출하고, 의회를 통해 정부 정책을 지지하거나 비판하는 등의 다양한 역할을 수행하게 된다. 정당은 공적인 기관이 아님에도 불구하고 정치 과정에서 매우 큰 부분을 차지하고 있다.

민주주의 국가의 정당 제도인 복수 정당제複數政黨制

정당 정치의 유형은 일당제와 복수 정당제로 나뉜다. 일당제는 정당이 단 하나만 존재하는 형태로 평화적인 정권 교체가 불가능한 독재 정치 체제를 의미하는데, 과거 나치 독일과 구소련에서 존재하였던 제도이다.

복수 정당제는 선거를 통한 정권의 교체가 가능하도록 하기 위한 제도로 민주주의의 필수적인 제도 중의 하나이다.

> **대한민국 헌법**
>
> 제8조 1항: 정당의 설립은 자유이며, 복수 정당제는 보장된다.
>   2항: 정당은 그 목적·조직과 활동이 민주적이어야 하며, 국민의 정치적 의사 형성에 참여하는 데 필요한 조직을 가져야 한다.

현대 민주주의 국가는 복수 정당제를 채택하여 정당의 설립과 활동의 자유를 보장하고 있다. 복수 정당제는 양당제와 다당제로 구분해 볼 수 있다.

구분	양당제	다당제
정의	2개의 대표적인 정당이 정책을 중심으로 서로 경쟁하는 체제(실제로 소수 정당은 존재할 수도 있음)	3개 이상의 정당이 존재하여 경쟁하는 정당 체제
장점	– 정국이 안정적으로 운영됨 – 책임 정치가 이루어짐	– 국민의 다양한 의견 반영이 용이함 – 소수 의견 보호에 유리함 – 정당 간 대립 시 중재가 용이함
단점	– 소수 의견 반영이 어려움 – 양당 간 대립 시 극한 대립이 우려됨	– 군소 정당의 난립으로 정국 불안정이 우려됨 – 강력하고 일관적인 정책 수행이 곤란함
대표적인 국가	미국, 영국 등	대한민국, 프랑스, 스위스, 이탈리아 등

우리나라 정당 정치의 문제점

정당 정치의 문제점으로는 크게 두 가지를 들 수 있다. 한 가지는 정당은 의회 정치의 핵심인데 근래에 들어 정당의 조직 자체가 과두화·관료화·경직화되는 경향을 보이고 있다는 것이다. 소수의 지도부가 정당 운영에 주도적인 역할을 함으로써 오히려 민주주의의 핵심인 정당의 운영이 비민주적으로 이루

■**하향식 공천 방식**: 당 지도부가 선거의 후보를 일괄적으로 추천하는 방식. 이 방식은 당 지도부가 선거의 후보를 추천하는 데에 막대한 영향력을 행사하기 때문에 당원들이 지도부에 복종해야 하는 현상을 낳는다.

어지는 현상이 나타나고 있다. 이를 극복하기 위하여 기존의 하향식 공천 방식■을 바꾸어야 한다는 목소리가 나오고 있다.

다른 한 가지는 정당이 국민의 다양한 이익과 목소리를 집약하고 정치에 투입해야 함에도 불구하고 정권 획득에만 몰두하여 잦은 세력 다툼을 하는 등 제 기능을 하지 못하는 경우가 많다는 것이다. 특히 정당이 고유의 정치적 견해를 가지고 정당을 운영하고 여론을 얻으려 하기보다는 표만 의식하는 선심성 여론 몰이를 하거나 특정 유명 인사를 지지하여 결집되는 경우를 종종 볼 수 있다. 이러한 경우 정당은 국민으로부터 외면받아 정치적 불신 풍조와 무관심을 야기한다.

따라서 정당 정치가 바르게 기능하기 위해서는 먼저 정당 조직과 운영을 민주화하고, 선거를 의식한 행보에 집중하기보다는 국민의 목소리에 진심으로 귀를 기울이도록 해야 한다.

Tip 정당은 중요한 정치 참여 주체에 해당해. 최근에는 정당의 공천 과정에 관련된 문제가 많은데 오픈 프라이머리(open primary: 국민 참여 경선)와 같은 시사적인 개념도 함께 알아 두자.

이익 집단

〔이로울 이 利, 더할 익 益, 모을 집 集, 둥글 단 團〕 interest group

구성원들의 공동의 목표나 이익을 표출하고, 이를 달성하기 위하여 조직된 단체

마인드 맵

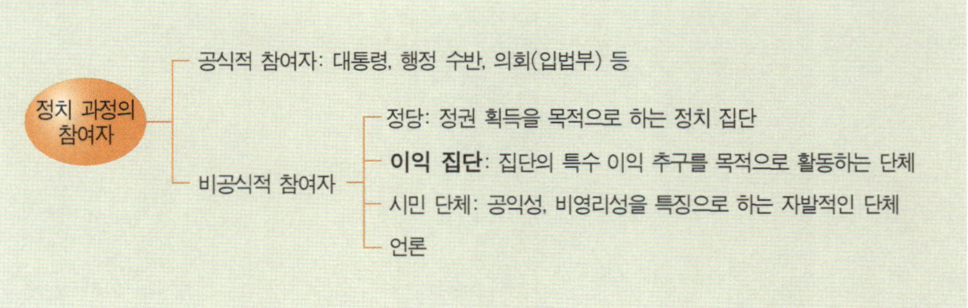

이익 집단은 정치에 많은 영향을 주는 단체이지만 사익私益을 추구하는 단체로 정권 획득과는 무관하다는 것이 정당과의 가장 큰 차이점인데, 우리 사회의 대표적 이익 집단으로는 노동조합을 들 수 있다.

이익 집단이 생겨난 원인을 살펴보자. 오늘날 사회가 빠르게 변동하는 과정에서 과거와 달리 다양한 직업들이 생겨나고 구성원들의 욕구도 다양해졌다. 현실적으로 소수의 정당이나 공직자들이 모든 구성원들의 이익을 집약하고 표출하는 것이 어렵기 때문에 다양한 이익들이 결집되어 집단화되었고, 집단 스스로가 정치적인 영향력을 행사하기에 이른 것이다.

이익 집단은 민주주의 사회에서의 적극적인 정치 참여에 기여한다는 장점을 가지고 있으나, 정권과의 결탁을 통한 사익의 지나친 추구는 사회 전체의 발전을 저해하기도 한다.

시민 단체

이익 집단과 비교되는 시민 단체에 대하여 알아보자. 시민 단체는 이익 집단과 엄격히 구분되기는 쉽지 않으나 주로 공익을 실현하기 위하여 자발적으로 결집된 단체로 공익성, 비영리성, 비당파성을 특징으로 한다.

정권 획득을 목적으로 하지는 않으며 국정 감시와 비판, 정책에 대한 적극적인 의사 표현을 통하여 사회 정의를 실현하는 것이 궁극적인 목적인 경우가 많다. 우리 사회의 환경 관련 단체, 소비자 단체 등이 여기에 해당된다.

여론 〔수레 여 輿, 논할 론 論〕
public opinion

공적인 문제 혹은 쟁점에 대한 사회 대중의 공통적인 의견

마인드 맵

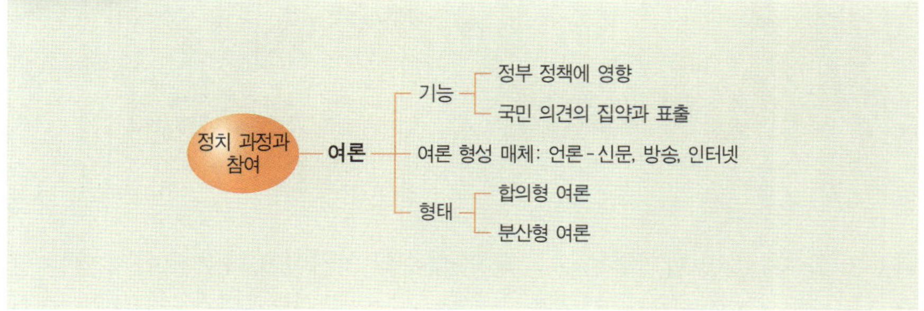

여론은 국민의 공통된 생각이나 의견을 의미한다. 정부에서 중요한 정책을 시행할 때 국민에 대한 여론 조사에 근거하는 경우를 많이 볼 수 있다. 여론은 다수의 대중이 주인인 현대 민주주의 사회에서 정부 정책에 정당성과 힘을 부여해 주는 중요한 기준이 된다. 만약 여론 조사 결과가 권력에 의해 왜곡되거나 여론이 조작되거나 여론에 반하는 정책이 시행된다면 참다운 민주주의 사회라고 볼 수 없을 것이다.

여론을 모으고 전달하는 역할은 언론이 담당하게 된다. 따라서 오늘날 언론의 자유를 보장하는 것은 매우 중요하다. 언론 매체에는 신문과 방송이 전통적인 매체로 가장 유력한 역할을 하고 있으나 최근에는 인터넷의 발달로 인해 대안 언론 매체들이 등장하고 있으며, 소셜 네트워크Social Networking Service: SNS를 통한 여론의 형성도 활발해지고 있다.

합의형 여론, 분산형 여론

여론의 분포 형태를 그려 보면 다음과 같이 합의형 여론과 분산형 여론으로

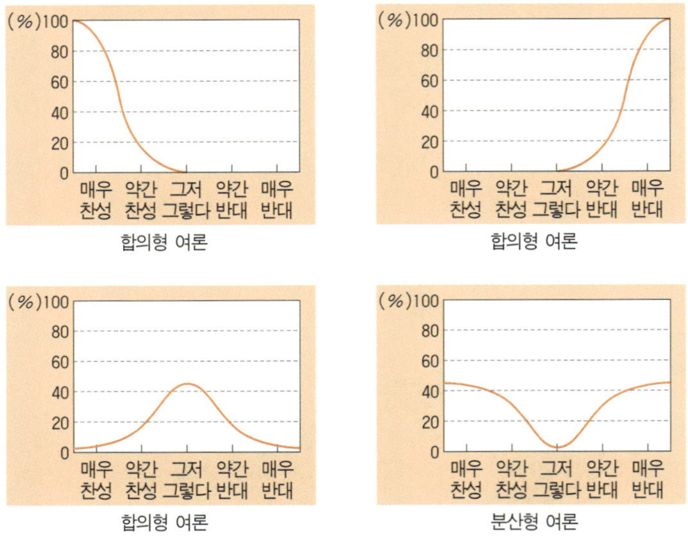

나누어 볼 수 있다. 합의형 여론은 국민 다수의 의견이 하나로 모아져 있는 상태이다. 어떤 사회가 기본권 보장, 다수결의 원칙, 기회 균등의 원칙 등의 사회 구성과 운영의 본질적 문제에 대하여 합의되어 있을 경우에 공동체는 안정적으로 유지될 수 있다.

반면 분산형 여론과 같이 중립적인 의견을 가진 사람은 적고 찬성과 반대의 의견으로 양극화되어 있는 경우에는 정책이 표류할 수 있다.

한편 대다수가 반대하는 정책이 시행될 경우에는 사회 구성원의 극심한 반대에 부딪히게 되므로 사회가 불안정해진다. 정책 결정자들은 항상 여론의 추이를 살펴보고 국민과의 대화와 타협을 통하여 합의를 도출할 수 있도록 하여야 한다.

정치 문화
〔정사 정 政, 다스릴 치 治, 글월 문 文, 될 화 化〕
사회 구성원들이 공유하는 정치 문제에 대한 태도 및 가치관

마인드 맵

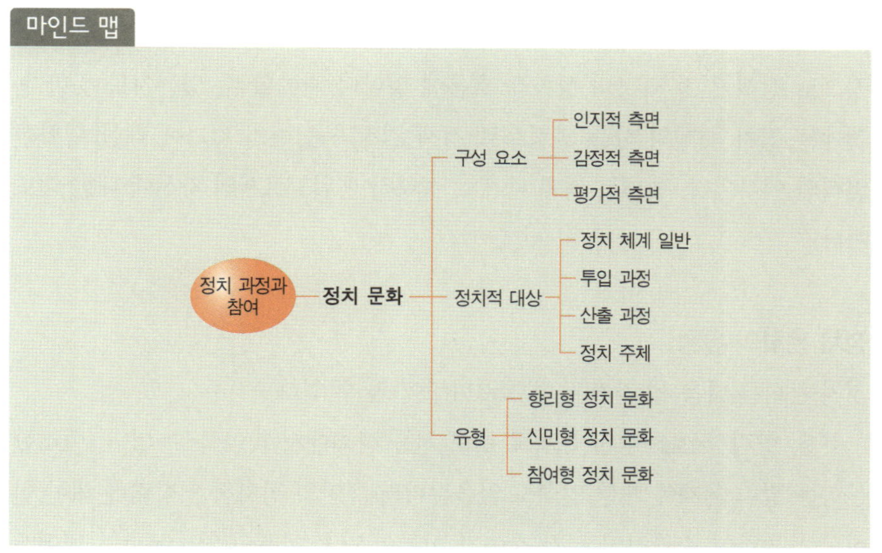

정치 문화는 한 사회의 구성원들이 공통으로 지니고 있는 정치에 대한 생각이나 태도, 가치관 등을 의미한다. 각 사회는 역사적인 발전 과정, 구성원의 성향, 가치관 등에 의해 나름의 독특한 정치 문화를 형성하고 있는데, 이것이 민주주의 정치 체제가 각 사회마다 적용되고 받아들여지는 과정에 많은 차이가 나타나는 이유이다.

정치 문화의 구성 요소

일반적으로 정치 문화는 세 가지 요소로 구성된다. 첫째, 인지적 측면, 즉 경험적 신념으로 사람들이 정치적인 여러 사건들을 어떻게 인식하고 있는지의 일정한 행동 성향을 의미한다. 둘째, 감정적 측면으로 정치적 상황이나 대상에 대한 좋고 싫음을 나타낸다. 셋째, 평가적 측면으로 국가의 행동으로부터 자신이 무엇을 얻을 수 있을 것인지와 연관된 믿음이다. 이때 인지와 감정의 결과로서 정치 체계에 대해 어떤 견해를 갖는지는 사람마다 다르게 나타날 것이다.

정치적 대상

알몬드와 버바Almond & Verba는 정치적 대상을 네 가지로 구분하여 개인의 태도를 조사하였다. 첫째는 정치 체계 일반에 대한 것으로 개인이 정치 체제, 즉 국가에 대하여 알고 있는 지식의 수준을 의미한다. 둘째는 정치 체계의 투입 과정으로 정책 결정 과정의 상향적 흐름에 얼마나 관여할 수 있는지를 뜻한다. 셋째는 정치 체계의 산출 과정으로 정책 결정과 집행의 결과에 대한 명확한 인식의 여부이다. 넷째는 정치 주체로 정치적 행위자로서의 자신에 대한 태도이다.

정치 문화의 유형

정치 문화는 다음 세 가지 유형으로 나누어 볼 수 있다.

첫째, 향리형鄕里型 정치 문화로 주로 전통 사회에서 찾아볼 수 있다. 이러한 문화는 정치 체계에 대한 인식도 없을뿐더러 개인의 정치적 영향력에 대한 인식도 부족하여 소극적인 정치 참여가 이루어진다. 아프리카의 부족 사회에서 주로 나타난다.

둘째, 신민형新民型 정치 문화로 중앙 집권적 권위주의 사회에서 주로 찾아볼 수 있다. 정치 체계에 대한 명확한 인식이 있고 정치적인 산출에 대해서 관심은 있으나 개개인의 정치 참여는 소극적이어서 정부나 왕에 대한 사회 구성원들의 절대적인 복종이 이루어지는 형태이다.

셋째, 참여형參與型 정치 문화로 현대 민주주의 사회에서 찾아볼 수 있다. 정치에 대한 명확한 인식과 적극적인 참여가 그 특징이다.

다음은 각 이념형 정치 문화의 유형이 네 가지 정치적 대상에 대해 어떻게 반응하는지를 나타낸 것으로 +는 적극적 반응을, −는 소극적 반응을 나타낸 것을 의미한다.

유형	정치 체계 일반	투입 과정	산출 과정	정치 주체
향리형 정치 문화	−	−	−	−
신민형 정치 문화	+	−	+	−
참여형 정치 문화	+	+	+	+

▲ 정치 문화의 이념형

Tip 유의할 점은 세 가지 유형의 정치 문화가 한 사회 내에서 혼재되어 있는 것이 일반적이라는 거야. 전근대 사회에서는 향리형 정치 문화의 비중이 높고, 오늘날 민주주의 사회에서는 참여형 정치 문화가 대부분을 차지하겠지. 우리나라는 민주주의가 많이 발전하여 젊은 세대들의 정치 참여 의식이 상당히 높아졌지만 연세가 든 어른들은 전근대적인 정치의식에 머물러 있는 것을 종종 볼 수 있어.

12장

우리나라의 민주 정치

대한민국 헌법

기본권

자유권

평등권

참정권

청구권

사회권

권력 분립

국회(입법부)

행정부(정부)

사법부(법원)

헌법 재판소

우리나라의
민주 정치

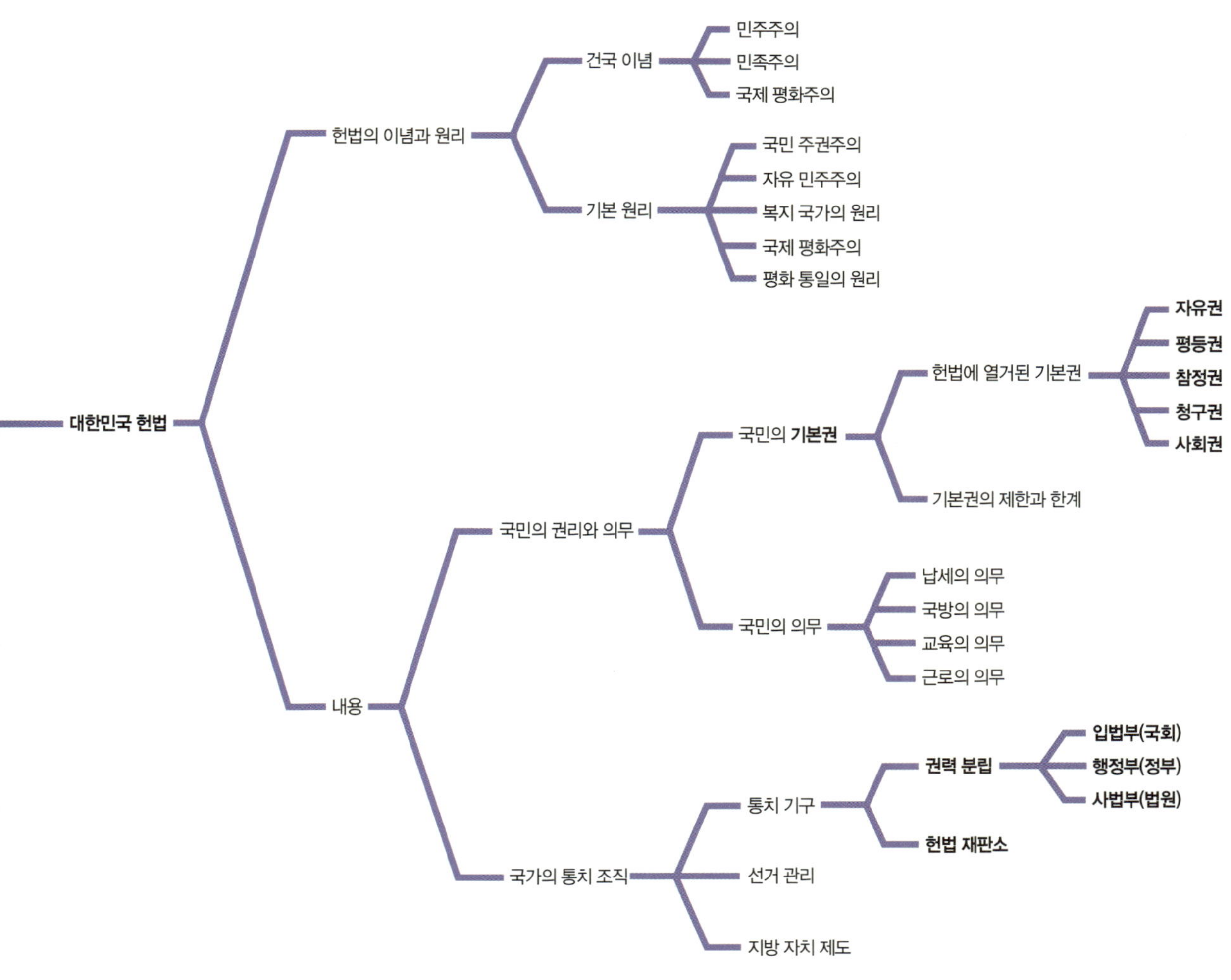

대한민국 헌법

헌법의 이념과 원리
건국 이념
민주주의
민족주의
국제 평화주의
기본 원리
국민 주권주의
자유 민주주의
복지 국가의 원리
국제 평화주의
평화 통일의 원리

내용
국민의 권리와 의무
국민의 기본권
헌법에 열거된 기본권
자유권
평등권
참정권
청구권
사회권
기본권의 제한과 한계
국민의 의무
납세의 의무
국방의 의무
교육의 의무
근로의 의무

국가의 통치 조직
통치 기구
권력 분립
입법부(국회)
행정부(정부)
사법부(법원)
헌법 재판소
선거 관리
지방 자치 제도

대한민국 헌법

대한민국의 법의 기초로서 국가의 조직, 구성 및 작용에 관한 근본이 되는 국가 최고의 법규

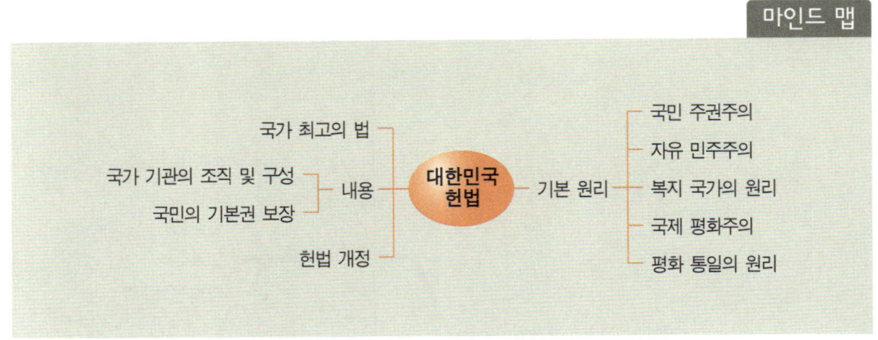

헌법憲法 Constitution은 한 나라의 최고의 법이다. 법은 일정한 체계를 가지고 있는데 입법부인 의회에서 만들어지는 법, 즉 우리가 흔히 이야기하는 '법', '청소년 보호법', '근로 기준법' 등은 헌법의 바로 하위인 법률에 해당된다.

법의 적용은 상위법이 우선시되므로 만일 어떤 법률이 헌법에 위배된다면 그 법은 효력을 상실하게 된다. 그만큼 헌법은 법률 이하의 모든 법 체계가 위

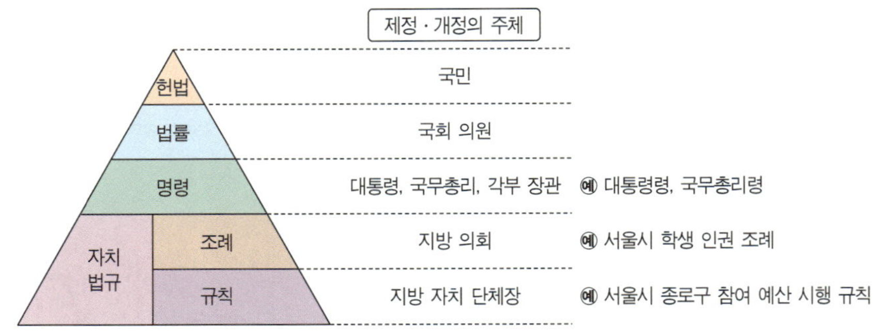

▲ 대한민국의 법 체계

반해서는 안 되는 중요한 근거가 되는 것이다.

일반적으로 각 국가는 헌법에 헌법 전문前文을 두고 헌법 제정의 역사적 의의와 목적, 제정 과정, 헌법의 이념을 담아 국가의 성격 및 국가가 지향하는 점을 밝혀 둔다. 대한민국 헌법 전문에도 우리나라의 건국 이념과 헌법의 기본 원리 및 헌법의 제정·개정의 역사, 헌법의 제정·개정의 주체를 밝혀 두고 있다. 다음은 1987년 9차 개정 헌법 전문이다.

전문前文

유구한 역사와 전통에 빛나는 우리 대한 국민은 3·1 운동으로 건립된 대한민국 임시 정부의 법통과 불의에 항거한 4·19 민주 이념을 계승하고, 조국의 민주 개혁과 평화적 통일의 사명에 입각하여 정의·인도와 동포애로써 민족의 단결을 공고히 하고, 모든 사회적 폐습과 불의를 타파하며, 자율과 조화를 바탕으로 자유 민주적 기본 질서를 더욱 확고히 하여 정치·경제·사회·문화의 모든 영역에 있어서 각인各人의 기회를 균등히 하고, 능력을 최고도로 발휘하게 하며, 자유와 권리에 따르는 책임과 의무를 완수하게 하여, 안으로는 국민 생활의 균등한 향상을 기하고 밖으로는 항구적인 세계 평화와 인류 공영에 이바지함으로써 우리들과 우리들의 자손의 안전과 자유와 행복을 영원히 확보할 것을 다짐하면서 1948년 7월 12일에 제정되고 8차에 걸쳐 개정된 헌법을 이제 국회의 의결을 거쳐 국민 투표에 의하여 개정한다.

1987년 10월 29일

대한민국 헌법의 주요 내용

대한민국 헌법에서 규정하고 있는 내용은 크게 두 가지로 언급할 수 있다. 첫 번째는 대한민국 국가 기관의 조직·구성에 관련된 내용이다. 헌법 본문을 살펴보면 대한민국의 정부 형태가 규정되어 있으며, 고위 공직자인 대통령·국무총리·국회 의원의 임기와 선출 방법 등이 명시되어 있다.

대한민국 헌법

제1조 1항: 대한민국은 민주 공화국이다.

　　　2항: 대한민국의 주권은 국민에게 있고, 모든 권력은 국민으로부터 나온다.

두 번째는 국민의 기본권 보장에 관련된 내용이다. 국가 권력에 의한 국민 인권의 침해는 인류의 역사에서 비일비재하게 일어났고, 근대 사회에 들어서야 국민의 기본권을 최우선적으로 보장하고자 하는 움직임들이 일어났다.

시민 혁명을 통하여 인간의 기본권 보장, 인간 존중이라는 가치가 최우선적으로 중요시되었는데 여러 국가에서는 이를 헌법에 명문화하여 항상 지켜질 수 있도록 규정하였다. 미국의 독립 선언서, 프랑스 인권 선언문의 정신이 우리나라를 비롯한 각국 헌법의 기본 바탕이라고 볼 수 있다.

덧붙여 자본주의 체제하에서 전체적인 부는 증가하지만 빈부 격차가 심화되고 노동자의 인권이 심각히 침해되는 현상이 발생한다. 1919년 바이마르 헌법■은 인간의 생존권적 기본권 보장을 규정하여 복지 국가의 이상을 실현하고자 하는 세계 최초의 복지 국가 헌법이라고 평가되는데, 대한민국 헌법에서도 사회권을 비롯하여 균형 있는 국민 생활 보장과 관련된 내용이 명시되어 있다.

> **대한민국 헌법**
>
> 제119조 2항: 국가는 균형 있는 국민 경제의 성장 및 안정과 적정한 소득의 분배를 유지하고, 시장의 지배와 경제력의 남용을 방지하며, 경제 주체 간의 조화를 통한 경제의 민주화를 위하여 경제에 관한 규제와 조정을 할 수 있다.

헌법 개정

헌법은 우리나라의 근본법으로 함부로 고치거나 삭제할 수 없도록 되어 있다. 그런데 시대가 변함에 따라 고쳐야 할 부분도 생기게 된다.

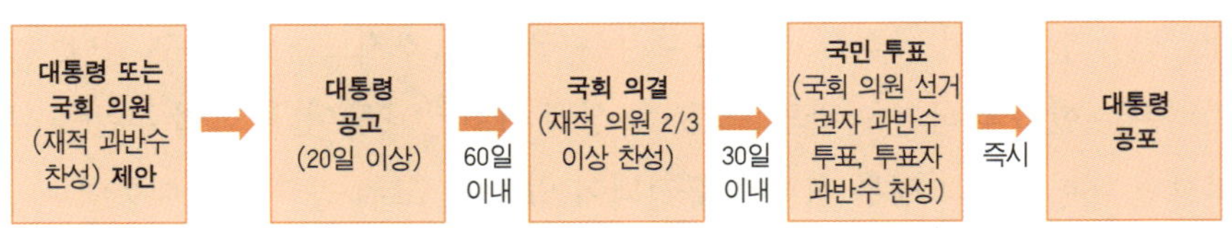

헌법의 개정은 대통령이나 국회 의원의 제안으로 먼저 국회에서 의결이 이루어져야 하고, 최종적으로는 국민 투표를 거쳐야 한다. 특히 국민 투표에서 국회 의원 선거권자의 과반수 투표와 투표자 과반수의 찬성을 얻어내야 하므로 헌법의 개정은 국민적인 합의가 충분히 이루어져야 가능하다.

대한민국 헌법의 기본 원리

대한민국 헌법에는 국민 주권주의, 자유 민주주의, 복지 국가의 원리, 국제 평화주의, 평화 통일의 원리가 포함되어 있다. 이러한 기본 원리는 국가가 추구하는 핵심적인 가치를 담고 있으며, 헌법이나 다른 법률의 해석 기준이 되고, 법 제정과 정책 결정의 방향을 제시해 준다. 이러한 원리를 헌법 조항을 통해 알아보자.

① 국민 주권주의

국가 의사를 최종적으로 결정할 수 있는 최고의 권력이 국민에게 있다는 원리이다.

> **대한민국 헌법**
>
> 제1조 1항: 대한민국은 민주 공화국이다.
>
> 　　　2항: 대한민국의 주권은 국민에게 있고, 모든 권력은 국민으로부터 나온다.

② 자유 민주주의

개인의 자유가 존중되며, 국가 권력이 국민의 동의와 지지를 바탕으로 행사되어야 한다는 원리이다.

> **대한민국 헌법**
>
> 제8조 1항: 정당의 설립은 자유이며, 복수 정당제는 보장된다.
>
> 　　　2항: 정당은 그 목적 · 조직과 활동이 민주적이어야 하며, 국민의 정치적 의사 형성에 참여하는 데 필요한 조직을 가져야 한다.

③ 복지 국가의 원리

모든 국민의 인간다운 생활을 보장해 주는 것이 국가의 책임이며, 인간다운 생활은 국민이 당연히 누려야 할 권리라고 보는 원리이다.

> **대한민국 헌법**
>
> 제34조 1항: 모든 국민은 인간다운 생활을 할 권리를 가진다.
>
> 　　　2항: 국가는 사회 보장 · 사회 복지의 증진에 노력할 의무를 진다.

④ 국제 평화주의

세계 평화와 인류의 공동 번영을 위해 노력한다는 원리이다.

대한민국 헌법

제5조 1항: 대한민국은 국제 평화의 유지에 노력하고 침략적 전쟁을 부인한다.

제6조 1항: 헌법에 의하여 체결·공포된 조약과 일반적으로 승인된 국제 법규는 국내법과
같은 효력을 가진다.

⑤ 평화 통일의 원리

자유 민주적 기본 질서에 입각한 평화적 통일을 추구한다는 원리이다.

대한민국 헌법

제4조: 대한민국은 통일을 지향하며, 자유 민주적 기본 질서에 입각한 평화적 통일 정책
을 수립하고 이를 추진한다.

Tip 사회를 공부하면서 입헌주의(立憲主義)라는 단어를 많이 들어 봤지? 입헌주의는 국가 구성원
의 합의에 의하여 제정된 헌법에 따라 국가를 운영하려는 정치 사상을 의미해. 나라의 최고
법인 헌법을 철저히 준수하여 통치하고자 하는 사상이야.

주제 **2**

기본권 〔터 기 基, 근본 본 本, 권세 권 權〕

인간으로서 반드시 보장받아야 하는 기본적인 인권

마인드 맵

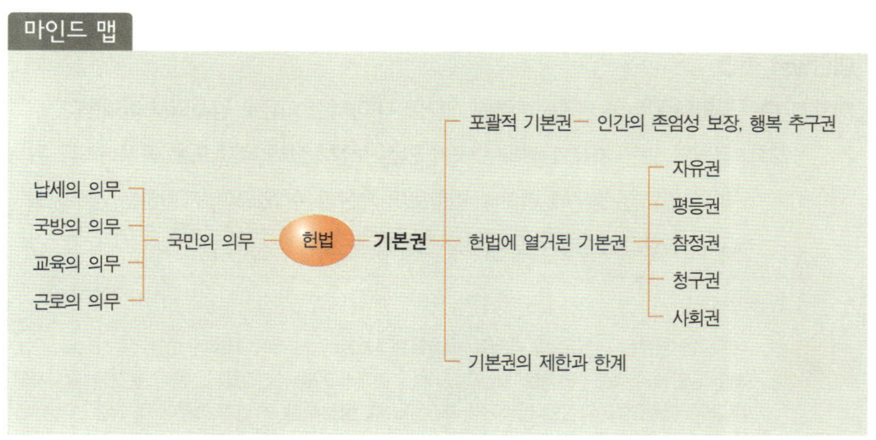

기본권은 천부 인권天賦人權 사상을 바탕으로 인간 존중이라는 가치를 구현하기 위하여 헌법에 규정하여 중요시되고 있는 국민의 당연한 권리이다.

대한민국 헌법

제10조: 모든 국민은 인간으로서의 존엄과 가치를 가지며, 행복을 추구할 권리를 가진다.
국가는 개인이 가지는 불가침의 기본적 인권을 확인하고 이를 보장할 의무를 진다.

대한민국 헌법에 명시되어 있는 기본권의 내용은 포괄적으로는 인간의 존엄성 보장과 행복 추구가 그 골자이며 자유권, 평등권, 참정권, 청구권, 사회권을 명시하고 있다.

■**자유권, 평등권, 참정권, 청구권, 사회권**: 각 용어를 참조하세요.

기본권의 제한과 한계

기본권은 반드시 보장받아야 하는 국민의 권리이다. 그러나 모든 경우에 기본권이 우선시될 수는 없으며 국가 안전 보장, 질서 유지, 공공복리公共福利를 위해서는 필요한 경우 최소한으로 개인의 기본권을 제한할 수도 있다. 즉 어떤 국가 권력도 국민의 기본권에 대한 자의적·임의적인 침해는 불가능하며, 개인의 권리를 제한하는 일은 부득이한 경우 최소한에 한하도록 정해 놓고 있다. 그러나 어떠한 경우라도 국민의 대표 기관인 국회에서 제정한 법률에 의해서만 가능하며, 기본권의 본질적인 내용은 침해받을 수 없다는 내용이 다음과 같이 헌법에 명시되어 있다.

> **대한민국 헌법**
>
> 제37조 1항: 국민의 자유와 권리는 헌법에 열거되지 아니한 이유로 경시되지 아니한다.
>
>   2항: 국민의 모든 자유와 권리는 국가 안전 보장·질서 유지 또는 공공복리를 위하여 필요한 경우에 한하여 법률로써 제한할 수 있으며, 제한하는 경우에도 자유와 권리의 본질적인 내용을 침해할 수 없다.

Tip 기본권과 관련된 내용은 법 조항을 이해하고 사례를 머릿속에 떠올려 보면 잘 이해될 거야. 예를 들면 음주 운전 단속을 개인의 자유권 침해라고 볼 수 있을까? 음주 운전은 당사자뿐 아니라 타인에게도 극심한 인명이나 재산 피해를 발생시킬 수 있기 때문에 음주 운전에 대한 처벌은 '도로 교통법'에 의해 정해져 있어. 이는 개인의 기본권을 질서 유지를 위한 목적으로 법률로써 제한하였으므로 정당한 기본권 제한이라고 볼 수 있어.

그 밖에 테러 등으로 인해 국가 안전이 위협받는 경우, 부동산 투기 등의 지나친 개인의 이익 추구로 인해 공공복리(공동체의 이익)를 저해하는 경우 개인의 기본권이 제한될 수 있단다.

자유권 〔스스로 자 自, 말미암을 유 由, 권세 권 權〕

개인의 자유로운 영역이 국가 권력의 침해, 간섭을 받지 않을 권리

마인드 맵

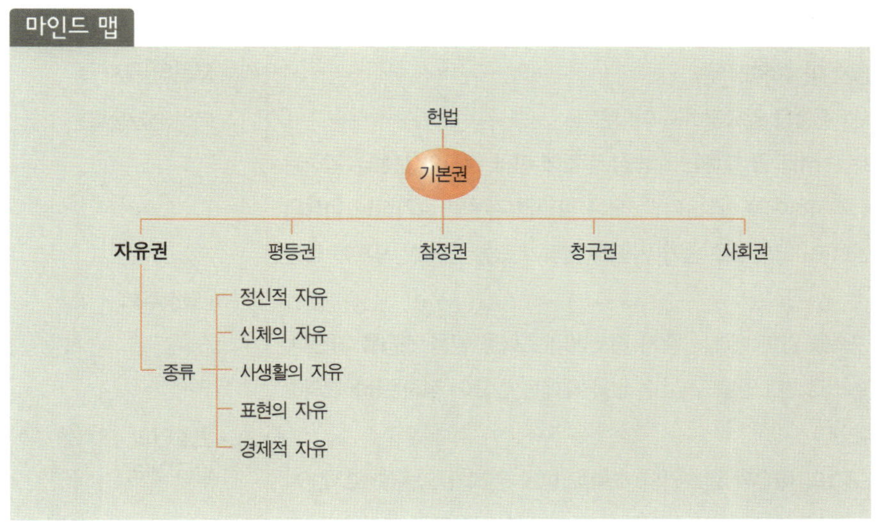

자유권은 기본권 중에서 가장 역사가 오래된 핵심적인 기본권이다. 근대 시민 혁명 당시에는 절대 군주, 즉 국가 권력으로부터 자유를 보장받는 것이 가장 중요한 목표였다. 자유권은 민중이 국가 권력에 대항하여 주장하였던 소극적이고 방어적인 성격을 지닌 기본권이다.

우리나라 헌법에서는 다양한 종류의 자유권을 규정하고 있다. 구체적으로는 정신적 자유, 신체의 자유, 거주 이전의 자유, 직업 선택의 자유, 사생활의 자유, 통신의 자유, 양심의 자유, 종교의 자유, 언론·출판의 자유, 학문·예술의 자유 등이다. 자유권은 그 내용이 헌법에 명시되어 있지 않은 자유권이라도 보장되어야 하는 포괄적인 권리에 해당한다. ▪

▪ 대한민국 헌법 제37조 1항에는 "국민의 자유와 권리는 헌법에 열거되지 아니한 이유로 경시되지 아니한다."라고 명시되어 있다.

신체의 자유

신체의 자유는 전제 정권하에 비일비재했던 부당한 체포나 감금, 혹독한 고문 등으로 인한 인권 침해를 당하지 않기 위하여 중요시되었던 기본권이다. 이와 관련하여 헌법에 구체적으로 제시되어 있는데 그 내용은 다음과 같다.

대한민국 헌법 제12조

1항: 모든 국민은 신체의 자유를 가진다. 누구든 법률에 의하지 아니하고는 체포·구속·압수·수색 또는 심문을 받지 아니하며, ——● 죄형 법정주의▪

법률과 적법한 절차에 의하지 아니하고는 처벌·보안 처분 또는 강제 노역을 받지 아니한다. ——● 적법 절차의 원리

2항: 모든 국민은 고문을 받지 아니하며, ——● 고문의 금지

형사상 자기에게 불리한 진술을 강요당하지 아니한다. ——● 묵비권(默秘權)

3항: 체포·구속·압수 또는 수색을 할 때에는 적법한 절차에 따라 검사의 신청에 의하여 법관이 발부한 영장을 제시하여야 한다. 다만, 현행 범인인 경우와 장기 3년 이상의 형에 해당하는 죄를 범하고 도피 또는 증거 인멸의 염려가 있을 때에는 사후에 영장을 청구할 수 있다. ——● 영장주의

4항: 누구든지 체포 또는 구속을 당한 때에는 즉시 변호인의 조력을 받을 권리를 가진다. 다만, 형사 피고인이 스스로 변호인을 구할 수 없을 때에는 법률이 정하는 바에 의하여 국가가 변호인을 붙인다. ——● 변호인의 조력을 받을 권리

5항: 누구든지 체포 또는 구속의 이유와 변호인의 조력을 받을 권리가 있음을 고지받지 아니하고는 체포 또는 구속을 당하지 아니한다. 체포 또는 구속을 당한 자의 가족 등 법률이 정하는 자에게는 그 이유와 일시·장소가 지체 없이 통지되어야 한다. ——● 체포·구속의 이유와 변호인의 조력을 받을 권리를 통지받을 권리 (미란다 원칙▪)

6항: 누구든지 체포 또는 구속을 당한 때에는 적부의 심사를 법원에 청구할 권리를 가진다. ——● 체포·구속 적부 심사제▪

7항: 피고인의 자백이 고문·폭행·협박·구속의 부당한 장기화 또는 기망 기타의 방법에 의하여 자의로 진술된 것이 아니라고 인정될 때 또는 정식 재판에 있어서 피고인의 자백이 그에게 불리한 유일한 증거일 때에는 이를 유죄의 증거로 삼거나 이를 이유로 처벌할 수 없다. ——● 자백의 증거 능력과 증명력의 제한

▪**죄형 법정주의**(罪刑法定主義): 법률이 없으면 범죄도 없고 형벌도 없다. 어떤 행위가 범죄로 처벌되려면 성문의 법률로 규정되어 있어야 한다. **죄형 법정주의**를 참조하세요.

▪**미란다**(Miranda) **원칙**: 피의자가 변호사를 선임할 수 있는 권리, 묵비권 행사의 권리를 충분히 고지받아야 하며 만일 이것이 체포 당시에 고지되지 않으면 자백이 증거로 채택되지 않는다는 원칙.

▪**체포·구속 적부 심사제**: 체포 또는 구속된 피의자가 체포·구속이 적법한지의 여부를 법원에 심사해 달라고 요청할 수 있는 제도.

대한민국 헌법 제13조

1항: 모든 국민은 행위 시의 법률에 의하여 범죄를 구성하지 아니하는 행위로 소추되지 아니하며, ·· 형벌 불소급의 원칙 ■

동일한 범죄에 대하여 거듭 처벌받지 아니한다. ·························· 일사부재리의 원칙 ■

3항: 모든 국민은 자기의 행위가 아닌 친족의 행위로 인하여 불이익한 처우를 받지 아니한다. ·························· 연좌제(緣坐制) 금지 (연대 책임 금지)

■ **형벌 불소급**(刑罰不遡及)**의 원칙**: 어떤 행위가 저질러진 그 시점에서의 법률만을 적용해야 한다는 원칙으로, 행위 시점보다 나중에 만들어진 법률로 인한 처벌은 인정하지 않는다.

■ **일사부재리**(一事不再理)**의 원칙**: 어떤 사건에 대해 확정 판결을 받은 이후에는 다시 재판받지 않는다는 원칙.

Tip 자유권은 헌법에 많은 내용이 명시되어 있지만, 헌법에 규정되어 있지 않더라도 보장받아야 하는 포괄적인 성격을 가진 기본권 중의 기본권임을 알고 있지? 본문에 설명된 모든 권리를 암기할 필요는 없겠지만 다른 4가지 기본권과 함께 사례를 통하여 구분할 수 있도록 공부하자. 또한 자유권은 항상 보장받아야 하는 것은 아니야. 인간의 존엄과 가치의 보장을 위하여, 사회 질서의 유지를 위하여 제한받을 수도 있는 권리이며, 다른 권리와 상충되는 경우(양심적 병역 거부의 사례: 병역 거부자의 양심의 자유와 병역 의무의 미이행으로 국가 안전이 저해되어 국민의 존엄성이 침해될 가능성의 충돌)도 종종 발생하니까 다양한 시사 자료를 접해 보는 것도 중요해!

주제 **4**

평등권 〔평등할 평 平, 등급 등 等, 권세 권 權〕

국가로부터 차별을 받지 않고, 평등한 대우를 요구할 수 있는 권리

마인드 맵

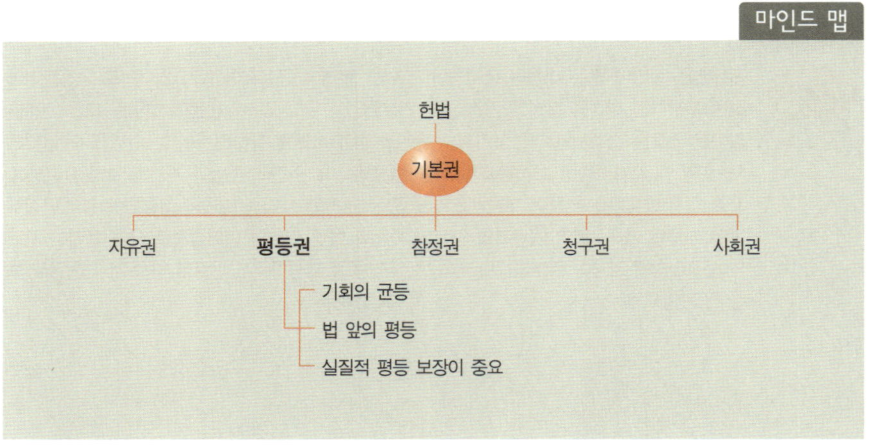

평등권은 자유권과 더불어 중요시되어 온 본질적인 기본권으로 불합리한 차별을 받지 않도록 하는 권리를 의미한다. 근대 이전의 대부분의 사회는 불평등한 계급 사회였다. 피지배 계급은 납세와 병역 등의 무거운 의무를 지녔으며 일부는 노예와 같은 불합리한 처지에 놓여 있었다. 이에 평민 계급은 모든 인간이 동등하게 태어났다고 주장하며 불평등한 계급 사회를 타파하고자 시민 혁명을 일으키게 되었으며, 혁명 이후에는 점진적으로 평등한 사회로 발전하게 되었다.

평등권은 대한민국 헌법의 기본 원리 중의 하나로 인간의 존엄성을 실현하기 위한 본질적인 기본권이다.

대한민국 헌법

제11조 1항: 모든 국민은 법 앞에 평등하다. 누구든지 성별·종교 또는 사회적 신분에 의하여 정치적·경제적·사회적·문화적 생활의 모든 영역에 있어서 차별을 받지 아니한다.

우리 헌법에서 규정하고 있는 평등권의 내용은 차별 대우의 금지, 사회적 특수 계급 제도의 금지, 특권 제도의 금지, 교육의 기회 균등, 여성 근로자의 차별 금지, 혼인과 가족 생활의 남녀 평등, 선거에 있어서의 평등, 경제 질서의 사회적 평등, 지역 간 균형 있는 발전 등이다.

오늘날 평등권의 개념은 차이를 고려하지 않는 기존의 '형식적 평등'에서 한발 더 나아가, 사회적 약자에 대한 배려를 중요시하는 '실질적 평등'으로 그 내용이 발전하고 있다.

불합리적 차별의 예	합리적 차별의 예
– 동일한 업무 수행 능력을 가진 두 사람 중에서 남자를 우선적으로 선발함(성별에 따른 차별) – 이슬람 신자에게만 선거권을 주지 않음(종교에 따른 차별) – 저소득층, 노동자에게 백화점 입장을 금지함(사회적 신분에 따른 차별)	– 여성에게만 생리 휴가를 줌(남녀 신체 구조의 차이에 따른 구별) – 공무원 시험에 합격한 자를 공무원으로 임용함(시험 성적에 따른 구별) – 소득이 높은 사람에게 높은 세율을 부과하는 누진세 제도를 실시함(분배적 정의의 실현)

Tip 평등권은 자유권과 같이 기본권 중에서 가장 오래된 기본권에 해당하고, 민주주의의 기본 이념에도 해당되는 중요한 가치야. 평등이라는 가치와 관련하여 요즈음의 화두는 어떻게 실질적 평등을 실현시킬 수 있을 것인가 하는 거야. 다양한 사례를 참고하면서 차이에 의한 합리적 차별(구별)인지, 이유 없는 부당한 차별인지 잘 구분해 보도록 하자.

주제 **5**

참정권 〔참여할 참 參, 정사 정 政, 권세 권 權〕

국민이 국가의 정치에 참여할 수 있는 권리

마인드 맵

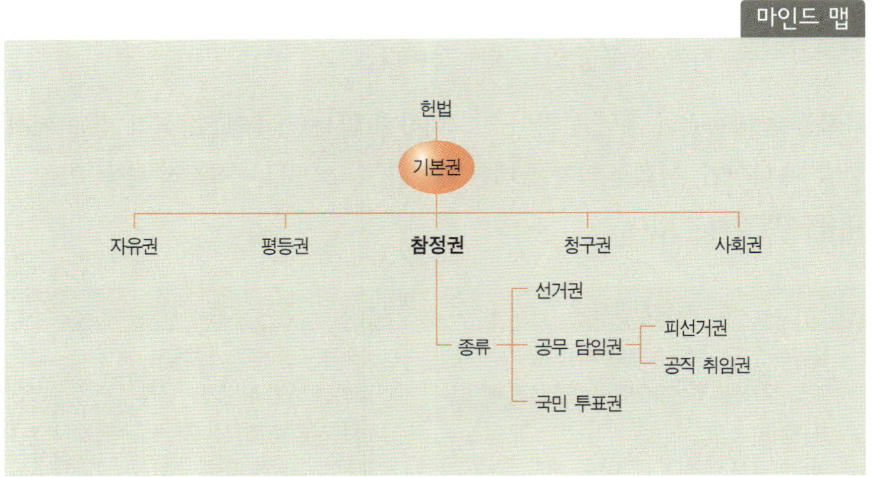

    대한민국 헌법 제1조 2항에는 대한민국의 주권은 국민에게 있다고 명시하고 있다. 따라서 모든 국민은 정치에 참여할 수 있도록 헌법에 규정하고 있는데 국민이 직접적·간접적으로 정치에 참여할 수 있는 권리가 참정권이다.

    참정권의 종류에는 크게 선거권, 공무 담임권, 국민 투표권이 있다.

선거권

대한민국 헌법
제24조: 모든 국민은 법률이 정하는 바에 의하여 선거권을 가진다.

    국민이 대통령, 국회 의원, 지방 자치 단체장 등 국가 기관의 구성원을 선출하는 권리이다. 우리나라에서 선거권은 현재 만 19세 이상의 모든 국민에게

보장된다.

공무 담임권

> **대한민국 헌법**
>
> 제25조: 모든 국민은 법률이 정하는 바에 의하여 공무 담임권을 가진다.

　국민이 직접 공직에 취임할 수 있는 권리로, 선거에 후보로 출마할 수 있는 피被선거권과 공무원에 임명될 수 있는 공직 취임권을 포괄하는 권리이다. 피선거권에는 제한이 있는데 대통령이나 국회 의원 선거에 출마하려면 일정한 나이, 즉 대통령은 만 40세 이상, 국회 의원은 만 25세 이상이 되어야 한다. 만약 금치산 선고■를 받았거나 선거법 위반자, 금고■ 이상의 형을 선고받은 자 등은 피선거권을 가질 수 없다.

국민 투표권

국민 투표는 대의제 민주주의 국가에서 찾아볼 수 있는 직접 민주주의 요소에 해당하는데 국민이 직접 국가의 중대한 의사 결정에 의견을 표명할 수 있기 때문이다. 우리나라 국민은 대통령이 국가 중요 정책에 대한 발의를 한 경우와 개헌안에 대한 국민 투표권을 가진다.

Tip 모든 국민에게는 참정권이 있고, 특히 선거권의 행사는 국민의 중요한 권리야. 과거에 선거권은 일부 부유한 시민, 귀족에게만 주어지기도 했는데 끊임없는 투쟁의 결과로 빈민, 여성을 포함한 모든 국민에게까지 선거권이 확대되었단다. 우리는 정치 참여의 중요성을 잘 인식하고 선거에 적극 참여해야 해.

■**금치산 선고**(禁治産宣告): 정신적인 장애가 있어 판단 능력이 결여되는 사람의 경우 이로 인한 재산 낭비 등을 막기 위해 가족의 청구가 있을 때 가정 법원에서 내릴 수 있는 선고.

■**금고**(禁錮): 자유를 박탈하는 형벌의 하나로 교도소에 수감되지만 징역과는 달리 노역을 시키지 않는다.

주제 **6**

청구권 〔청할 청 請, 구할 구 求, 권세 권 權〕

국민이 국가에 대해 일정한 행위를 요구할 수 있는 권리

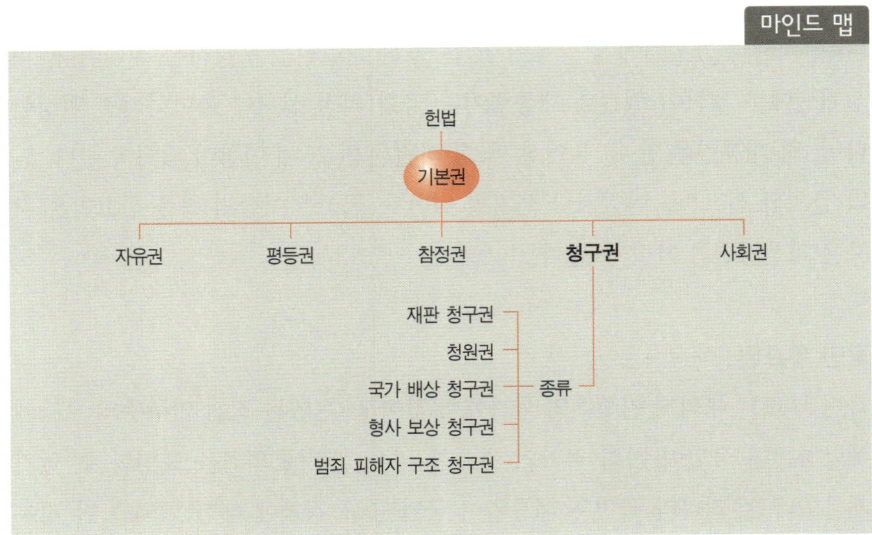

청구권은 다른 기본권을 보장하기 위한 수단적 성격의 기본권으로, 기본권을 침해받았을 때 이를 구제받기 위한 권리이다. 즉, 청구권은 '기본권 보장을 위한 기본권'이라고도 한다. 헌법에 명시된 청구권에는 다음 다섯 가지가 있다.

재판 청구권

국민은 독립된 법원에서 신분이 보장된 법관에 의하여 적법한 절차에 따라 공정한 재판을 받을 권리를 가진다.

청원권

국민은 공권력에 의한 피해의 구제, 공무원 비리 시정, 공무원에 대한 징계나 처벌 요구, 법률·명령·규칙의 제정·개정·폐지, 공공의 제도·시설의 운영, 그 밖의 공공 기관의 권한에 속하는 사항에 대하여 국가 기관에 문서로 청원할 권리를 가진다. 예를 들면 국회에 특정한 법률의 제정·개정을 요구하는 입법 청원이 이에 속한다.

국가 배상 청구권

공무원이 직무상의 불법 행위 또는 공공시설 등의 설치·관리 하자로 말미암아 국민에게 손해를 입혔을 경우에 국민이 국가나 지방 자치 단체 등에 배상을 청구할 수 있는데, 국가의 잘못을 적극적으로 인정하고 이를 보상하고자 하는 제도이다. 예를 들면 공항 근처 주민들의 항공기 소음 피해, 군 사격장 소음 피해에 대한 배상 청구 등이 이에 속한다.

형사 보상 청구권

형사 피의자·피고인으로 구금되었으나 불기소 처분이나 무죄로 판결이 난 경우에 구속 기간 동안 입은 물질적·정신적 손해의 보상을 청구할 수 있는 권리이다. 국가에 의한 국민의 신체 자유권, 재산권 등의 침해를 적극적으로 보상하는 제도이나 국가 배상 청구권과는 달리 국가의 과실은 인정하지 않는다. 참고로 구금에 대한 형사 보상금은 1일 5,000원 이상이며, 대통령령에 의해 상한이 정해지는데 현재 '최저 임금의 5배'로 정해져 있다. 또한 사형 집행, 벌금, 몰수 등으로 인한 재산상의 손실도 보상하도록 되어 있다.

범죄 피해자 구조 청구권

타인의 범죄 행위에 의해 생명이나 신체에 일정한 피해사망이나 심각한 장애를 입은 국민이나 유족이 범죄자로부터 충분한 피해 배상을 받지 못한 경우, 국가로부터 구조를 받을 수 있는 권리이다. 구조의 범위는 대한민국의 영역 안대한민국 영역 밖의 항공기, 선박도 해당에서의 범죄 행위에 국한되며 유족 구조금과 장해 구조금으로 구분된다.

청구권적 기본권의 핵심은 다른 기본권의 보장을 위한 수단적 성격이 강하다는 거야. 법은 '잠자는 자의 권리를 보장하지 않는다'라는 말이 있듯이, 우리의 권리가 침해되고 손해를 입은 경우 국가에 무엇인가를 적극적으로 요구하여 일정한 보상을 받아야 하겠지? 스스로의 권리 보호를 위해 헌법에서 보장된 다섯 가지 청구권에 대해 명심해 두도록 하자.

주제 **7**

사회권 〔모일 사 社, 모을 회 會, 권세 권 權〕

국민이 국가에 대해 인간다운 생활의 보장을 요구할 수 있는 권리

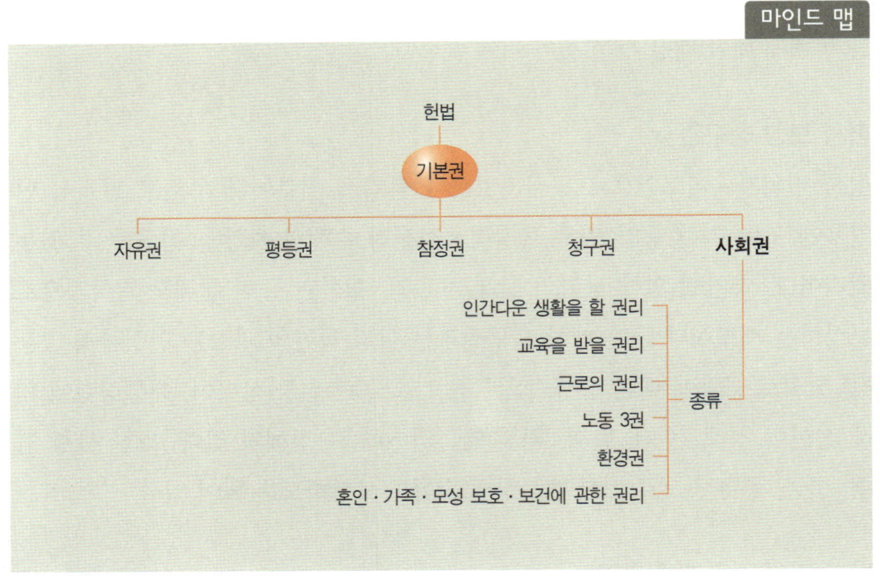

　사회권은 현대 복지 국가에서 중요시되고 있는 권리로, 고전적 기본권인 자유권과 평등권보다 늦게 등장하였다. 사회권은 역사적으로 제1차 세계 대전 후 독일의 바이마르 헌법에 최초로 규정되어 있는 권리로, 국민이 실질적 평등과 분배 정의의 실현을 국가에 요구할 수 있는 적극적인 권리이다. 생존권적 기본권의 성격을 지니며 '생활권'이라고도 한다.

　대한민국 헌법에 보장된 사회권적 기본권은 인간다운 생활을 할 권리, 교육을 받을 권리, 근로의 권리, 노동 3권, 쾌적한 환경에서 살아갈 권리인 환경권, 혼인 · 가족 · 모성 보호 · 보건에 관한 권리 등이 있다.

대한민국 헌법

제31조 1항: 모든 국민은 능력에 따라 균등하게 교육을 받을 권리를 가진다.

제32조 1항: 모든 국민은 근로의 권리를 가진다.(후략)

제33조 1항: 근로자는 근로 조건의 향상을 위하여 자주적인 단결권·단체 교섭권 및 단체
　　　　　　행동권을 가진다.

제34조 1항: 모든 국민은 인간다운 생활을 할 권리를 가진다.

　　　　2항: 국가는 사회 보장·사회 복지의 증진에 노력할 의무를 진다.

　　　　3항: 국가는 여자의 복지와 권익의 향상을 위하여 노력하여야 한다.

　　　　4항: 국가는 노인과 청소년의 복지 향상을 위한 정책을 실시할 의무를 진다.

제35조 1항: 모든 국민은 건강하고 쾌적한 환경에서 생활할 권리를 가지며, 국가와 국민
　　　　　　은 환경 보전을 위하여 노력하여야 한다.

인간다운 생활을 할 권리

인간의 존엄성이 유지될 수 있도록 국가에 최소한의 물질적인 급부給付를 청구
할 수 있는 권리로, 생활 무능력자의 생활 보호 청구권과 국가의 재해 예방 및
보호 의무 등을 의미한다.

교육을 받을 권리

대한민국 헌법 제31조에서는 능력에 따라 균등하게 교육을 받을 권리를 규정
하고 부모에게는 자녀를 교육받게 할 의무가 있다고 명시하고 있다. 교육권에
서의 '교육'은 학교 교육을 넘어서 사회 교육을 포괄하는 개념으로 평생을 통
해 이루어지는 교육을 의미한다.

근로의 권리

모든 국민은 근로의 권리와 근로의 의무를 진다대한민국 헌법 제32조. 국민은 자신
의 의사와 능력에 따라 자율적으로 근로를 할 수 있어야 한다. 국가는 국민에
게 적극적으로 근로의 기회를 제공해 주어야 하며 인간다운 근로 조건이 보장
되도록 해야 한다.

노동 3권(단결권, 단체 교섭권, 단체 행동권)

생산 수단을 가지고 있지 못한 근로자들이 근로 조건의 향상과 인간다운 생활을 확보하기 위하여 행사할 수 있는 권리로 단결권, 단체 교섭권, 단체 행동권이 있다.

'단결권'은 근로 조건의 개선, 임금 인상을 위하여 노동자들이 노동조합 등을 결성할 수 있는 권리이고, '단체 교섭권'은 근로 조건과 관련된 내용 등을 노동자들이 조직한 단체를 통하여 사용자와 협상할 수 있는 권리이며, '단체 행동권'은 노동자가 사용자에게 요구 조건을 관철시키기 위해 집단적으로 시위 행동, 즉 파업과 같은 단체 쟁의를 할 수 있는 권리이다.

권력 분립 〔권세 권 權, 힘 력 力, 나눌 분 分, 설 립 立〕
separation of powers

국가 권력을 여러 기관에 나누고 각 기관이 상호 견제함으로써 권력의 균형을 이루고자 도입된 정치 원리

마인드 맵

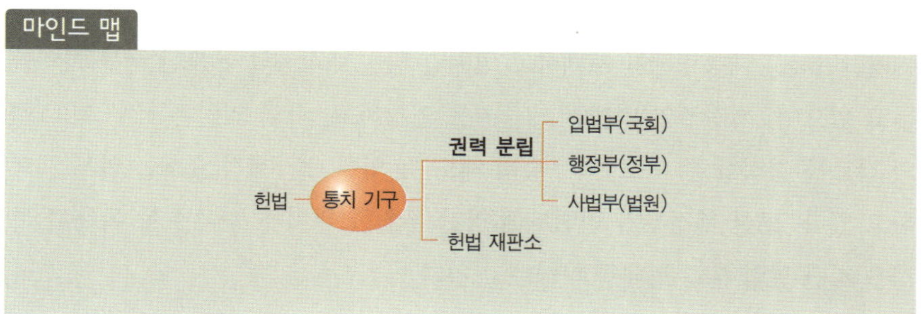

　권력 분립은 국가의 권력을 나눔으로써 독재 권력의 출현을 막고 국민의 자유와 권리를 적극적으로 보장하고자 하는 정치 원리이다. 영국의 로크에 의하여 주창된 입법권·집행권의 2권 분립론이 18세기 초 프랑스의 몽테스키외에 의하여 입법부의회·행정부정부 또는 내각·사법부법원의 3권 분립주의로 발전되었다. 오늘날에는 흔히 국가 권력이 3권으로 분립되기 때문에 '3권 분립'이라고도 한다. 삼권 분립을 충실하게 도입하고 있는 나라는 대통령제를 도입한 미국이며, 영국의 의원 내각제는 입법부와 행정부가 융합된 형태에 가깝다고 볼 수 있다.

대한민국 권력 분립 제도의 특징

대한민국 또한 입법부·행정부·사법부의 삼권 분립 제도를 헌법에 도입하고 있다. 이들 세 기관은 권력 분립의 원리에 따라 나누어 각각 독자적인 역할을 수행하고 있으며, 권력의 비대화를 막기 위하여 서로 간에 견제 수단을 마련

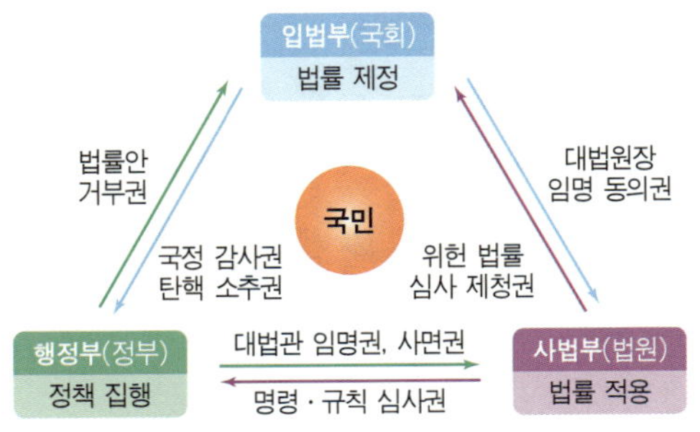

▲ 국가 기관 상호 간의 견제와 균형

해 두고 있다.

　대한민국은 대통령제를 채택하고 있지만 의원 내각제와 유사한 국무 회의를 두고 있으며, 행정부의 법률안 제출권을 인정하고, 국회 의원은 국무 회의내각의 각료를 겸직할 수 있고, 국무총리 제도 등 의원 내각제적 요소를 일부 채택하고 있다. 또한 행정부가 입법부에 약간 우월한 위치에 놓이는 등 독특한 특징을 지닌 권력 분립 형태를 나타내고 있다.

국회(입법부)

〔나라 국 國, 모을 회 會〕
National Assembly

국민이 선출한 국회 의원으로 구성된 국민의 대표 기관이며
법률을 제정하는 입법 기관

마인드 맵

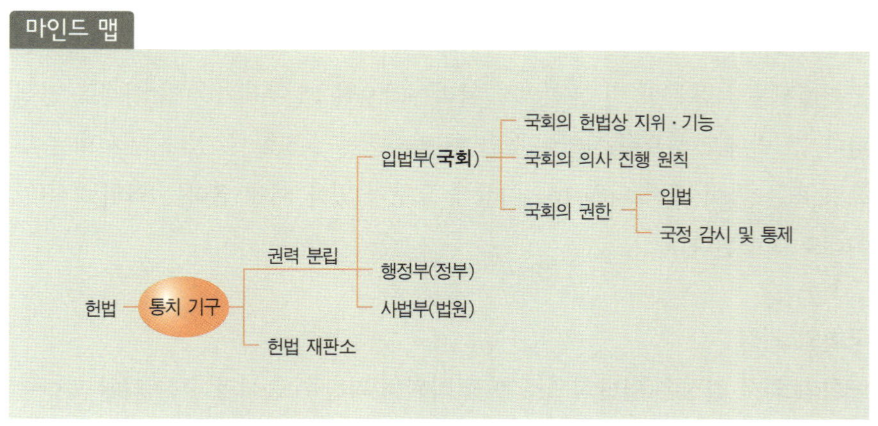

국회는 국민이 선출한 국회 의원으로 구성된 국민의 대표 기관
이며, 국회 의원들이 법률을 제정하는 입법 기관이다. 또한 국회
는 국가의 예산을 결정하는 예산 기관이며, 국민을 대표하여 행정
부·사법부 등 다른 국가 기관의 권한을 감시하고 비판하는 국정 통제 기관
등의 기능을 수행한다.

국회의 구성

국회는 각 지역구에서 선출된 지역 대표와 각 정당의 득표율에 의해 선출된
비례 대표로 구성된다. 국회는 의장 1인과 부의장 2인이 의사 진행을 주관하
며, 국회 내에는 의사 진행을 원활히 진행하기 위한 교섭 단체국회 의원 20인 이상인
정당가 있다. 국회 의원은 상임 위원회의 구성원이 되는데, 상임 위원회는 국회

에서 각 전문 분야국방·환경·여성·통일·교육 과학 기술 등에 따라 구성된 상설 기구로 제출된 법률안의 일차적인 심사를 담당하여 의사 진행에 효율성을 기하기 위한 기구이다.

국회의 회의

국회에서는 1년에 한 번 본회의가 열리는데 9월 1일부터 100일 이내로 진행된다. 그 밖에도 중요한 사안이 있을 때 임시회를 소집할 수 있다. 임시회는 대통령 또는 국회 재적 의원 1/4 이상의 요구가 있을 때에 열리는 회의로 30일 이내로 진행된다.

국회의 의결

국회의 의사 결정은 일반적으로 재적 의원의 과반수 출석과 출석 의원 과반수의 찬성으로 이루어지는데, 헌법이나 법률이 정하는 경우에는 의결 정족수를 달리한다. 이를 특별 의결 정족수라고 하는데 헌법 개정안 의결, 국회 의원 제명, 대통령 탄핵 소추 의결과 같은 중요한 사안의 경우에는 국회 재적 의원의 2/3 이상이 찬성하여야 통과된다. 국무총리나 국무 위원의 해임 건의, 국무총리 등의 탄핵 소추 의결, 계엄 해제 요구는 국회 재적 의원의 과반수 찬성으로 의결된다. 또한 대통령이 거부한 법률안을 다시 의결할 때에는 국회 재적 의원의 과반수 출석과 출석 의원 2/3 이상의 찬성이 필요하다.

국회의 의사 진행 원칙

국회의 의사 진행 절차에는 원칙이 있는데, 첫째는 의사 공개의 원칙이다. 이는 정책 결정 과정의 민주성을 확보하기 위하여 회의 과정을 일반에 공개해야 한다는 원칙이다. 둘째는 회기 계속의 원칙으로 회기 중에 의결되지 못한 의안은 다음 회기로 넘어가 심의할 수 있다는 원칙이다. 셋째는 일사부재의—事不

再議의 원칙으로 일단 부결된 안건은 동일 회기 내에서 다시 발의하지 못한다는 원칙이다. 이는 회의의 의사 진행 방해를 막기 위한 것이다.

국회의 입법 기능

국회의 가장 중요한 역할은 입법 활동이라고 볼 수 있다. 국회는 국민의 의사와 요구를 수용하여 법률안을 제출하고, 제출된 법률안을 심의 · 의결하고, 대통령의 승인을 거쳐 확정하는 역할을 담당한다. 의사 결정 과정에서의 자유로운 대화와 타협, 다수결의 원칙과 소수 의견 존중, 비판적인 토론 과정은 민주적인 국회에서 지켜져야 할 원칙들이다. 또한 국회는 헌법 개정안을 제출 · 의결하며, 국제적인 조약의 체결 · 비준에 대한 동의권을 행사한다.

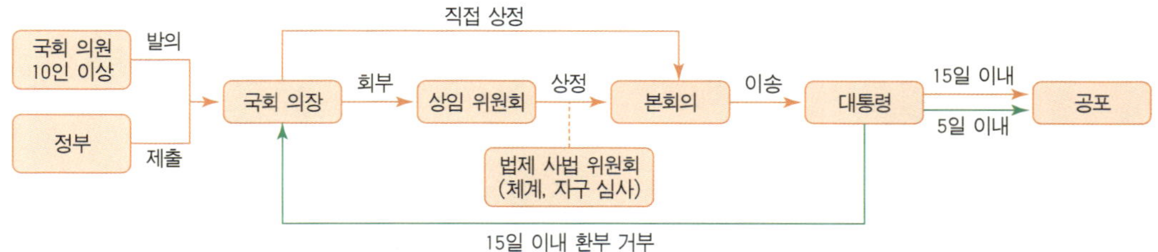

▲ 국회의 입법 절차

국회의 국정 감시 및 통제 권한

국회는 정부 활동에 대한 감시, 통제 권한을 가진다. 국회는 국가의 예산안을 심의하고 확정함으로써 행정부에 의해 국가 재정이 자의적으로 집행되는 것을 막는다. 국회는 헌법 기관을 구성할 때에도 중요한 역할을 가지는데, 국무총리, 감사원장, 대법원장, 대법관, 헌법 재판소장에 대한 임명 동의권과 헌법 재판관 3인, 중앙 선거 관리 위원 3인의 임명권이 국회에 있다. 또 정기 국회 기간 중에는 국정 감사를 통해 정부를 통제할 수 있는 권한이 있으며, 대통령 및 고위 공무원의 위법한 직무 행위에 대한 탄핵 소추 의결권을 가진다.

Tip 행정 국가화 현상, 혹은 의회제의 위기에 대해 들어 봤니? 앞에서 살펴봤듯이 법률의 제정은 의회의 기본적인 권한이라고 할 수 있어. 그런데 근래에 들어 우리나라에서는 정부에서 제출하는 법률안의 비중이 높아지고 있다는 통계가 있어. 즉, 국민의 대표가 아닌 행정 관료의 영향력이 커지고 의회의 기능이 약화되고 있다는 거야. 이러한 현상을 '의회제의 위기', '행정 국가화 현상' 이라고 한단다.

행정부(정부) 〔행할 행 行, 정사 정 政, 관청 부 府〕

법률을 집행하고 여러 가지 정책을 세우고 실행하는 국가 작용인 행정 작용을 담당하는 국가 기관

마인드 맵

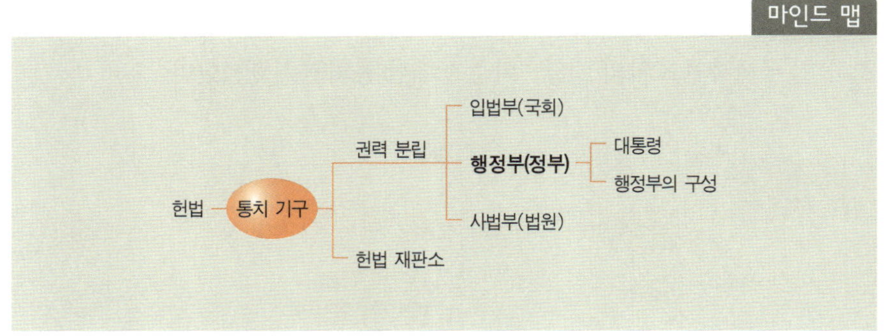

▲ 정부 로고

'행정'은 법률을 집행하고 정책을 세우고 실행함으로써 국가의 목적을 실현하는 국가 작용이며, '행정부'는 그 국가 작용을 담당하는 기관이다. 우리나라의 행정부는 대통령을 수장으로 하며, 국무총리, 국무 회의, 행정 각부의 장, 감사원, 각종 대통령 자문 기구 등으로 구성된다.

대통령의 지위와 권한

대통령은 국가의 원수元首이면서 행정부의 수장이라는 두 가지 지위를 동시에 지닌다. 대통령은 국가 원수로서 대외적으로 국가의 대표이며, 국가의 독립·영토의 보존, 국가의 계속성과 헌법을 수호할 책임이 있는 국가와 헌법의 수호자, 국가의 기능을 효율적으로 유지하고 국론을 통일할 의무가 있는 국정 통합의 조정자, 헌법 기관의 구성자로서의 지위를 가지며 그에 따른 권한은 다음과 같다.

대통령의 지위	각 지위에 따른 권한
대외적 국가의 대표	조약의 체결 · 비준권, 외교 사절의 신임 · 접수 또는 파견권, 선전 포고와 강화권, 외국 승인권 등
국가와 헌법의 수호자	긴급 명령권, 긴급 재정 · 경제 처분 및 명령권, 계엄 선포권, 위헌 정당 해산 제소권
국정 통합의 조정자	입법 · 행정 · 사법 중재권, 국회 임시회 집회 요구권, 국회 출석 발언 및 의견 표시권, 법률안 거부권, 사면 · 감형 · 복권권, 헌법 개정안 제안권, 국민 투표 부의권, 영전 수여권 등
헌법 기관의 구성자	– 대법원장, 국무총리, 감사원장, 헌법 재판소장 임명권(국회 동의 필요) – 대법원장의 제청과 국회의 동의 거쳐 대법관 임명권 – 헌법 재판소 재판관 3인, 중앙 선거 관리 위원 3인 임명권

또한 대통령은 행정부 수반으로서 행정부의 지휘 감독권, 국군 통수권, 공무원 임면권■, 대통령령 발포권을 가지고 있다.

한편 대통령의 권한 행사 방식은 모두 문서로 행하여지는데문서주의, 문서에는 국무총리와 국무 위원의 부서■가 포함되도록 한다.

■**임면권**(任免權): 직무를 맡기거나 그만두게 할 수 있는 권한, 즉 임명하거나 해임할 수 있는 권한.

■**부서**(副署): 법령이나 대통령의 국무에 관한 문서에 국무총리와 관계 국무 위원이 함께 하는 서명.

> **Tip** 대통령의 권한 중에서 종종 뉴스에 등장하는 사면권에 대해 알아볼까? 사면(赦免)이란 형벌을 면제한다는 뜻이야. 사면의 종류에는 일반 사면과 특별 사면의 두 가지가 있다는 것도 알아 두자. 일반 사면은 범죄의 종류를 정하여 사면해 주는 것이고, 특별 사면은 특정인에 대한 형 집행의 면제를 의미해. 한편으로 대통령의 사면권 남발은 준법 의식을 약화시키고, 권력 분립의 의미를 약화시키는 부작용이 있으므로 신중해야겠지?

행정부의 구성

① 국무총리

대통령이 국회의 동의재적 과반수 출석, 출석 의원 과반수 찬성를 얻어 임명한다. 국무총리는 국정의 제2인자 역할을 담당하고, 국무 위원의 임명 제청 · 해임 건의권을 가지며, 국무총리령을 발포할 수 있다.

② 국무 회의

행정부 주요 정책의 최고 심의 기관헌법상 필수 기관으로 대통령, 국무총리, 국무 위원15~30인으로 구성된다.

③ 행정 각부의 장

국무 위원 중에서 국무총리의 제청을 받아 대통령이 임명한다.

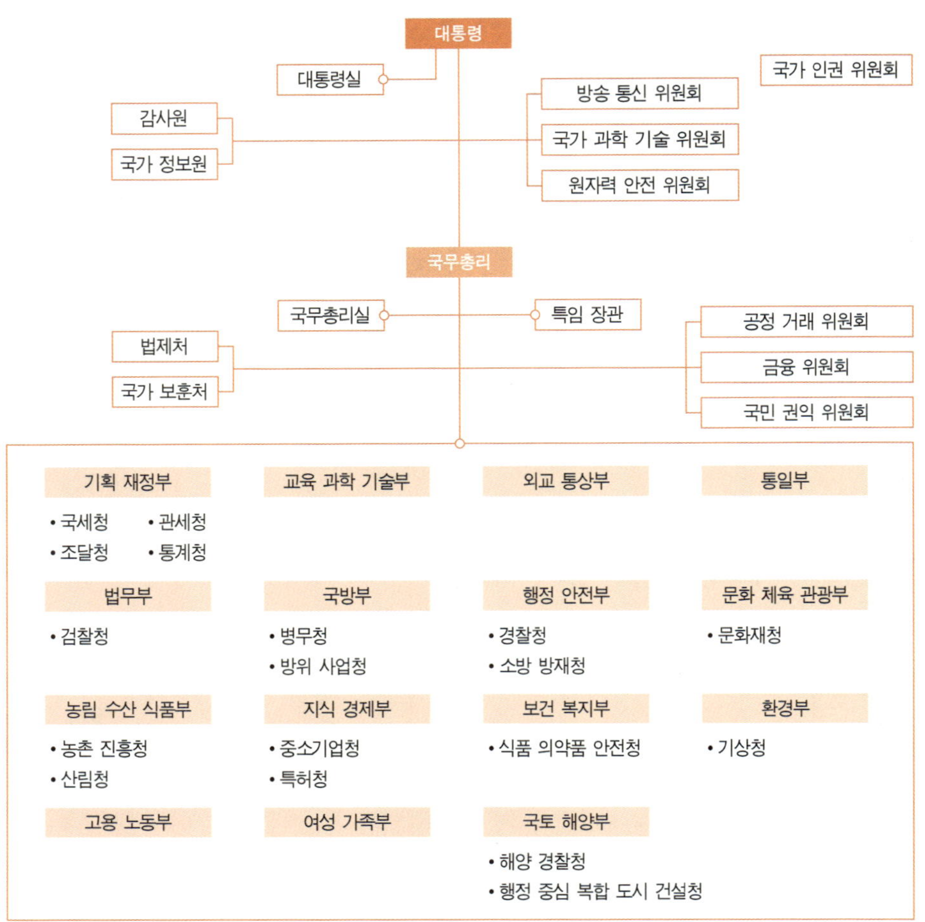

▲ **우리나라의 정부 조직도**(2011년 12월 31일 현재)

④ 감사원

행정부의 최고 감사 기관으로 대통령 직속의 헌법상 필수 기관이다. 국가의 세입·세출을 결산하고, 국가 및 법률이 정한 단체에 대한 회계 검사권, 행정 기관 및 공무원에 대한 직무 감찰권을 가진다.

사법부(법원) 〔맡을 사 司, 법 법 法, 관청 부 府〕

어떤 문제에 대해 법을 적용하여 적법한지 위법한지 권리관계를 판단함으로써 법질서를 유지하려는 국가의 통치 기능을 행사하는 기관

마인드 맵

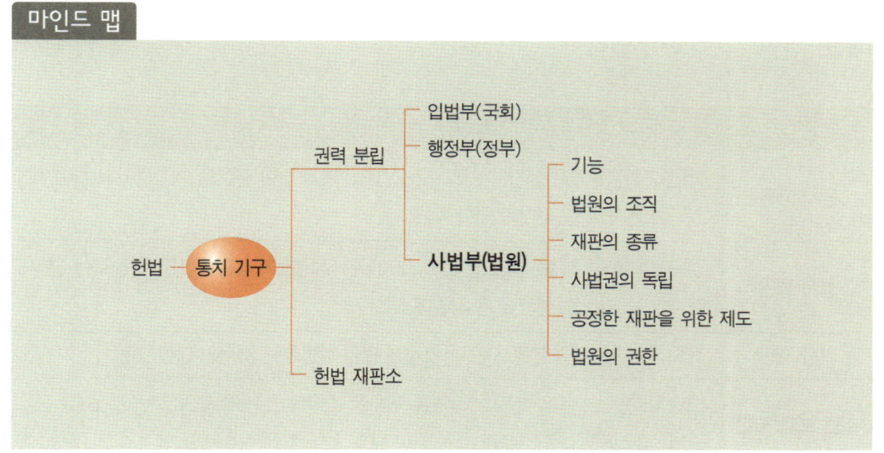

사법司法은 법을 적용하는 국가 작용으로 법을 수호하고 질서를 유지함으로써 국가와 국민의 이익을 보호해 주는 중요한 역할을 담당한다.

우리나라의 사법부인 법원은 법관으로 구성되고 소송 절차에 따라 사법권을 행사하는 것을 직무로 하는 국가 기관이다.

▲ 대법원 로고

법원의 조직

헌법은 대법원과 각급 법원의 조직에 관하여 상세한 것은 법률에 위임하고 있다. 이에 따라 대법원 외에 각급 법원을 고등 법원, 특허 법원, 지방 법원, 가정

법원, 행정 법원으로 나누고 있다.

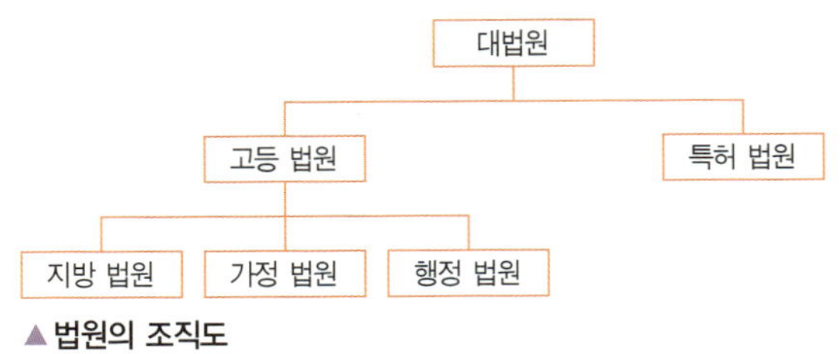

▲ 법원의 조직도

재판의 종류

법원에서 하는 재판은 사건의 성질에 따라 민사民事 재판, 형사刑事 재판, 행정 재판, 선거 재판 등이 있다.

종류	내용
민사 재판	국민의 사생활에서 생기는 권리 또는 법률관계에 대한 분쟁을 해결하기 위하여 제기되는 민사 소송 사건에 대한 재판
형사 재판	검사에 의하여 기소된 피고인에 대하여 유·무죄를 가리고, 유죄로 인정되는 경우에 형벌을 과하는 형사 소송 사건에 대한 재판
가사 재판	가족 및 친족 간의 분쟁 사건과 가정에 관한 일반적인 사건에 대한 재판
소년 보호 재판	19세 미만의 소년이 범죄나 비행을 저지른 경우에 소년의 환경을 변화시키고, 소년의 성품과 행동을 바르게 하기 위한 보호 처분을 행하는 재판
가정 보호 재판	일정한 가정 구성원 사이의 가정 폭력 사건 등에 대하여 그 환경의 조정과 성품과 행실의 교정에 관한 보호 처분을 행하는 재판
행정 재판	행정 소송 절차를 통하여 행정청의 위법한 처분이나 그 밖에 공권력의 행사·불행사 등으로 인한 국민의 권리 또는 이익의 침해를 구제하고, 공법상의 권리관계 또는 법 적용에 관한 다툼을 적정하게 해결함을 목적으로 하는 재판
선거 재판	선거 무효와 당선 무효를 다루는 선거 소송 사건에 대한 재판

사법권의 독립

법은 국민의 기본권 보장을 목적으로 하며, 기본권의 침해를 막기 위해 최대한 공정하게 적용되어야 한다. 그러므로 법의 적용 과정에서 법관은 외압이나 간섭을 받지 않아야 하며, 자신의 양심에 따라 독립적으로 심판할 수 있어야 하는데 이를 사법권의 독립이라고 한다. 사법권의 독립은 재판의 독립이고, 이것은 재판 과정에서 나타날 수 있는 입법부·행정부 등 다른 권력 기관의 영향을 배제하고 독립된 법원이 법과 양심에 따라 공정하고 정당한 재판을 할 수 있도록 하려는 것이다.

공정한 재판을 위한 제도

사법부는 민주적 재판을 위해 공개 재판주의와 증거 재판주의의 원칙을 준수하는 한편, 공정한 재판을 위해 심급 제도와 상소 제도를 두고 있다.

① 공개 재판주의

재판의 심리와 판결을 제3자에게 공개함으로써 국민의 기본권을 보호하고 질서를 유지하기 위한 것인데, 예외적으로 국가 안전 보장, 선량한 풍속 등을 해할 염려가 있을 경우에 법원의 결정으로 비공개가 가능하다.

② 증거 재판주의

재판의 객관성과 공정성을 확보하기 위하여 재판에서 사실의 인정은 증거에 의해 뒷받침되도록 하는 것이다.

③ 심급 제도

소송 절차를 신중하게 함으로써 공정한 재판을 확보하기 위해, 심급이 다른 법원에서 여러 번 재판을 받을 수 있도록 하는 제도를 의미한다. 이것은 소송 절차에 신중을 기해 공정한 재판을 확보하기 위한 것으로, 우리나라 재판 제도는 원칙적으로 한 사건에 대해서 세 번까지 재판할 수 있는 3심제를 채택하고 있다.

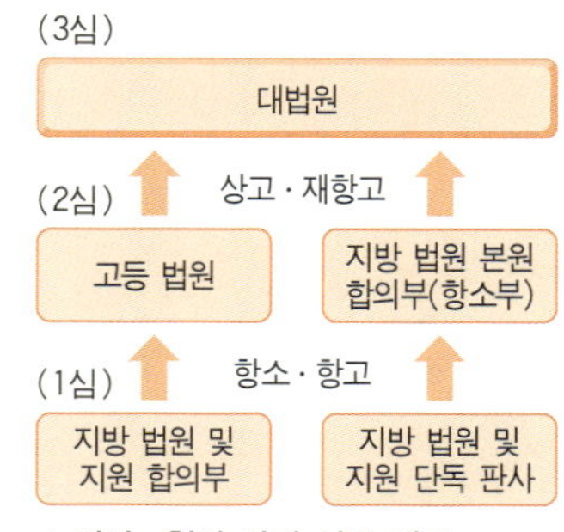

▲ 민사·형사 사건 심급 제도

④ 상소 제도

하급 법원의 판결에 불복하는 사람이 상급 법원에 다시 재판을 청구할 수 있도록 하는 제도로 항소, 상고, 항고가 있다. 항소와 상고는 판결에 불복하여 청구하는 경우인데, '항소'는 하급 법원에서 받은 제1심의 판결에 대해 불복할 때 상급 법원에 제2심을 청구하는 것이고, '상고'는 제2심의 판결에 불복하여 제3심을 청구하는 것이다. '항고'는 판결이 아닌 법원의 결정이나 명령에 불복하는 경우에 상급 법원에 취소나 변경을 청구하는 상소 방법이다.

법원의 권한

법원의 가장 기본적이고 중요한 권한이자 의무는 재판에 관한 권한이다. 그 밖에도 행정부에 대한 견제 수단으로 명령 · 규칙 · 처분이 헌법이나 법률에 위배되는지의 여부가 재판의 전제가 될 경우 대법원이 이를 최종적으로 심사하는 '명령 · 규칙 · 처분 심사권' 이 있다. 또한 법률이 헌법을 위반하였는지의 여부가 재판의 전제가 될 경우 법원은 헌법 재판소에 법률의 위헌 여부에 대한 심사를 제청하는 '위헌 법률 심사 제청권' 을 가지고 있다.

헌법 재판소

〔법 헌 憲, 법 법 法, 마를 재 裁, 판단할 판 判, 바 소 所〕

헌법 해석과 관련된 사안을 사법적 절차에 따라 해결하는 헌법 기관

마인드 맵

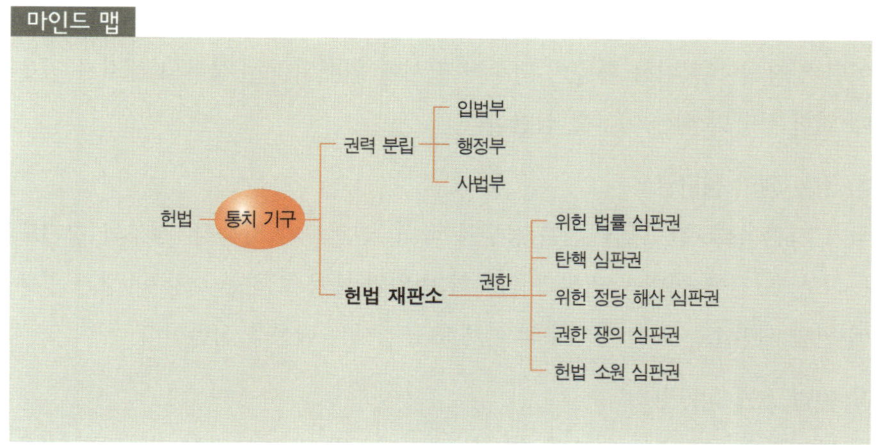

헌법 재판소는 9인의 재판관으로 구성되는데 3인은 대통령이 임명하고, 3인은 대법원장이 지명하며, 3인은 국회가 선출한다. 헌법 재판소는 독립적 기관으로 권력이 견제와 균형을 이루게 하고, 헌법 질서를 수호함으로써 국민의 기본권을 보장하고, 민주 정치 이념을 실현하는 것을 그 목적으로 한다.

헌법재판소

▲ 헌법 재판소 로고

헌법 재판소의 권한

① 위헌 법률 심판권

법원이 헌법 재판소에 위헌 법률 심사 제청을 할 경우 헌법 재판소는 법률의 위헌 여부를 심판하게 되며, 결정의 종류는 합헌, 헌법 불합치, 위헌이 있다.

　‘합헌’은 법률이 헌법에 합치되는 경우에 내려지는 결정이고, 반대로 ‘위헌’은 법률이 헌법에 위배되는 경우에 내려지는 결정으로 위헌 결정이 내려지면 그 법률은 효력이 즉시 상실된다. ‘헌법 불합치’는 법률이 헌법에 위배되지만 일정 기간의 유예를 두어 법률을 개정함으로써 사회적 혼란을 방지하고자 내리는 결정이다.

② 탄핵 심판권

국회로부터 대통령, 국무 위원, 법관, 검사 등의 고위 공직자에 대한 탄핵 소추가 의결된 경우에 탄핵 여부를 결정한다.

③ 위헌 정당 해산 심판권

어떤 정당의 목적이나 활동이 민주적 질서에 위배된다는 정부의 제소가 있을 때 위헌 정당의 해산 여부를 심판한다.

④ 권한 쟁의 심판권

국가 기관 상호 간, 예를 들면 정부와 국회, 인천시와 서울시, 정부와 경기도 등의 상호 간에 헌법적 권한과 의무의 범위와 내용에 관한 다툼이 생긴 경우에 헌법 재판소는 권한과 의무의 한계를 규정하는 내용을 심판한다.

⑤ 헌법 소원 심판권

국가 기관의 공권력에 의하여 헌법상 보장된 국민의 기본권이 침해당한 경우 국민이 헌법 재판소에 그 침해의 원인이 된 공권력의 행사를 취소해 줄 것을 청구하는 제도를 ‘헌법 소원’이라고 한다. 헌법 소원은 일반 국민 누구나 신청할 수 있으며, 국민이 헌법 소원을 제기하면 헌법 재판소는 이를 심판한다.

　그런데 헌법 소원을 청구하려면 일정한 조건을 만족시켜야 하는데, 첫째로 헌법 소원은 국가 기관의 공권력 행사에 의한 기본권의 침해여야 하고, 둘째로 헌법 소원을 청구하는 사람은 청구하는 기본권의 침해가 자기와 직접적인 관련성이 있어야 하며, 셋째로 침해된 기본권을 구제받기 위하여 다른 구제 절차를 거쳤지만 구제되지 않은 경우여야 한다. 이때 법원의 판결 결과는 헌법 소원의 대상이 될 수 없다는

▲ 헌법 소원의 제기 요건

것에 유의하여야 한다.

　헌법 소원의 최종 결정은 각하·기각·인용으로 내려진다. '각하'는 헌법 소원 심판 청구가 부적법한 경우의 판결이며, '기각'은 기본권의 침해를 인정하지 않은 경우의 판결이고, '인용'은 기본권의 침해를 인정하는 경우에 내리는 결정이다.

　헌법 재판소의 '종국^{최종} 결정'은 재판관 과반수의 찬성으로 한다. 그러나 위헌 법률 심판, 탄핵 심판 결정, 위헌 정당 해산 결정, 헌법 소원에 관한 '인용 결정'의 경우는 재판관 9인 중에서 6인 이상의 찬성이 조건이다. 또한 '권한 쟁의 심판'은 재판관 7인 이상이 참석하고 참석자의 과반수 찬성으로 의결된다.

13장

개인 생활과 법

근대 민법

권리 능력 / 행위 능력

계약

불법 행위

민사 소송

혼인 / 이혼

상속

부동산 거래

개인 생활과 법

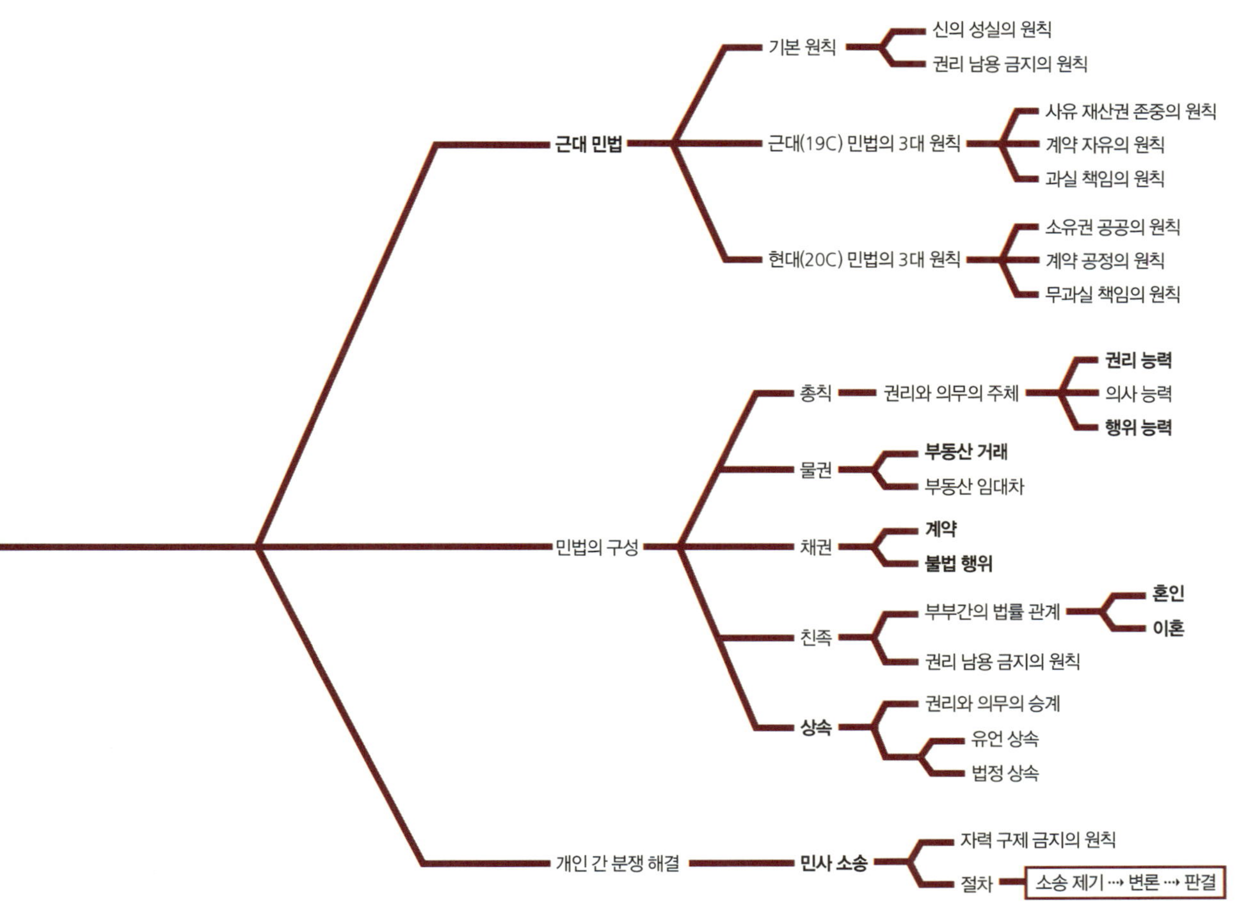

근대 민법
기본 원칙
신의 성실의 원칙
권리 남용 금지의 원칙
근대(19C) 민법의 3대 원칙
사유 재산권 존중의 원칙
계약 자유의 원칙
과실 책임의 원칙
현대(20C) 민법의 3대 원칙
소유권 공공의 원칙
계약 공정의 원칙
무과실 책임의 원칙
민법의 구성
총칙
권리와 의무의 주체
권리 능력
의사 능력
행위 능력
물권
부동산 거래
부동산 임대차
채권
계약
불법 행위
친족
부부간의 법률 관계
혼인
이혼
권리 남용 금지의 원칙
상속
권리와 의무의 승계
유언 상속
법정 상속
개인 간 분쟁 해결
민사 소송
자력 구제 금지의 원칙
절차
소송 제기 ···▶ 변론 ···▶ 판결

주제 **1**

근대 민법 〔가까울 근 近, 시대 대 代, 백성 민 民, 법 법 法〕

개인주의 · 합리주의 · 자유주의의 이념이 반영된 근대적 형태의 시민법

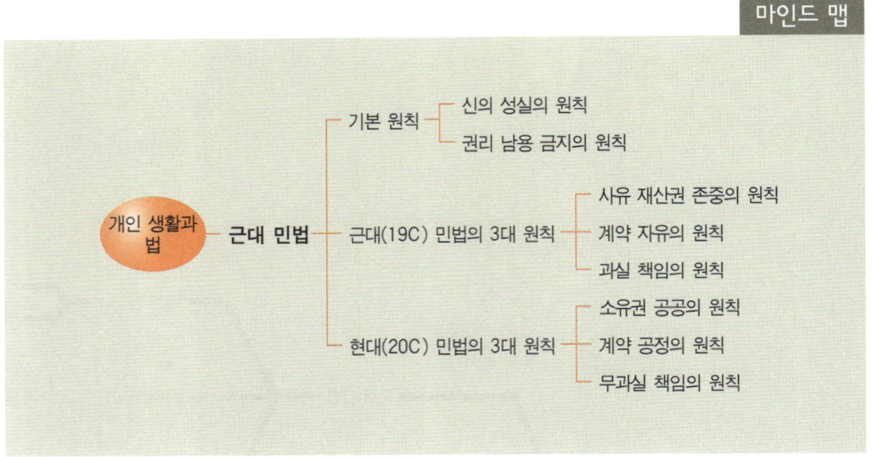

개인주의를 토대로 하여 개인 간의 법적 관계를 규율하는 민법은 사회를 구성하는 근본을 개인으로 본다. 개인주의는 중세의 봉건적 속박을 부정한 것으로 자유 인격의 원칙을 내포하고 있다. 개인주의와 민주주의를 향한 열망이 커지면서 근대 사상인 개인주의 · 자유주의 · 합리주의를 바탕으로 근대 민법이 만들어졌는데 이러한 근대 민법은 개인을 봉건적인 구속으로부터 해방시키고, 모든 사람을 평등하게 다루며, 개인의 자유로운 활동을 보장하는 것이 그 기본 원리이다.

근대 민법의 3대 원칙

서구 근대 사회에서 만들어진 근대 민법에서는 사유 재산권 존중의 원칙, 계

약 자유의 원칙, 과실 책임의 원칙을 3대 원칙으로 삼았다.

① 사유 재산권 존중의 원칙

개인은 자신이 소유하는 재산을 사용 · 처분하는 등에 대한 모든 권리를 가지며, 국가나 다른 사람은 이러한 권리를 존중해 주어야 한다는 원칙이다. 사유 재산권 중에서 가장 기본이 되는 권리가 소유권이므로 '소유권 절대의 원칙'이라고도 한다.

② 계약 자유의 원칙

개인은 자신의 법률관계를 자유로운 의사에 따라 형성하며 이에 국가가 개입해서는 안 된다는 원칙이다. 개인이 스스로의 일을 결정해 나간다는 의미를 담고 있으므로 '사적 자치의 원칙'이라고도 한다.

③ 과실 책임의 원칙

개인이 타인에게 손해를 끼쳤을 때 그 행위의 위법, 고의 혹은 과실이 인정되는 경우에만 책임을 진다는 원칙이다. 중세 시대와는 달리 자신의 의사로 한 일에 대해서만 책임을 지기 때문에 개인의 자유를 확대한 것으로서 '자기 책임의 원칙'이라고도 한다.

현대 민법의 3대 원칙

자본주의 체제가 발전함에 따라 부의 불평등 현상이 심화되어 노사 간 대립이 격화되면서 근대 민법이 지니는 한계가 드러나 현대에 수정과 보완의 과정을 거치게 되었다.

현대 민법에서는 보다 공정한 사회 질서 수립을 위해 개인의 소유권 행사도 공공복리에 적합해야 한다는 '소유권 공공의 원칙', 사회 질서나 공정성에 위배되는 계약은 무효 처리가 된다는 '계약 공정의 원칙', 과실이 없다고 하더라도 사안에 관계되는 경우 그 책임을 물을 수 있다는 '무과실 책임주의'로 수정 · 보완되었다.

이는 기본적으로 모든 인간관계는 신의에서 비롯되는 것이므로 상대방의 믿음을 헛되이 하면 안 된다는 '신의 성실의 원칙'과 이에 근거한 '권리 남용 금지'의 정신을 기반으로 발전한 결과라고 할 수 있다.

주제 **2**

권리 능력 / 행위 능력

〔권세 권 權, 이로울 리 利, 능할 능 能, 힘 력 力〕/
〔행할 행 行, 행할 위 爲, 능할 능 能, 힘 력 力〕

**권리와 의무의 주체가 될 수 있는 지위/
단독으로 유효한 법률 행위를 할 수 있는 능력**

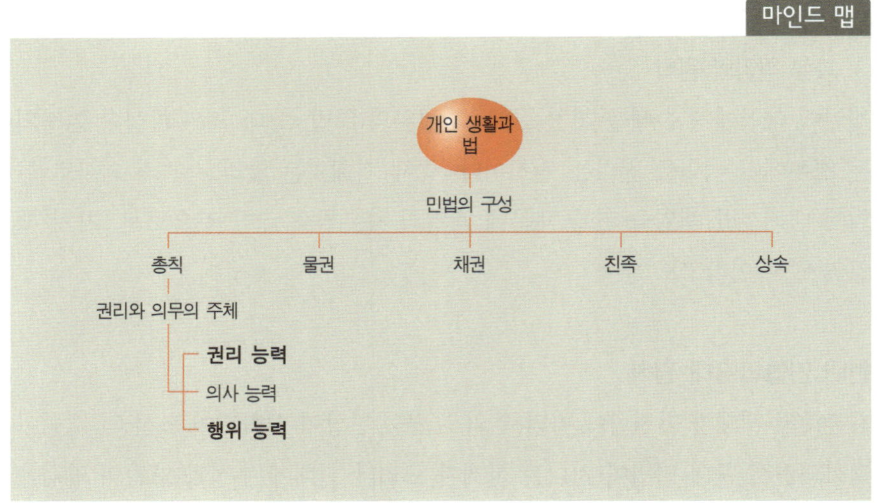

민법은 개인 상호 간의 사적, 즉 재산과 신분 관계를 규율하는 법이다. 대한민국 민법은 총칙과 재산 관계에 관한 물권법·채권법, 신분 관계인 친족법·상속법으로 구성되어 있다.

권리 능력

민법에서는 권리와 의무의 주체가 될 수 있는 지위를 '권리 능력'이라 정하고 있다. 권리 능력자는 크게 자연인과 법인으로 구분할 수 있다. '자연인'은 권리와 의무를 가지는 하나의 독립된 개체의 사람을 의미하고, '법인'은 법으로 권리와 의무의 주체가 될 수 있는 능력을 인정받은 단체를 말한다.

　자연인은 출생으로 권리 능력을 얻고 사망으로 권리 능력이 소멸된다. 법인은 단체의 설립 등기를 마친 때에 권리 능력을 얻는다.

의사 능력

살아 있는 모든 사람은 권리 능력을 가지고 있다. 하지만 자기 행위의 의미나 결과를 판단하여 의사 결정을 할 수 있는 '의사 능력'을 가지고 있는 사람과 그렇지 못한 사람이 있다. 민법에서는 명확히 규정되어 있지는 않지만 정신 이상자, 어린아이, 만취자 등은 의사 능력이 없는 것으로 보고 이들을 '의사 무능력자意思無能力者'라고 하는데, 이들의 법률 행위는 무효이다.

행위 능력

법률과 관련된 행위를 하기 위해서는 권리 능력, 의사 능력은 물론이고 행위 능력을 가지고 있어야 한다. '행위 능력'이란 단독으로 효력 있는 법률 행위를 할 수 있는 능력이다. 행위 능력이 없는 사람을 '행위 무능력자'라고 하는데, 의사 무능력자와 달리 행위 무능력자는 미성년자■, 한정 치산자■, 금치산자■로 민법에서 규정하고 있다. 법에서는 사물의 판단 능력이 부족한 사람이 법률 행위를 함에 있어 불리한 경우가 많기 때문에 이러한 사람들을 보호하기 위해 '행위 무능력자 제도'를 두고 있다.

　다음은 권리 능력, 의사 능력, 행위 능력의 의미 등을 비교한 표이다.

구분	의미	능력을 가진 사람
권리 능력	권리와 의무의 주체가 될 수 있는 능력	자연인, 법인
의사 능력	자기 행위의 의미나 결과를 판단하여 의사를 결정할 수 있는 능력	민법에 규정 없음 만취자, 어린아이, 정신 이상자 등은 제외
행위 능력	단독으로 유효한 법률 행위를 할 수 있는 능력	민법에 규정 있음 미성년자, 한정 치산자, 금치산자 제외
권리 능력, 의사 능력, 행위 능력으로 갈수록 범위가 좁아짐		

■**미성년자**(未成年者): 만 20세 미만인 사람(者).

■**한정 치산자**(限定治産者): 심신이 박약하거나 재산의 낭비로 자기나 가족의 생활을 궁핍하게 할 염려가 있어 재산(産)을 관리하고 처분함(治)에 있어 범위(限)가 정(定)해져 있는 사람(者).

■**금치산자**(禁治産者): 판단 능력과 의사 능력이 없어 재산(産)의 관리 및 처분(治)을 금하는(禁) 사람(者).

주제 **3**

계약
〔맺을 계 契, 약속할 약 約〕

법률 효과의 발생을 목적으로 하는 2명 이상의 사람 사이에서 자유롭게 맺어지는 약속

마인드 맵

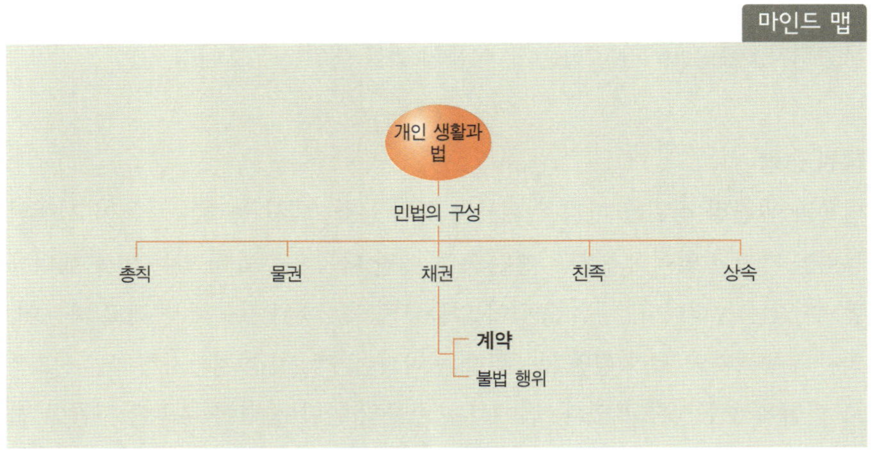

　　인간은 공동생활을 하기 때문에 개인과 개인의 의사 합치를 필요로 하는 계약을 많이 하게 된다. 계약은 법률 효과의 발생을 목적으로 하는 2명 이상의 사람 사이에서 자유롭게 맺어지는 약속인데, 이와 같이 누구든지 자유로운 의사에 따라 계약을 형성할 수 있다는 원칙을 구체화한 것이 '계약 자유의 원칙'이다. 이 원칙은 계약 체결 여부의 자유, 상대편 선택의 자유, 내용 결정의 자유, 계약 방식의 자유 등을 그 내용으로 한다. 그러나 오늘날 계약 자유의 원칙은 공공복리의 이념 아래 많은 제한을 받고 있다.

계약서의 내용

계약은 내용에는 문제가 없더라도 일정한 형식을 갖추지 못했거나 필요한 내

용을 모두 담지 못했을 경우에는 법적 효력을 인정받기 어려운 때도 있다.

계약서를 쓸 때에는 일반적으로 계약한 사람, 계약 내용, 계약 날짜, 서명 등을 포함하는 것이 좋다. 계약한 사람이 누구인지 정확하게 표시해야 하는데 보통 당사자의 이름과 주소, 주민 등록 번호를 함께 쓴다. 또한 돈을 빌리는 계약을 예로 들면 계약 내용으로는 빌리는 금액과 이자, 갚을 날짜 등의 내용을 표시해 놓아야 일어날 수 있는 분쟁을 막을 수 있다. 계약 날짜를 쓰고 계약서에 적힌 내용을 확인했다는 의미로 서명이나 도장을 찍는다.

계약서에는 다양한 내용을 담을 수 있으며, 계약 내용을 국가가 지정한 사람이 확인하도록 하는 제도인 '공증'을 받은 경우에는 다툼이 생겼을 때 법정에서 유리한 증거로 사용된다.

미성년자의 계약

만 20세 미만의 미성년자는 민법상 '행위 무능력자■'에 해당되므로 혼자서 법적인 계약을 맺을 수 없으며, 확정적으로 유효한 법률 행위를 하기 위해서는 반드시 법정 대리인의 동의를 받아야 한다. '법정 대리인'이란 법률의 규정에 따라 당사자의 행위를 대리할 권한을 가진 사람으로, 친권자 또는 후견인을 말한다. 법정 대리인의 동의를 받지 않은 미성년자와의 계약은 미성년자 본인이나 법정 대리인이 계약 취소의 의사를 통고함으로써 무효가 된다.

■**행위 무능력자**: 단독으로 유효한 법률 행위를 할 수 있는 능력이 없는 사람.

대한민국 민법

제5조 1항: 미성년자가 법률 행위를 함에는 법정 대리인의 동의를 얻어야 한다. 그러나 권리만을 얻거나 의무만을 면하는 행위는 그러하지 아니하다.

2항: 전항의 규정에 위반한 행위는 취소할 수 있다.

주제 **4**

불법 행위

〔아니 불 不, 법 법 法, 행할 행 行, 할 위 爲〕

고의 또는 과실로 타인에게 손해를 입힌 가해자의 행위

마인드 맵

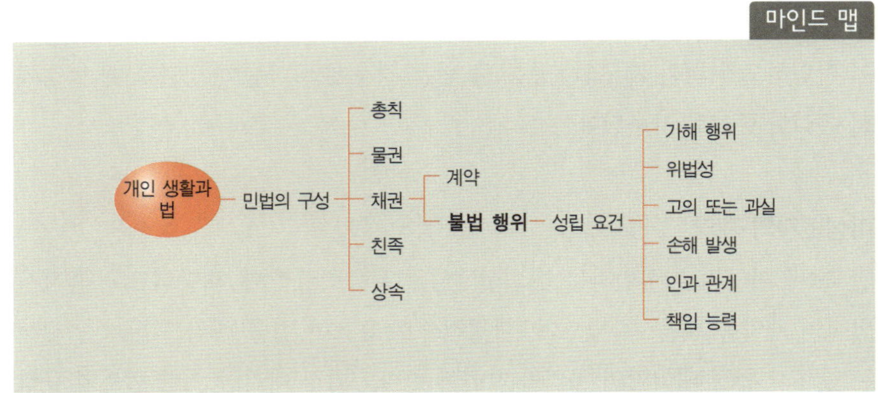

■**고의**: 가해자가 범죄 또는 불법 행위의 성립 요소인 사실에 대한 인식을 하면서 행동하는 것.

■**과실**: 법률적으로는 어떤 사실(결과)의 발생을 예상할 수 있었음에도 불구하고, 부주의로 그것을 인식하지 못한 것.

고의■ 또는 과실■로 법령을 위반하여 타인에게 손해를 주는 행위를 '불법 행위' 라고 한다.

불법 행위의 성립 요건과 손해 배상

불법 행위가 성립하기 위해서는 다음과 같은 요건이 성립되어야 한다.

성립 요건	내용
가해 행위	피해자에게 손해를 발생시키는 가해자의 행위가 있어야 함
위법성	가해자의 행위가 사회 전체의 법질서에 위반되어야 함
고의 또는 과실	가해 행위가 가해자의 고의 또는 과실에 의한 것이어야 함
손해 발생	가해 행위로 인해 피해자에게 일정한 손해(물질적·정신적)가 발생해야 함
인과 관계	가해 행위와 피해자의 손해 발생 간에 인과 관계가 존재해야 함
책임 능력	가해자에게 책임 능력이 있어야 함

　이러한 불법 행위가 발생하면 가해자는 자신의 행위로 인해 발생한 피해 정도에 따라 피해자에게 적절한 손해 배상을 할 책임이 있다.

> **대한민국 민법**
> 제750조: 고의 또는 과실로 인한 위법 행위로 타인에게 손해를 가한 자는 그 손해를 배상할 책임이 있다.

특수한 불법 행위의 책임

일반적으로 불법 행위가 성립하면 가해자는 불법 행위로 인해 생긴 손해를 피해자에게 배상해야 하는데, 예외적으로 책임이 경감되거나 책임을 묻지 않거나 오히려 다른 사람의 행위를 대신 책임지게 되는 특수한 불법 행위가 있다.

① 보호 · 감독할 의무가 있는 자의 책임

불법 행위의 책임을 묻지 않는 경우로 타인에게 손해를 끼친 것에 대한 책임을 인식하지 못하는 미성년자, 의사 능력을 완전히 상실한 심신 상실자 등 책임 무능력자인 경우에 불법 행위의 책임을 지우지 않고 대신 그들을 보호 · 감독할 의무가 있는 자에게 책임을 요구할 수 있다. 예를 들어 6세 아이가 불법 행위로 다른 아이를 다치게 했다면 그 부모가 책임을 져야 한다.

② 사용자 배상 책임

가해자가 사업장에 고용되어 업무를 보다가 불법 행위를 저지른 경우에 피해자는 고용인에 대한 감독의 책임을 물어 사업주에게 대신 손해 배상을 청구할 수 있다.

③ 관리 · 감독할 의무가 있는 점유자나 소유자의 책임

간판과 같이 공작물의 설치 · 보존의 하자로 인해 타인에게 손해가 발생한 경우에는 공작물의 소유자에게 손해 배상을 청구할 수 있고, 동물이 타인에게 입힌 손해는 그 동물의 점유자가 손해를 배상할 책임이 있다.

④ 공동 불법 행위자의 책임

여러 명이 공동의 불법 행위로 타인에게 손해를 입힌 때에는 가해자 전체가 그 손해를 배상할 책임이 있다.

주제 **5**

민사 소송

〔백성 민 民, 일 사 事, 호소할 소 訴, 송사할 송 訟〕
civil procedure

개인 상호 간 법률상의 분쟁과 이해관계의 충돌을 국가가 해결 또는 조정하는 재판의 절차

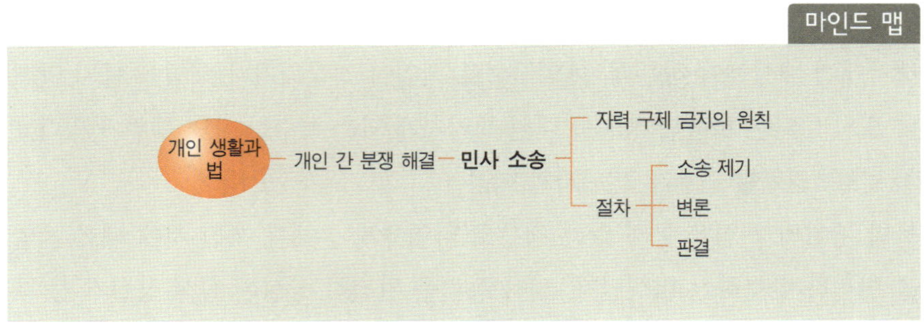

민사 소송은 개인 상호 간의 분쟁을 국가의 법적 절차에 따라 합법적으로 해결하는 것으로, 개인 간 분쟁 해결의 방법 중에서 가장 강제적인 방법이다. 민사 소송은 기본적으로 '자력 구제自力救濟 금지의 원칙'을 따르는데, 이는 개인이 자기의 권리를 확보하기 위해 국가 권력의 힘을 빌리지 않고 자신의 힘으로 이익이나 권리를 방어 또는 회복하는 것을 법치 국가에서는 원칙적으로 허용하지 않는다는 것이다.

민사 소송 절차

민사 소송은 크게 소송 제기 → 변론 → 판결의 절차로 이루어진다.

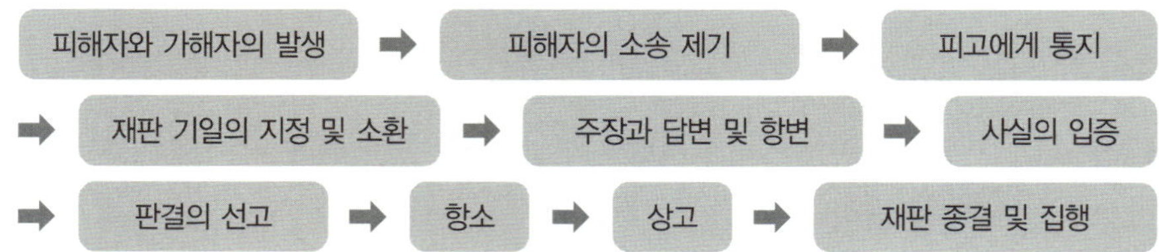

① 피해자와 가해자의 발생

민사 재판이 발생하려면 우선 피해자보통 원고와 가해자보통 피고가 발생해야 한다.

② 피해자의 소송 제기

민사 재판을 청구하기 위해 피해자는 가해자를 상대로 고소장에 고소 사항을 적고 본인 또는 대리인이 서명 날인하여 관할 법원에 제출한다.

③ 피고에게 통지

원고■에 의해 소송이 제기되면 재판장은 피고■에게 '누가 무슨 일로 소송을 제기했다' 는 사실을 통지한다.

④ 재판 기일의 지정 및 소환

재판장은 지체 없이 재판 기일을 정하여 원고와 피고를 소환한다.

⑤ 주장과 답변 및 항변

재판 기일에 원고와 피고는 주장과 답변 및 항변을 한다.

⑥ 사실의 입증

주장 또는 항변에 대해서 상대방이 부인을 하면 주장이나 항변을 한 사람은 그것이 사실이라는 입증을 해야 한다.

⑦ 판결의 선고

변론이 종결되면 법원은 판결을 선고한다.

　　이러한 과정에서 당사자가 판결에 승복하면 판결은 확정되고 소송은 끝나게 된다. 그러나 1심 판결에 불복한 당사자는 상급 법원2심에 소를 제기하는데 이를 '항소' 라 하고, 2심 판결에 불복한 당사자는 대법원3심에 소를 제기하는데 이를 '상고' 라고 한다.

■**원고**: 소송을 제기한 사람.

■**피고**: 원고에 의해서 고소를 당한 사람.

주제 **6**

혼인 / 이혼

〔혼인할 혼 婚, 혼인 인 姻〕/〔떼어놓을 이 離, 혼인할 혼 婚〕

남자와 여자가 부부가 되는 것/
부부가 혼인 관계를 인위적으로 소멸시키는 것

마인드 맵

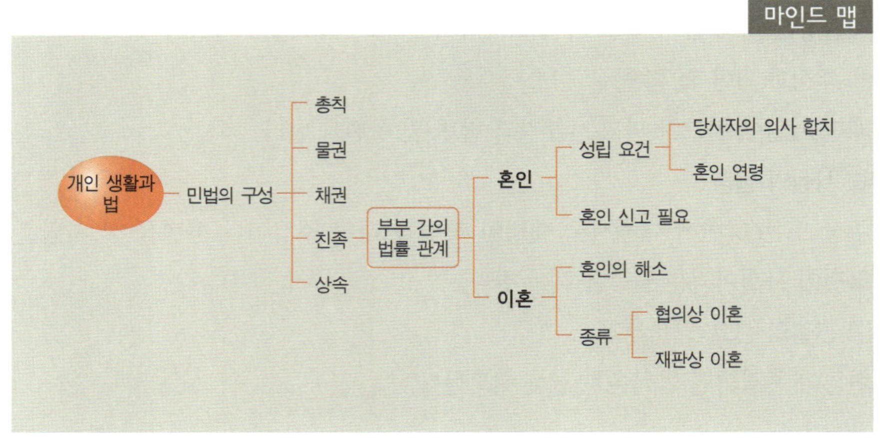

혼인

부부 관계의 시작은 혼인이다. 혼인은 부부가 된다는 의사 합치를 핵심으로 하는 일종의 계약으로, 법적으로 혼인이 성립되기 위해서는 실질적 요건과 형식적 요건을 만족시켜야 한다.

혼인의 실질적 요건은 첫째, 혼인 당사자 간에 혼인할 의사가 있어야 한다. 둘째, 당사자가 혼인 연령남녀 모두 만 18세 이상에 이르러야 한다. 다만, 만 20세 미만인 미성년자의 경우에는 부모 등의 동의를 얻어야 한다. 셋째, 중복 혼인중혼이 아니어야 한다. 넷째, 법적으로 혼인을 제한하는 친족■ 관계에 있는 사람과의 혼인이 아닐 것 등이다. 이러한 실질적 요건에 '혼인 신고'라는 형식적 요건이 갖추어지면 법률적 혼인이 성립된다.

■**친족**(親族): 혼인과 혈연을 기초로 하여 상호 간에 관계를 가지는 사람으로 법률상 친족의 범위는 8촌 이내의 혈족, 4촌 이내의 인척 및 배우자이다.

우리나라는 결혼식 등의 의식을 치렀는지와는 관계없이 혼인 신고를 한 경우에만 법률상 부부로 인정하고, 혼인 신고를 하지 않은 상태에서 부부처럼 함께 사는 '사실혼'은 법적인 보호를 제한적으로 받게 되며, 혼인 의사가 없이 단지 함께 살기만 하는 '동거'는 법적인 보호를 받을 수 없다.

법적인 부부 관계가 되면 동거·부양·협조·정조의 의무 등 혼인의 법률적 효과가 발생된다. 이렇게 성립된 법률상 혼인이 소멸될 수 있는 경우는 크게 두 가지인데, 하나는 배우자의 사망 등으로 인한 자연적 소멸이고, 다른 하나는 이혼에 의한 인위적 소멸이다.

이혼

부부였던 남녀의 결혼 상태가 끝나고 부부 관계가 소멸되는 것을 '혼인의 해소'라고 한다. 부부 중에서 어느 한쪽이 죽거나 이혼을 하게 되면 혼인은 해소가 된다. 이 중에서 이혼은 부부가 살아 있을 동안에 당사자의 합의나 법원의 판결에 의해 인위적으로 부부 관계를 해소하는 것을 말한다.

이혼은 부부간의 자유로운 의사 합치에 의한 '협의상 이혼'과, 법률상 이혼 사유가 있으나 당사자 간의 합의에 의한 이혼이 불가능할 때 재판을 통해 이혼하는 '재판상 이혼'이 있다.

협의상 이혼은 부부가 합의하여 이혼을 하는 것이므로 그 이유나 동기는 묻지 않지만 자녀가 있으면 양육 문제 등을 결정하여 법원에 서류를 제출하고 일정 기간이 지나서 법원에서 확인서를 교부받아 시청이나 구청 등에 이혼 신고를 하면 된다.

재판상 이혼은 부부 중에서 한쪽이 이혼을 원하지 않는 경우 등이므로 이혼을 하기 위해서는 이혼을 청구한 쪽이 법률이 정한 이혼 사유가 있음을 충분히 증명해야 하며, 증명하지 못하면 이혼을 할 수 없다.

이혼을 하게 되면 공동으로 소유하던 재산을 나누거나, 어느 한쪽에 이혼의 책임이 있는 경우에는 상대방에게 정신적 피해에 대한 위자료를 지급해야 한다. 또 자녀가 있는 경우 양육권을 누가 가질지, 양육비는 누가 얼마나 지급할지 등을 결정해야 한다.

주제 **7**

상속 〔서로 상 相, 이을 속 續〕
erbgang

사람의 사망으로 그의 재산에 관한 권리와 의무를 상속인에게 포괄적으로 승계하는 것

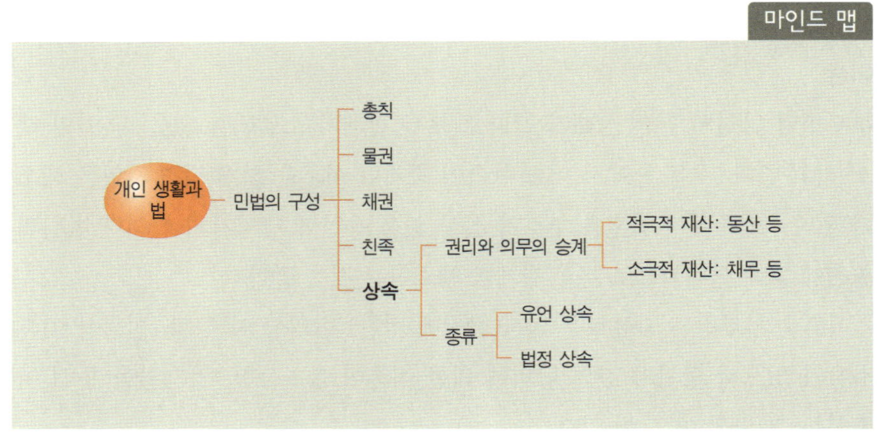

　'상속' 이란 사람이 사망함으로써 그의 재산에 관한 권리와 의무를 배우자나 일정한 범위의 친족인 상속인에게 포괄적으로 승계하는 것을 의미한다. 사망자는 '피상속인' 이 되고, 상속을 받는 자는 '상속인' 이 된다.

상속의 대상

상속의 대상은 재산인데 이때의 재산이란 동산, 부동산, 채권, 지적 재산권 등과 같은 권리로 작용하는 적극적 재산뿐만 아니라, 채무와 같은 의무로 작용하는 소극적 재산도 승계의 대상이 된다. 즉 피상속인의 빚도 상속 대상이므로 상속인이 이를 제대로 인식하지 못하여 고통을 받을 수도 있다. 이런 경우에는 상속을 포기하는 '상속 포기 제도' 와 상속받은 재산의 범위 내에서 빚을 갚는 '한정 상속 제도' 를 이용할 수 있다.

상속의 종류

상속의 종류에는 크게 유언 상속유언에 의한 증여과 법정 상속이 있다.

① 유언 상속

유언에 의해 재산을 무상으로 주는 것으로 유언자가 유언 당시 의사 능력■이 있어야 한다.

유언 방식은 민법이 정한 자필 증서, 녹음, 공정 증서, 비밀 증서, 구수 증서의 5가지 방식에 의해야만 효력이 발생한다. 이때 공정 증서公正證書란 공증인이 법률 행위 및 사권私權에 관해 작성한 증서를 말하며, 구수 증서口授證書란 말로 한 것을 받아 적은 문서를 말한다.

유언 상속은 유언자의 의사에 따라 전적으로 재산이 상속되지만 상속인들에게 적절하게 유산이 분배되지 않은 경우 그들의 최소한의 생계 유지를 위해 법정 상속액의 일정액인 유류분■의 반환을 청구할 수 있다.

② 법정 상속

유언이 없을 경우에 피상속인의 재산에 대한 권리와 의무를 상속인에게 법률 규정에 따라 포괄적으로 승계해 주는 것이다. 법정 상속은 상속 순위에 따라 상속받을 수 있다.

상속 순위는 직계 비속 → 직계 존속 → 형제자매 → 4촌 이내의 방계 혈족의 순이다. 배우자는 직계 비속이나 직계 존속이 있는 경우에는 공동 상속인이 되고, 이때 공동 상속인의 상속분의 5할을 가산하여 상속받으며, 공동 상속인이 없는 경우에는 단독 상속인이 된다.

동순위의 상속인이 여러 명일 경우에는 균등하게 분할되며, 자녀가 있는 경우에는 성별이나 결혼 여부와는 관계없이 똑같이 상속받는다. 예를 들어 어머니와 동생, 아내, 아들, 딸을 둔 남자가 사망했을 때에 아내, 아들, 딸이 재산 모두를 1.5 : 1 : 1의 비율로 나누어 갖게 된다.

주제 **8**

부동산 거래

〔아닐 부 不, 움직일 동 動, 낳을 산 産, 갈 거 去, 올 래 來〕

토지 및 그 정착물에 관한 거래

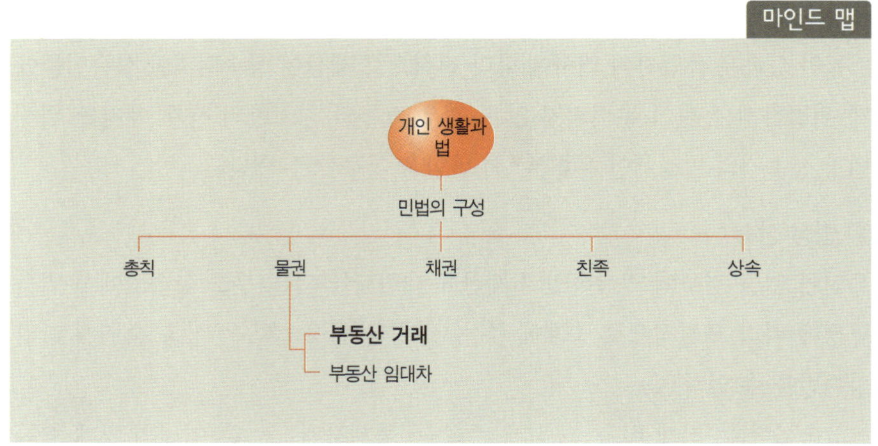

'부동산' 이란 토지 및 그 정착물건물, 경작물, 수목 등을 의미하며, 부동산 거래란 토지 및 그 정착물을 사고파는 것을 말한다.

부동산 거래 절차

부동산이 거래되는 절차는 먼저 부동산 탐색 → 등기부 열람 → 토지 대장 열람 → 매매 계약 체결 → 계약금 지급 → 중도금 지급 → 잔금 지급 → 등기 서류 및 부동산 인수 → 등기소유권 취득 → 등록세 납부 → 취득세 납부의 순으로 진행된다.

부동산 거래를 위해서는 거래의 목적에 맞는 부동산을 탐색해야 한다. 그 다음으로 등기부를 열람해야 하는데, 등기부는 부동산에 대한 권리관계와 법률

관계를 기재한 것으로 거래를 하기 전에 꼭 확인해 보아야 한다. 부동산 등기부는 누구나 열람할 수 있는데 그 구성은 다음과 같다.

등기 번호	토지나 건물 대지의 지번
표제부	소재지, 면적, 용도, 구조
갑구	소유권과 소유권 변동에 관한 사항
을구	저당권, 지상권 등에 관한 사항

다음으로 거래하려고 하는 부동산과 관련된 토지 대장을 확인하여 토지가 어떠한 용도로 쓰이고 있는지를 알아본다. 그 외에도 도시 계획 확인원이나 건축물 관리 대장 등도 확인해 보아야 한다.

매매 계약을 체결하려면 계약서를 작성하고 계약금을 지급하는데 보통 실제 부동산 가격의 10% 정도를 지불한다. 다음으로 중도금을 지급하고 최종으로 잔금을 지급하면서 등기에 필요한 서류를 받고 등기를 통해 소유권을 취득한다.

부동산 거래에서 등기는 부동산의 권리 내용을 명백히 공시하여 제삼자의 예측하지 못한 손해를 방지할 수 있다는 점에서 꼭 필요한데, 부동산의 권리 변동 또한 등기를 함으로써 효력이 발생한다.

마지막으로 등록세와 취득세를 모두 납부하면 부동산의 소유권을 행사할 수 있게 된다.

부동산 임대차

임대차란 임대인부동산을 빌려 주는 사람이 임차인부동산을 빌리는 사람에게 건물이나 토지 등을 빌려 주고 그 대가를 지급받기로 하는 계약으로 전세와 월세를 예로 들 수 있다.

부동산 임대차에서는 임차인이 경제적 약자가 되므로 이들의 권리를 보호하기 위해 '주택 임대차 보호법' 이라는 특별법이 제정되었다. 이 법은 임차인의 주거 기간 보장과 보증금 회수가 목적으로 임차인의 대항력■과 우선 변제권■을 인정한다.

■ **임차인의 대항력**(對抗力): 임대차 계약 기간을 채우고 임차 보증금을 받아 나올 수 있는 효력.

■ **우선 변제권**(優先辨濟權): 경매 낙찰 시 후순위 권리자보다 우선하여 보증금을 변제받는 효력.

사회생활과 법

죄형 법정주의

범죄

형사 절차

행정법

행정 구제 제도

청소년의 권리

소비자의 권리

노동 기본권

사회생활과
법

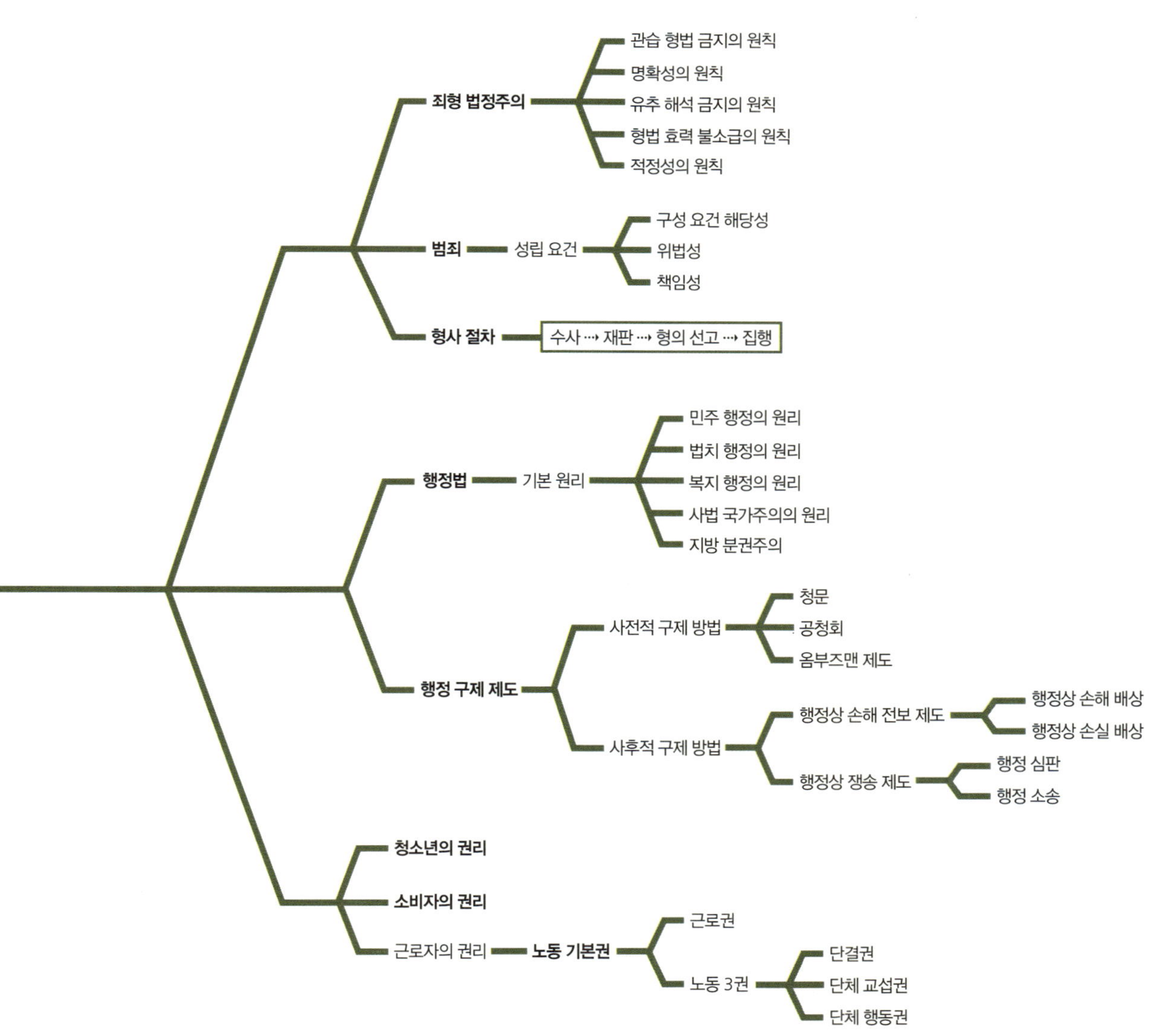
죄형 법정주의
관습 형법 금지의 원칙
명확성의 원칙
유추 해석 금지의 원칙
형법 효력 불소급의 원칙
적정성의 원칙
범죄
성립 요건
구성 요건 해당성
위법성
책임성
형사 절차
수사 ⋯▶ 재판 ⋯▶ 형의 선고 ⋯▶ 집행
행정법
기본 원리
민주 행정의 원리
법치 행정의 원리
복지 행정의 원리
사법 국가주의의 원리
지방 분권주의
행정 구제 제도
사전적 구제 방법
청문
공청회
옴부즈맨 제도
사후적 구제 방법
행정상 손해 전보 제도
행정상 손해 배상
행정상 손실 배상
행정상 쟁송 제도
행정 심판
행정 소송
청소년의 권리
소비자의 권리
근로자의 권리
노동 기본권
근로권
노동 3권
단결권
단체 교섭권
단체 행동권

주제 **1**

죄형 법정주의

〔허물 죄 罪, 형벌 형 刑, 법 법 法, 정할 정 定, 주인 주 主, 옳을 의 義〕

법률에 명시되지 않으면 범죄도 형벌도 없다는 원칙

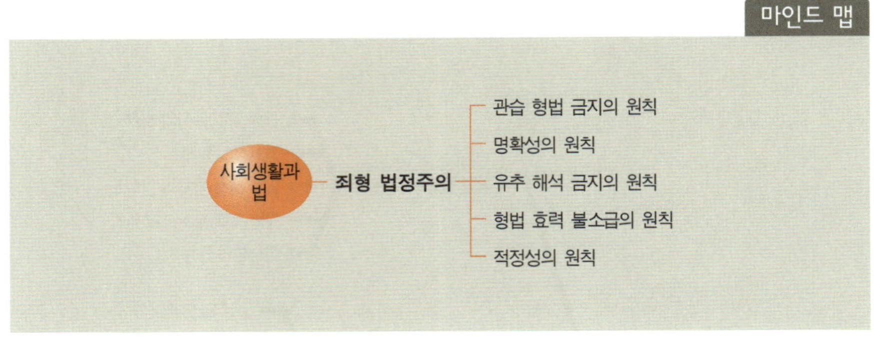

'죄형 법정주의'는 어떠한 행위가 범죄인지 아닌지, 또는 그 범죄에 대하여 어떠한 처벌이 부과될 것인지가 성문成文의 법률에 미리 규정되어 있어야 한다는 원칙을 말하는 것으로, 국가의 자의적인 형벌권 행사를 막기 위한 형법■상의 최고 원리이다.

■**형법**(刑法): 일정한 행위를 범죄로 정하고, 그에 대한 법적 효과로서 범죄자에게 일정한 형벌을 가할 것을 규정하는 법률.

죄형 법정주의의 원칙

① 관습 형법 금지의 원칙

범죄와 형벌은 내용과 범위가 명백하지 않은 관습법慣習法을 적용할 수 없고, 미리 성문의 법률에 의하여 규정되어 있어야 한다는 원칙이다.

② 명확성의 원칙

범죄의 구성 요건 및 형벌의 종류와 내용이 명확하게 규정되어 있어 누구나 알 수 있도록 해야 한다는 원칙이다.

③ 유추 해석 금지의 원칙

'유추 해석'이란 법률에 규정되어 있지 않은 사항에 대해 그것과 유사한 성질을 가지는 법률을 참고해서 적용하는 것을 말한다. 유추 해석이 허용되면 범죄로 규정되지 않은 행위도 처벌받을 수 있게 된다. 따라서 법률의 해석과 적용에 있어 피고인▪에게 불리한 방향으로 임의적으로 해석·적용하는 것을 금지한다는 것이 유추 해석 금지의 원칙이다. 단, 피고인에게 유리한 유추 해석은 예외적으로 허용되기도 한다.

④ 형법 효력 불소급의 원칙

형벌 법규는 그 형벌 법규가 제정되고 시행되기 시작한 이후에 이루어진 행위에 대해서 적용되며, 시행되기 이전의 행위에 대해서 소급▪하여 적용할 수 없다는 원칙이다.

⑤ 적정성의 원칙

법률 자체가 불합리하거나 부정한 것은 배제하고 적정해야 한다는 원칙으로, 처벌을 할 때에도 범죄와 형벌 간에는 적정한 균형이 이루어져야 한다.

죄형 법정주의와 관련된 법 규정을 살펴보면 다음과 같다.

> **대한민국 헌법**
>
> 제12조 1항: 모든 국민은 신체의 자유를 가진다. 누구든지 법률에 의하지 아니하고는 체포·구속·압수·수색 또는 심문을 받지 아니하며, 법률과 적법한 절차에 의하지 아니하고는 처벌·보안 처분 또는 강제 노역을 받지 아니한다.

> **대한민국 형법**
>
> 제1조 1항: 범죄의 성립과 처벌은 행위 시의 법률에 의한다.

범죄 〔범할 범 犯, 허물 죄 罪〕

법에 의하여 보호되는 이익을 침해하고 사회의 안전과 질서를 문란하게 하는 반사회적인 행위

마인드 맵

사회생활과 법 — **범죄** — 성립 요건 — 구성 요건 해당성 / 위법성 — 위법성 조각 사유 / 책임성 — 책임성 조각 사유

법에 의해 보호되는 이익을 침해하고 사회의 안전과 질서를 무너뜨리는 반사회적 행위를 '범죄'라고 한다. 형법에서 어떠한 행위가 범죄로 성립되기 위해서는 세 가지 요건, 즉 구성 요건 해당성, 위법성, 책임성이 모두 충족되어야 한다. 이 중에서 어느 한 가지라도 갖추지 못하면 범죄는 성립되지 않는다.

구성 요건 해당성

어떠한 행위가 범죄가 되려면 형법에 규정하고 있는 범죄의 구성 요건에 해당되어야 한다는 것이다. '구성 요건'이란 형벌을 과하기 위한 전제 요건으로 법을 만드는 사람이 만들어 놓은 위법 행위의 유형이다.

위법성

구성 요건에 해당하는 행위가 전체 법질서에 위배되는 행위여야 한다는 것이다.

어떤 행위가 범죄의 구성 요건에 해당되지만 특정한 이유로 위법성을 배제함으로써 적법한 행위가 되어 형벌을 받지 않게 되는데, 이렇게 특별한 이유

로 위법성을 없애는 것을 '위법성 조각' 이라 하고 그 사유를 '위법성 조각 사유' 라고 한다. 위법성 조각 사유에는 정당 행위, 정당방위, 긴급 피난, 자구 행위, 피해자의 승낙에 의한 행위가 있다.

'정당 행위' 란 법령에 의한 행위 또는 업무로 인한 행위 및 기타 사회 상규에 위배되지 않는 행위를 말한다. 예를 들면 교도관의 사형 집행을 들 수 있다.

'정당방위' 란 자기 또는 타인의 법익에 대한 현재의 부당한 침해를 방위하기 위한 행위로, 강도를 폭행한 경우이다.

'긴급 피난' 이란 자기 또는 타인의 법익에 대한 현재의 위난을 피하기 위한 행위로, 화재에 대피하기 위해 남의 집 담을 넘은 경우이다.

'자구 행위' 란 불법으로 권리를 침해당한 피해자가 공권력의 도움을 받을 시간적 여유가 없는 긴급한 상황하에서 자신의 힘으로 권리를 구제받을 수 있도록 하는 것으로, 소매치기를 잡는 과정에서 상해를 입힌 경우이다.

'피해자의 승낙에 의한 행위' 란 피해자가 가해자에게 자기의 법익을 허락한 경우이다.

책임성

불법한 행위를 한 사람이 사회적으로 비난을 받을 만한 책임이 있어야 한다는 것이다. 어떤 행위가 범죄의 구성 요건에 해당하고 위법한 행위라고 할지라도 행위자에게 책임을 질 수 있는 능력이 없는 경우에는 범죄가 성립되지 않는데, 이를 '책임성 조각 사유' 라고 한다. 이에 해당하는 것으로는 강요된 행위, 만 14세 미만인 형사 미성년자의 행위, 심신 상실자■의 행위 등이 있다.

■**심신 상실자**(心神喪失者): 심신 장애로 인해 사물을 변별할 능력이 없거나 의사 결정할 능력이 없는 사람.

주제 **3**

형사 절차 〔형벌 형 刑, 일 사 事, 마디 절 節, 버금 차 次〕

범죄자에게 형벌을 부과하기 위한 수사에서 형 집행까지의 과정

마인드 맵

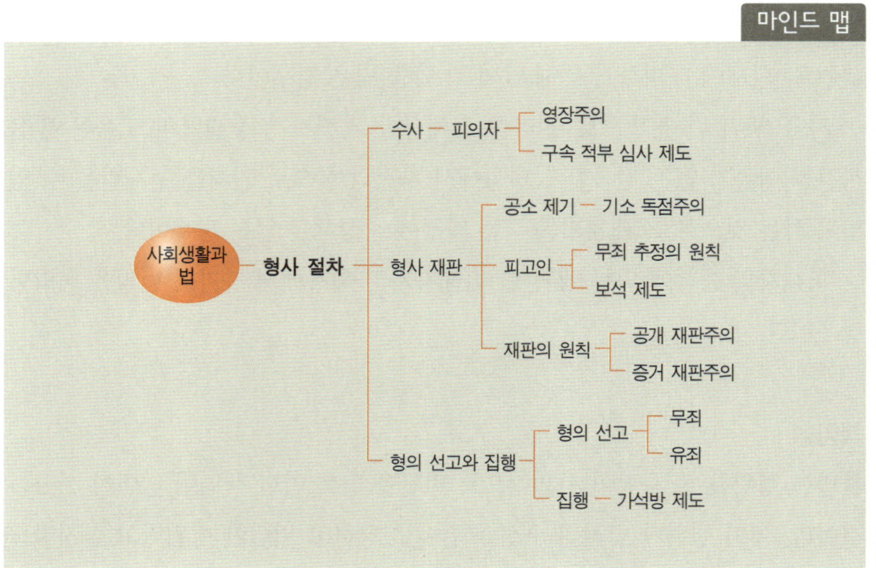

범죄가 발생하면 수사를 통해 실제 범죄 행위 여부를 확인하고, 범죄 행위가 확인되면 검사가 기소를 한다. 기소된 형사 사건은 법원의 심리 절차, 즉 재판 과정을 거치게 되는데, 이 과정의 결과로 재판부는 판결 선고를 한다. 법원에 의해 선고된 형은 검사의 지휘에 의해 집행된다.

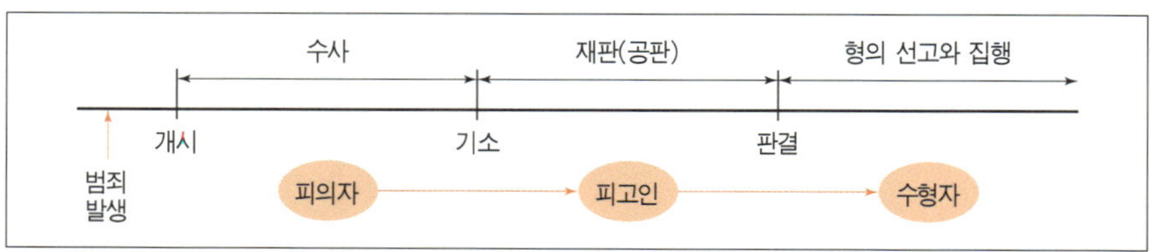

▲ 형사 절차

형사 절차의 단계에 따른 주요 개념

① 수사

범죄 혐의가 있는지 없는지를 확인하고 기소 여부를 결정하기 위해 범인의 발견 및 확보와 증거를 수집하는 활동이다. 수사는 고소, 고발, 인지의 형태로 개시된다. '고소'는 범죄의 피해자가 수사 기관에 신고하여 범인을 처벌해 달라고 요구하는 것이고, '고발'은 제3자가 범죄 사실을 신고하는 것이며, '인지'는 수사 기관이 스스로 어떤 사건을 보고 범죄 혐의가 있다고 인정하는 것이다.

② 피의자

죄를 범한 혐의로 경찰이나 검사 등 수사 기관의 수사 대상이 되는 사람으로, 아직 공소 제기되지 않은 사람이다. 수사 과정에서 피의자의 인권 침해 방지를 위해 일정한 권리를 보장해 주고 있는데, 영장주의, 구속 적부 심사 제도, 무죄 추정의 원칙, 진술 거부권, 변호인의 도움을 받을 권리 등이 그것이다.

'영장주의'는 체포나 구속은 검사의 신청을 받아 법관이 발부한 영장에 의해야 한다는 원칙이다. '구속 적부 심사 제도'는 구속 영장의 발부가 법률 규정을 위반했거나 구속 또는 체포된 피의자가 구속이 부당하다고 판단했을 때, 구속의 적법성을 심사해 줄 것을 법원에 신청하는 제도이다. '무죄 추정의 원칙'은 형사 절차에서 피의자는 유죄 판결이 확정될 때까지는 무죄로 추정된다는 것이고, '진술 거부권_{묵비권}'은 피의자가 진술을 강요당하지 않을 권리이다.

③ 형사 재판

기소된 형사 사건에 대해 법원이 검사나 피고인 또는 그 변호인의 변론을 듣고 증거를 조사하는 행위로, 검사는 '원고'가 되고 수사 단계에서 피의자였던 사람은 재판 단계에서 '피고인'이 된다. 형사 재판은 재판의 과정과 판결을 공개해야 한다는 '공개 재판주의'와 재판에서 사실의 인정은 반드시 증거에 의해야 한다는 '증거 재판주의'를 원칙으로 하고 있다.

④ 기소_{공소 제기}

검사가 범죄에 대하여 법원에 재판을 청구하는 것으로 '공소 제기'라고도 한다. 범죄를 기소하여 소추하는 권한은 국가를 대표하는 검사만이 가지고 있는데 이를 '기소 독점주의'라고 한다.

⑤ 피고인

형사 사건에 관하여 형사 책임을 져야 할 공소가 제기된 사람을 말한다. 재판이 본격화되면 피고인도 피의자와 마찬가지로 피고인의 권리를 가지는데 무죄 추정의 원칙, 보석 제도, 진술 거부권, 변호인의 도움을 받을 권리 등이다.

'무죄 추정의 원칙'은 유죄 판결이 확정될 때까지는 무죄로 추정한다는 원칙이고, '보석 제도'는 법원에 보증금 납부 등을 조건으로 하여 구속의 집행을 정지하고 피고인을 석방하는 제도이다.

⑥ 판결

재판 결과 법관은 심리 결과에 따라 유·무죄의 판결을 선고하고, 판결에 불복하는 사람은 상소할 수 있다. 즉 형의 선고에 대해 이의가 있을 때는 검사와 피고인 모두 상소할 수 있다. 상소 제도는 법원에 급을 두어 여러 번 심판할 수 있는 제도로 항소■와 상고■가 있다.

⑦ 형의 선고

형의 선고는 심리 결과에 따라 죄가 인정되면 피고인에게 유죄 판결을 선고한다. 유죄로 인정되면 실형 선고, 선고 유예, 집행 유예로 형이 선고된다.

'실형 선고'는 사형, 징역, 금고 등 실제 형을 선고하는 것이고, '선고 유예'는 일정 기간 형의 선고를 미루고 유예 기간을 주어 그 기간 동안 사고 없이 경과하면 형의 선고가 없었던 것과 같은 효과를 발생시키는 제도이다. '집행 유예'는 실형을 선고하면서 일정 기간 동안 집행을 미루었다가 다른 범행이 없이 그 기간이 경과하면 실형을 집행하지 않는 제도를 말한다.

심리 결과 유죄로 인정할 증거가 없거나 범인이 아니라는 확증이 있을 때에는 피고인에게 무죄를 선고한다.

⑧ 가석방 제도

법원의 판결로 선고된 형은 검사의 지휘에 따라 집행된다. '가석방 제도'는 징역형 또는 금고형을 선고받아 교도소에 수감된 수형자■가 모범적으로 수형 생활을 하고 자신의 잘못에 대한 개선 의지가 뚜렷하여 나머지 형벌의 집행이 불필요하다고 인정되는 경우에 일정한 조건 아래 임시로 석방하는 제도이다.

행정법 〔행할 行, 정사 政, 법 法〕
administrative law

행정권의 조직 및 작용, 그 작용에 의해 침해되는 개인의 권리를 구제해 주는 법

마인드 맵

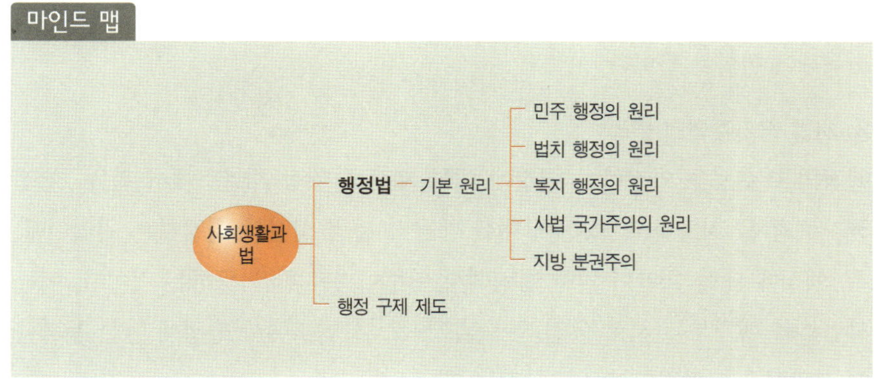

'행정'이란 법률을 집행하고 국가의 목적이나 공익을 적극적으로 실현하기 위해서 여러 가지 정책을 세우고 실행하는 국가 작용으로, 행정을 담당하는 행정부는 법률과 정책의 내용을 구체적으로 실행하는 기관이다.

'행정법'은 각 행정 기관이 가지고 있는 행정권이 어떻게 조직되고 행사되는지를 규율하는 법과 이에 따른 권리 침해가 있으면 이를 어떻게 구제하는지를 명시하는 법으로 구성되어 있다.

행정법의 기본 원리

대한민국 행정법의 기본 원리로는 민주 행정의 원리, 법치 행정의 원리, 복지 행정의 원리, 사법司法 국가주의의 원리, 지방 분권주의를 들 수 있다.

① 민주 행정의 원리

국민 주권의 원리에 따라 행정은 국민 모두의 이익과 국민의 의사가 반영되는

방향으로 진행되어야 한다는 원리이다.

② 법치 행정의 원리

행정 기관의 행정 작용이 헌법과 법률에 위배되어서는 안 되며, 미리 정해진 법에 의해서 행정권이 발동되어야 한다는 원리이다. 이는 행정법의 원리 중에서 절대적으로 지켜져야 할 가장 중요한 원리라고 할 수 있다.

③ 복지 행정의 원리

행정 작용이 적극적으로 국민의 인간다운 생활을 보장해야 한다는 원리이다. 이는 국민이 최소한의 인간다운 생활을 영위할 수 있도록 국가가 적극적으로 노력해야 한다는 뜻이다.

④ 사법 국가주의의 원리

행정의 특수성을 인정하여 행정에 대한 재판은 행정 재판소에서 하는 '행정 국가주의'를 지양하고, 행정에 대한 개괄적 사법 심사를 인정하는 원리이다. 즉, 행정에 대한 재판이 일반 법원에서 이루어져야 함을 뜻하는 것이다. 이는 사법부와 행정부는 서로 독립되어 있으므로, 사법부에서 행정에 관한 문제를 더 객관적으로 판결할 수 있기 때문이다.

⑤ 지방 분권주의

지방의 행정은 그 지역 주민 자치에 의하여 이루어져야 한다는 원리이다.

행정 구제 제도

〔행할 행 行, 정사 정 政, 구원할 구 救, 건널 제 濟, 억제할 제 制, 법도 도度〕

행정 작용이 위법하거나 부당한 경우 이를 시정하고, 그로 인해 발생한 국민의 재산적 손해를 전보하는 제도

마인드 맵

'행정 작용'으로 국민의 권리나 이익이 침해되었을 때 행정 기관이나 법원에 원상 회복, 손해 전보塡補, 행정 작용의 취소나 변경을 요구할 수 있는 제도로 크게 사전적 구제 방법과 사후적 구제 방법으로 나뉜다.

사전적 행정 구제 방법

행정 작용의 효력이 발생하기 전에 미리 부작용을 예방하기 위해 사용되는 방법으로 청문, 공청회, 옴부즈맨 제도 등이 있다.

① **청문**聽聞

행정 주체가 어떤 정책을 결정할 때 당사자나 이해관계가 있는 여러 사람을 소환하여 그 의견을 듣는 것이다.

② 공청회

국가 또는 지방 자치 단체의 기관이 일정한 사항을 결정할 때 공개적으로 의견을 듣는 방법이다.

③ 옴부즈맨ombudsman 제도

국회를 통해 임명된 조사관이 공무원의 권력 남용 등을 조사·감시하는 행정 통제 제도로, 현대 국가의 행정 기능이 확대되면서 행정부에 대한 입법 또는 사법부의 통제가 한계에 직면하여 보완책으로 고안된 제도이다. 우리나라의 국민 권익 위원회, 민원 상담실 등이 이에 해당한다.

사후적 행정 구제 방법

행정 작용의 효력이 발생한 후에 그 부작용을 구제받기 위한 방법으로 행정상 손해 전보 제도와 행정상 쟁송 제도가 있다.

① 행정상 손해 전보 제도

행정 작용으로 인해 발생한 국민의 재산상의 손해를 국가 또는 공공 단체가 갚아 주는 제도로 행정상 손해 배상과 행정상 손실 보상이 있다.

'행정상 손해 배상'은 공무원의 직무상 불법 행위 또는 공공시설의 설치·관리상의 흠으로 인해 손해를 입은 사람에게 국가나 공공 단체가 그 손해를 배상해 주는 제도이다.

'행정상 손실 보상'은 불법한 행위로 인한 것이 아닌 정당한 공권력의 행사가 이루어졌으나 개인에게 재산상의 특별한 희생이 되는 경우 공평 부담의 원칙에 따라 국가나 지방 자치 단체가 보상해 주는 제도이다.

② 행정상 쟁송 제도

행정상 구체적 법률관계에 관한 분쟁이 있는 경우, 이와 관계된 사람의 신청에 따라 행정 기관이나 법원이 법적 절차에 의해 이를 심판하는 것으로 행정 심판과 행정 소송이 있다.

'행정 심판'은 행정 기관이 행정법상의 분쟁을 직접 심리하고 판정을 내리는 것으로 자기 통제 또는 행정 감독 수단으로서의 기능을 지닌다.

'행정 소송'은 행정상의 법률관계에 관해 분쟁이 있는 경우 이해관계인이 법원에 소송을 제기하여 정식 재판 절차로 행하는 쟁송 절차이다.

청소년의 권리

청소년의 보호 · 구제를 위한 법적인 권리

마인드 맵

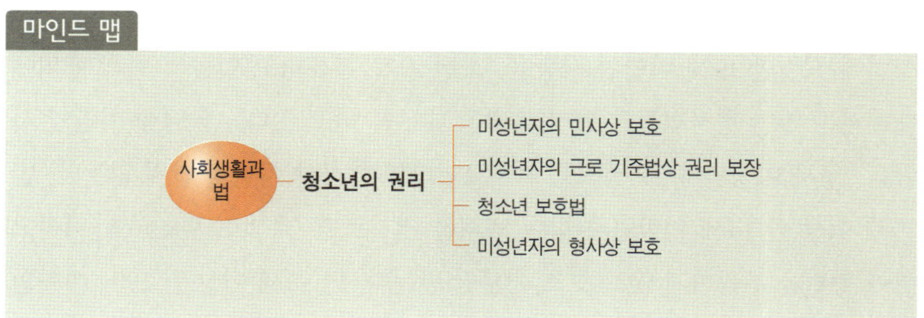

미성년자의 민사상 보호

청소년이란 성인으로 취급될 나이가 되지 않은 젊은 사람을 의미한다. 이들은 미성년자이기 때문에 법률관계에 있어 행위 무능력자■이고 책임 능력도 없다. 그래서 미성년자의 권리를 보호하기 위한 각종 법률을 두고 있다.

　민법은 미성년자를 만 20세 미만인 사람으로 규정하고 있는데, 미성년자는 행위 무능력자이기 때문에 법정 대리인의 동의하에 유효한 법률 행위를 할 수 있도록 하였다. 하지만 미성년자가 권리만을 얻거나 의무만을 면하는 행위 등은 법정 대리인의 동의 없이도 할 수 있도록 하고 있다.

미성년자의 근로 기준법상 권리 보장

노동자의 권리 보장을 위해 만든 '근로 기준법'에서도 만 15세 이상 만 18세 미만인 사람을 '연소 근로자'로 규정하고 이들의 권리를 보장하고 있다. 이 법에 의하면 연소 근로자는 직접 근로 계약을 체결할 수 있으며 단독으로 임금을 청구할 수 있고, 고용인은 연소 근로자를 1일에 7시간, 1주일에 40시간을

■**행위 무능력자**: 단독으로 유효한 법률 행위를 할 수 있는 능력이 없는 사람.

초과하여 일하게 할 수 없다.

청소년 보호법

청소년을 유해 환경으로부터 보호하기 위해 만든 법이다. 이 법에서는 만 19세 미만인 사람을 청소년으로 규정하고 청소년 유해 업소, 청소년 유해 약물 및 청소년 유해 행위 등을 규제하며, 청소년 유해 매체물을 심의·결정한다.

미성년자의 형사상 보호

형법에서는 만 19세 미만인 사람을 '소년'으로 분류하고 이들의 범죄 행위에 대해서는 일반 형사범들과 달리 특별한 대우를 하고 있다. 만 14세 미만인 사람은 '형사 미성년자'로 범죄를 저지르더라도 형사상 처벌을 받지 않는다. 만 10세 이상 만 14세 미만인 사람이 범죄를 저지르면 '촉법 소년觸法少年'이라고 하여 형벌을 부과하지 않고 보호 처분만 받는다. 만 14세 이상 만 19세 미만인 사람이 범죄를 저지르면 '소년범'이라고 하여 형벌이나 보호 처분의 대상은 되나 형벌을 부과할 때 특례가 주어진다.

소비자의 권리

상품 및 서비스의 소비 주체로서 국민이 지니는 권리

마인드 맵

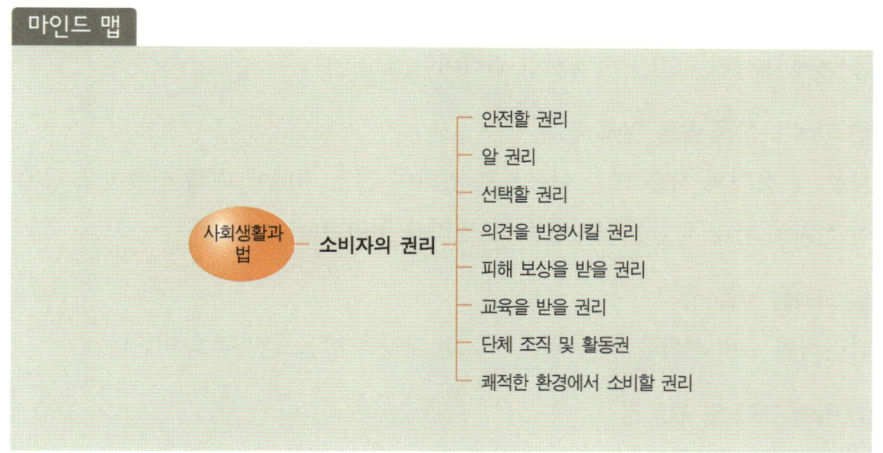

상품의 다양화와 대량 생산이 가능해지면서 기업 간의 경쟁으로 상품의 허위 과장 광고나 부정 불량 상품이 증가하였고, 이에 따라 소비자의 판단이 어려워져 가고 있다. 특히 산업 사회의 전유물로서 소수의 기업이 시장을 지배하는 현상이 발생하면서 소비자의 힘은 약화되었다. 따라서 소비자 보호를 위한 법적 장치의 필요성이 대두되면서 이를 마련하여 시행하고 있다.

소비자의 8대 권리

소비자 보호를 위해 재정된 '소비자 기본법'에서는 다음 8가지 기본 권리를 명시하고 있다.

① 안전할 권리

물품 및 용역으로 인한 생명, 신체 및 재산상의 위해로부터 보호받을 권리를 말한다.

② 알 권리

물품 및 용역을 선택함에 있어 필요한 지식 및 정보를 제공받을 권리이다.

③ 선택할 권리

거래의 상대방, 물품 등의 구입 장소·가격, 거래 조건 등을 자유로이 선택할 권리를 의미한다.

④ 의견을 반영시킬 권리

소비 생활에 영향을 주는 국가 및 지방 자치 단체의 정책과 사업자의 사업 활동 등에 대하여 의견을 반영시킬 권리이다.

⑤ 피해 보상을 받을 권리

물품 및 용역의 사용 또는 이용으로 인하여 입은 피해에 대해 신속하고 공정한 절차에 따라 적절한 보상을 받을 권리를 의미한다.

⑥ 교육을 받을 권리

합리적인 소비 생활을 하기 위해 필요한 교육을 받을 권리를 의미한다.

⑦ 단체 조직 및 활동권

소비자 스스로의 권익을 옹호하기 위해 단체를 조직하고, 이를 통하여 활동할 수 있는 권리를 말한다.

⑧ 쾌적한 환경에서 소비할 권리

소비자는 안전하고 쾌적한 환경에서 소비할 권리를 지님을 의미한다.

노동 기본권

〔일할 노 勞, 움직일 동 動, 터 기 基, 근본 본 本, 권세 권 權〕

근로자의 생존권 확보를 위한 근로권과 노동 3권

마인드 맵

사회생활과 법 ― 근로자의 권리 ― **노동 기본권** ― 근로권
노동 3권 ― 단결권 / 단체 교섭권 / 단체 행동권

사업 또는 사업장에서 임금을 목적으로 노동력을 제공하는 사람을 '근로자'라고 한다. 근로자의 권리 중에서 가장 기본적인 것은 '노동 기본권'이다. 노동 기본권은 근로자의 생존권 확보를 위해 헌법에 규정되어 있는 근로권과 노동 3권근로 3권을 말한다.

'근로권'은 노동의 능력과 의사를 지닌 사람이 근로할 기회의 제공을 요구할 수 있는 권리이다.

'노동 3권'은 근로자의 근로 조건의 향상을 목적으로 하여 근로자가 지니는 단결권, 단체 교섭권, 단체 행동권을 말한다. '단결권'은 근로자가 근로 조건을 유지·개선하기 위해 노동조합을 설립할 수 있는 권리이다. '단체 교섭권'은 근로 환경을 유지·개선하기 위해 조합원이 단결하여 사용자와 교섭할 수 있는 권리이다. '단체 행동권'은 근로자가 사용자에 대해 자신들의 주장을 관철시키기 위해 단결권을 배경으로 동맹 파업■과 같은 쟁의 행위爭議行爲를 할 수 있는 권리를 말한다.

■**동맹 파업**: 노동 조건의 유지·개선 등을 달성하기 위해 집단으로 근로를 중지하는 행위.

15장

국제 정치와 법

국제 사회의 이해

국제적 행위 주체

국제법

국제 문제

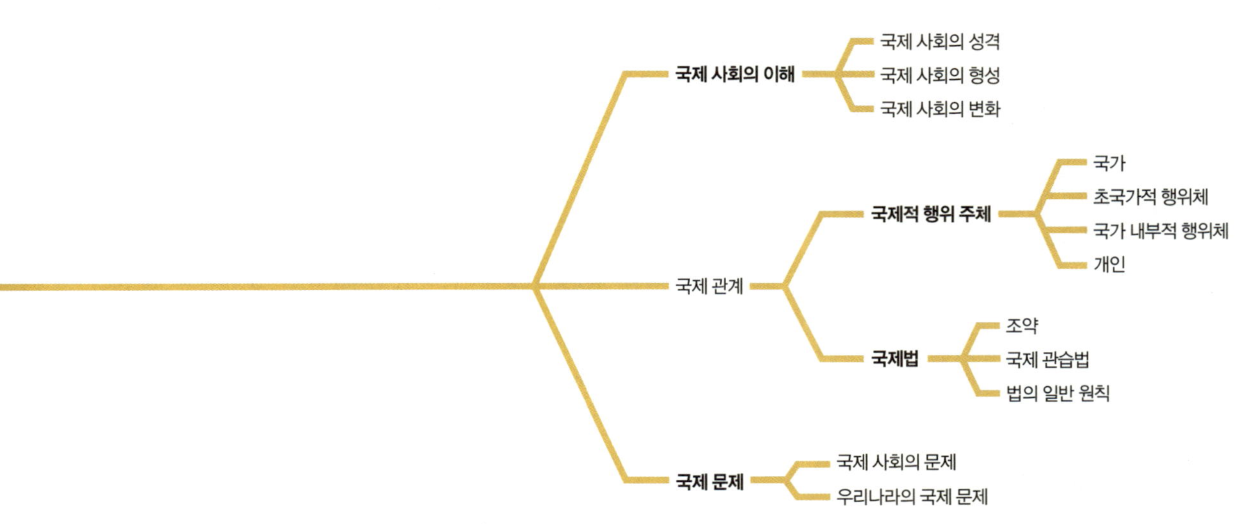
국제 사회의 이해
국제 사회의 성격
국제 사회의 형성
국제 사회의 변화
국제 관계
국제적 행위 주체
국가
초국가적 행위체
국가 내부적 행위체
개인
국제법
조약
국제 관습법
법의 일반 원칙
국제 문제
국제 사회의 문제
우리나라의 국제 문제

주제 **1**

국제 사회의 이해

여러 나라가 서로 유기적인 관계를 맺으며 국제적 공동생활을 영위하는 국제 사회의 성격·형성·변화에 대한 이해

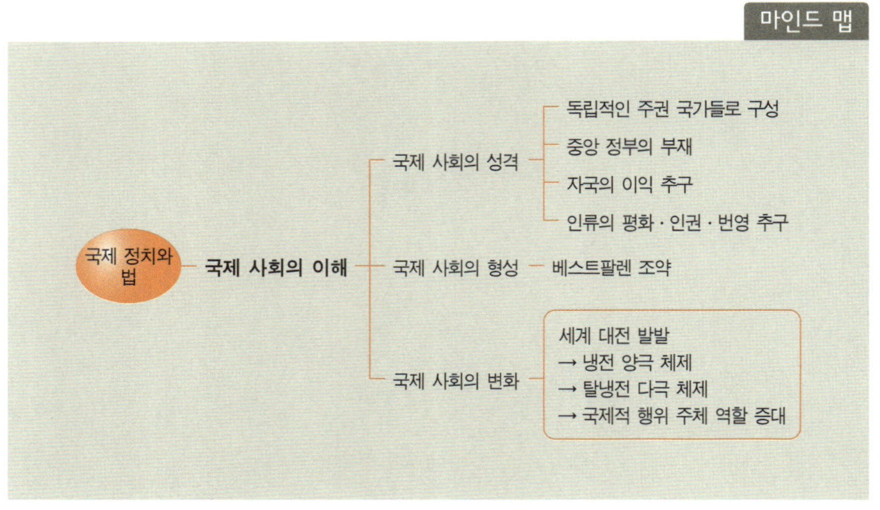

국제 사회의 성격

국제 사회란 여러 나라가 서로 교류하고 의존하면서 공동생활을 영위하는 사회이다. 국제 사회는 독립적인 주권■ 국가들로 구성되어 있고, 국내 사회와는 달리 중앙 정부가 존재하지 않기 때문에 개별 국가들을 강제로 구속시킬 수 있는 권한이 없다.

한편 국제 사회는 각국이 평등한 주권을 가지고 있지만 자국의 국력을 바탕으로 이익을 우선적으로 추구하기 때문에 국가 간의 지나친 경쟁으로 갈등과 충돌이 발생할 가능성이 높다.

그럼에도 불구하고 국제 사회가 유지되는 이유는 전 인류의 평화와 안전, 국

■**주권**(主權): 국가의 의사를 최종적으로 결정하는 최고의 권력으로 영토·국민과 함께 국가 구성의 3요소이며, 대내적으로 최고성과 대외적으로 자주성·독립성을 갖는다.

제 사회의 번영과 발전이라는 공동의 가치관에 기반을 둔 국제법, 세계 여론, 도덕적 규범이 존재하고, 다양한 국제기구와 국제 비정부 기구들이 국제 질서를 유지하고 발전시키기 위해 활발하게 활동하고 있기 때문이다.

> **Tip** 국제 사회를 바라보는 관점은 크게 현실주의적 관점과 자유주의적 관점으로 나눠 볼 수 있어. '현실주의적 관점'은 국제 사회는 '만국의 만국에 대한 투쟁 상태'이기 때문에 국제 관계란 보편적인 가치나 질서가 아닌 권력이나 힘으로 결정된다고 보고, 국제 문제를 군사력이나 경제력 등의 힘을 통해 해결하려고 하지.
> 이와 달리 '자유주의적 관점'은 국가 간이라도 보이지 않는 손에 의해 조화가 가능하며 국제 사회는 보편적인 선이나 국제 규범에 의해 지배된다고 보고, 국제 문제를 국제법, 국제기구, 국제 여론을 통해 해결하고자 해.

국제 사회의 형성과 변화

① 베스트팔렌Westfalen 조약

오늘날과 같은 국제 사회는 17세기 이후 유럽에서 형성된 유럽 국제 정치권으로부터 시작되었다. 주권 국가가 형성되지 못한 중세 시대에는 국제 사회가 특정 문화권의 범위에 한정되었으나, 중세 이후 각 민족을 바탕으로 중앙 집권화된 주권 국가들이 생겨났고 이들이 근대에 이르러 유럽에서 지배적인 정치 단위가 되었다.

이런 변화에 커다란 영향을 준 사건은 독일의 30년 전쟁▪ 후 체결된 베스트팔렌 조약인데, 이 조약으로 인해 군주가 교황으로부터 독립하고 주권 국가가 생겨났다. 이후 19세기부터 유럽 열강들은 제국주의를 바탕으로 식민지 확보를 위해 약소국을 침략하였고, 서구를 중심으로 전 세계적 국제 질서가 형성되었다.

▪**30년 전쟁**: 독일에서 일어난 가톨릭교회와 개신교 세력 사이의 종교 전쟁.

② 세계 대전과 국제 연합 창설

제국주의 국가 간의 식민지 쟁탈전은 더욱 심해졌고 그 결과 제1차 세계 대전1914년이 일어났다. 이 전쟁을 통해 국가 간의 갈등을 평화적으로 해결하기 위한 제도적 장치의 필요성이 제기되어 국제 연맹1920년이 창설되었다. 그러나 국제 연맹은 실질적인 영향력을 행사하지 못하였고, 경제 공황과 전체주의 국가들로 인해 제2차 세계 대전1939년이 발발하였다. 전후 국제 사회는 국제 연맹의 한계점을 보완하여 국제 연합1945년을 창설하였다.

③ 세계 대전 이후 냉전 양극 체제

제2차 세계 대전 이후 국제 사회는 이념을 바탕으로 미국 중심의 '자유 진영'과 구(舊)소련 중심의 '공산 진영'으로 양분되어 대립하는 양극 체제가 자리 잡으면서 냉전이 시작되었다. 이 시기에 자유-공산 진영은 직접적으로 무력을 사용하는 것이 아닌 외교적·심리적·경제적 수단으로 상대방을 압박하는 냉전을 벌였다.

소련은 동구 국가들을 공산화시키고, 중국 대륙의 공산화도 지원하였다. 이에 대해 미국은 트루먼 독트린Truman Doctrine■, 마셜 플랜Marshall plan■ 등으로 소련의 팽창을 억제하였다. 그러나 1960년 베트남 전쟁으로 인해 냉전은 한계를 드러냈고, 미국은 닉슨 독트린Nixon Doctrine■을 발표하였다.

④ 탈냉전 다극 체제

1970년대에 와서는 본격적으로 공산권이 분열되고 제3세계■의 등장으로 양극 체제는 점차 와해되었다. 그리고 유럽 공동체의 성공, 일본의 경제적 성장, 중국의 국제 무대 등장, 제3세계의 정치 세력화로 인해 다극 체제가 성립되었다.

1990년대 이후에는 사실상 냉전이 종식되고 이념보다 자국의 경제적 실리를 추구하는 국제 질서가 형성되었다. 이에 따라 각국은 상호 이해관계에 따라 협력·의존의 관계를 맺고 있다. 하지만 한편으로는 종교·인종·민족·영토 등을 이유로 다양한 분쟁이 끊이지 않고 있다.

⑤ 국제적 행위 주체의 역할 증대

국가 간의 외교 관계나 세계적인 차원에서 진행되고 있는 문제에 대한 정치적 입장인 국제 관계에서 주된 행위의 주체는 국가였다. 과거 미국과 소련을 중심으로 한 양극 체제 시절에는 이념과 국가를 토대로 국제 관계가 성립되었다. 하지만 양극 체제가 다극 체제로 전환되고 세계화의 속도가 빨라지면서 다국적 기업과 국제기구와 같은, 즉 국가가 아닌 국제적 행위 주체의 역할과 중요성이 커지고 있다.

국제적 행위 주체

국제 사회에서 활동하는 주체

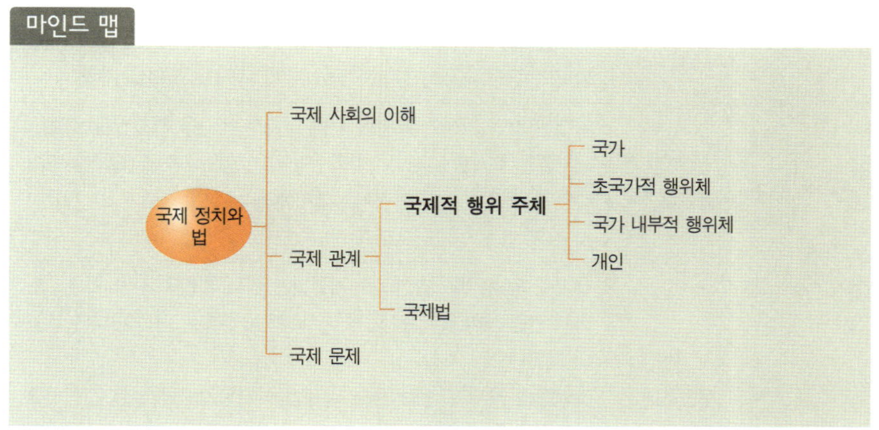

국제적 행위 주체로는 국가, 초국가적 행위체, 국가 내부적 행위체, 개인을 들 수 있다.

국가

국제 사회를 구성하는 가장 기본적인 행위 주체이다. 영토, 국민, 주권을 보유하고 국제적인 권리와 의무를 가지고 있으며, 국제법 앞의 평등한 주체로서 국제 사회에 참여한다.

초국가적 행위체

국가를 구성원으로 하거나 국가를 넘어서서 국제적으로 영향을 미치는 행위 주체들이다. 국제 사회에 많은 영향력을 행사하고 있으며, 국제 연합, 유럽 연합EU, 세계 무역 기구WTO, 국제 통화 기금IMF 등의 국제기구나 세계적 규모의 기업인 다국적 기업과 그린피스와 같은 국제적 비정부 기구INGO가 있다.

초국가적 행위체의 하나인 국제 연합United Nations: UN의 설립 배경 및 목적, 역할 등은 다음과 같다.

설립 배경		– 세계 대전 후 국가 간 갈등의 효율적 중재와 조정의 필요성 증대 – 국제 연맹의 한계(강대국 불참, 제재력 없음, 회원국 간 의견 대립) 극복
목적		– 전쟁 방지와 세계 평화 유지 – 정치 분야는 물론 비정치적 분야에도 국제 협력 증진
역할		평화 유지 활동, 군비 축소 활동, 국제 협력 활동
구성	총회	– 국제 연합의 최고 의결 기관 – 각국의 주권 평등의 원칙하에 표결 시 1국 1표 주의를 채택
	안전 보장 이사회	– 국제 평화와 안전의 유지를 위한 일차적 책임을 지고 있는 기관 – 거부권을 행사할 수 있는 미국·영국·프랑스·소련·중국의 5대 상임 이사국과 임기 2년으로 총회에서 선출되는 10개 비상임 이사국 등 15개 이사국으로 구성
	국제 사법 재판소	– 국가 간의 분쟁을 법적으로 해결하는 국제 연합의 사법 기관 – 국제 연합 총회 및 안전 보장 이사회에서 선출한 국적이 다른 15명의 재판관으로 구성 – 조약이나 국제 관습법 등의 국제법을 적용하여 심리를 진행하고 최종 판결을 내리지만 강제적 관할권은 없음 – 판결 결과에 대해서도 구속력이 약한 한계가 있음
		경제 사회 이사회, 신탁 통치 이사회, 사무국, 각종 전문 기구, 보조 기구 등
한계점		– 안전 보장 이사회 상임 이사국의 잦은 거부권 행사로 인한 회원국들의 불만 – 회원국들의 분담금 미납으로 인한 재정난 – 회원국 간의 권력 불균형 – 중요한 국제 문제는 국제 연합에서 배제

국가 내부적 행위체

한 국가의 일부분이지만 독자적인 입장을 가지고 타국의 정부 또는 민간 조직과 상호 작용을 하는 행위 주체이다. 소수 인종, 소수 민족, 지방 자치 단체, 노동조합, 시민 단체 등이 있다.

개인

세계 종교 지도자나 강대국의 국가 원수, 국제 연합의 사무총장반기문 등은 영향력이 큰 개인으로 국제적으로 영향력을 행사한다.

국제법 〔나라 국 國, 즈음 제 際, 법 법 法〕
international law

국가 간에 명시되거나 암묵적으로 이루어진 합의를 기초로
형성된 법

마인드 맵

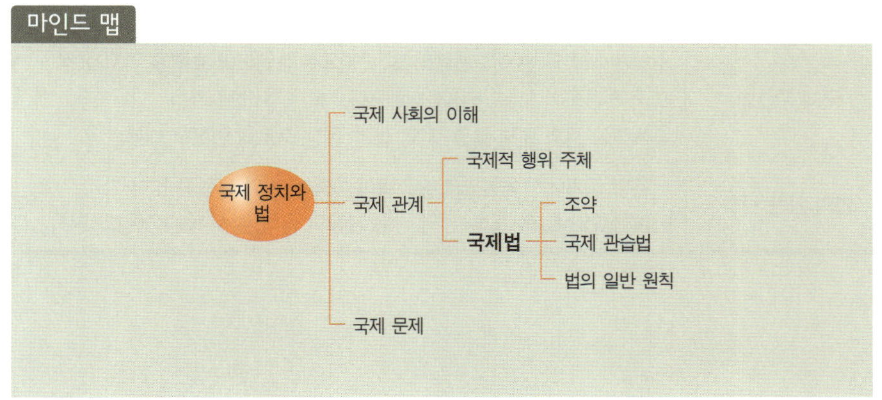

국제 사회의 질서를 유지하고 국가 간의 관계를 규율하기 위한 법으로, 여러 국가 간의 합의에 의해 성립된다. 주로 국가와 국가 간의 관계 및 국제기구뿐만 아니라 개인의 기본적인 권리도 규율한다.

국제법은 국제 사회를 창출하고 유지하기 위한 상호 협력의 틀과 절차를 제공하고, 국가 간의 대립과 갈등을 합리적으로 해결하기 위한 장치로서의 역할을 한다. 그러나 국내법이 국민의 대표 기관인 행정부와 사법부를 통해 강력히 집행되고 강제성을 가지는 데 반해, 국제법은 법을 집행하기 위한 강력한 중앙 정부가 없고 국제 사법 재판소가 있어도 판결의 구속력이 약하기 때문에 강제성의 한계를 지니고 있다.

국제법의 법원

법원法源은 법이 적용되는 근거를 말하는 것으로, 국제법의 법원이란 '국제법

이 되는 근거' 를 말한다.

　국제법의 법원에는 조약, 국제 관습법, 법의 일반 원칙, 판례, 국제법 학자의
학설 등이 있다.

구분	내용
조약	– 2개 이상의 국가 간에 맺은 문서 형식의 합의 – 조약 체결 당사자국끼리만 효력 있음 – 국내법과 동일한 효력이 있음 – 국회의 동의를 거쳐 대통령이 체결 – 예 한 · 미 상호 방위 조약, 자유 무역 협정FTA, 교토 의정서 등
국제 관습법	– 국제 사회의 반복적 관행이 법 규범으로 승인되어 효력을 가지게 됨 – 국제 사회의 모든 국가에 대해 포괄적인 구속력을 가짐 – 예 외교관의 면책 특권, 치외 법권, 전쟁 포로의 인도적 대우
법의 일반 원칙	– 문명 국가에서 공통으로 승인하여 따르는 법의 보편적 원칙 – 예 신의 성실의 원칙, 권리 남용 금지의 원칙, 손해 배상 책임의 원칙

국제 문제 〔나라 국 國, 즈음 제 際, 물을 문 問, 제목 제 題〕

국제적 차원에서 발생하는 여러 가지 문제

마인드 맵

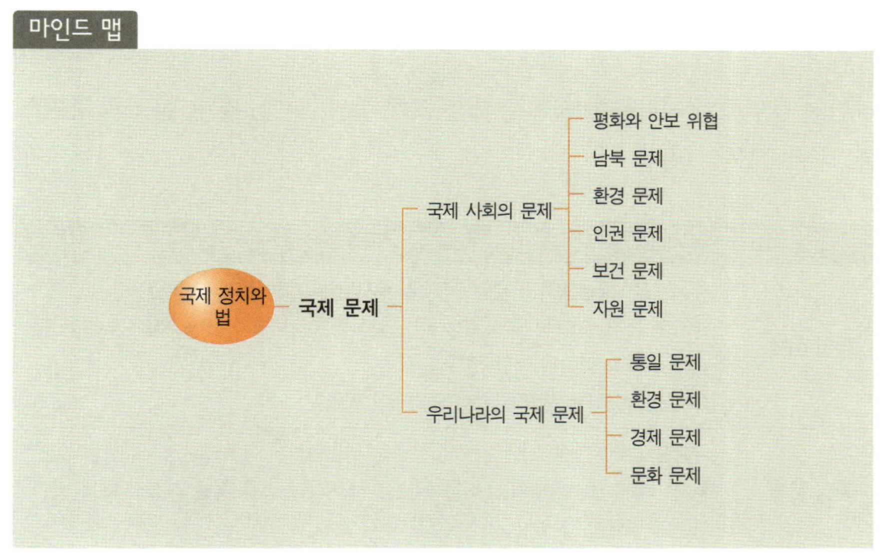

세계화로 인해 국가 간 이동이 증가하고 국제적 교류가 활성화되면서 국제적 차원에서 발생하는 문제가 증가하고 있다. 국제 사회에서 다양한 문제가 발생하는 이유는 여러 가지가 있는데, 민족과 인종, 종교의 차이로 인해 발생하고 국가 간 이익을 둘러싼 갈등으로 인해 나타나는 문제가 대표적이다.

국제 사회의 문제는 그 영향이 국경을 초월하여 포괄적으로 다수에게 일어나고, 그 피해에 대해서 적절한 보상을 받기도 힘들기 때문에 각 국가는 물론, 국가를 초월하여 국제 문제를 해결하기 위한 협력이 필요하다.

국제 사회 문제의 발생 유형을 살펴보면 다음 표와 같다.

구분	내용
평화와 안보 위협	민족 · 종교 · 인종 간의 갈등으로 인한 분쟁, 테러 등 **예** 9 · 11 테러
남북 문제	선진화된 북반구 지역 국가와 그렇지 못한 남반구 지역 국가 간의 경제적 격차에 따른 갈등 등
환경 문제	지구 온난화, 오존층 파괴, 열대림 파괴와 사막화 등
인권 문제	불법적 처형 집행, 명예 살인, 여성과 아동의 인권 침해 등
보건 문제	신종 플루, 조류 독감과 같은 전 세계적 전염병 등
자원 문제	식량의 무기화, 자원 쟁탈전 등

한편 당면한 우리나라의 국제 문제는 크게 통일, 환경, 경제, 문화의 측면으로 나누어 볼 수 있다.

구분	내용
통일 문제	– 휴전 이후 오늘날까지 분단 국가로 유지됨에 따라 우리나라뿐만 아니라 우리나라를 둘러싼 미국, 중국, 러시아, 일본 등 여러 국가의 정치적 · 경제적 · 군사적 측면이 결합된 복합 문제임 – 상호 공존이라는 측면에서 문제 해결이 필요함
환경 문제	– 국경을 넘어서 진행되면 인류의 생명을 위협함 – 황사, 핵폐기물, 온실가스 배출 등으로 국제적 협력을 통해 실질적 대응 방안 마련이 필요함
경제 문제	– 세계화가 진행되면서 국제 경제는 국가 간 협력과 교류가 증가함 – 세계 무역 기구WTO의 등장으로 무역 장벽 및 관세가 축소되어 신자유주의적인 국제 경제 질서가 형성됨 – 우리나라도 여러 국가와 자유 무역 협정FTA을 체결하는 등 세계 시장에서 경쟁력 강화를 위한 노력을 기울임
문화 문제	– 국가 간의 문화 교류가 많아지고 국제결혼과 이주 노동자의 유입이 늘어나면서 다문화 사회로 변화하고 있음 – 문화의 정체성 상실, 문화 사대주의, 자문화 중심주의를 경계해야 함

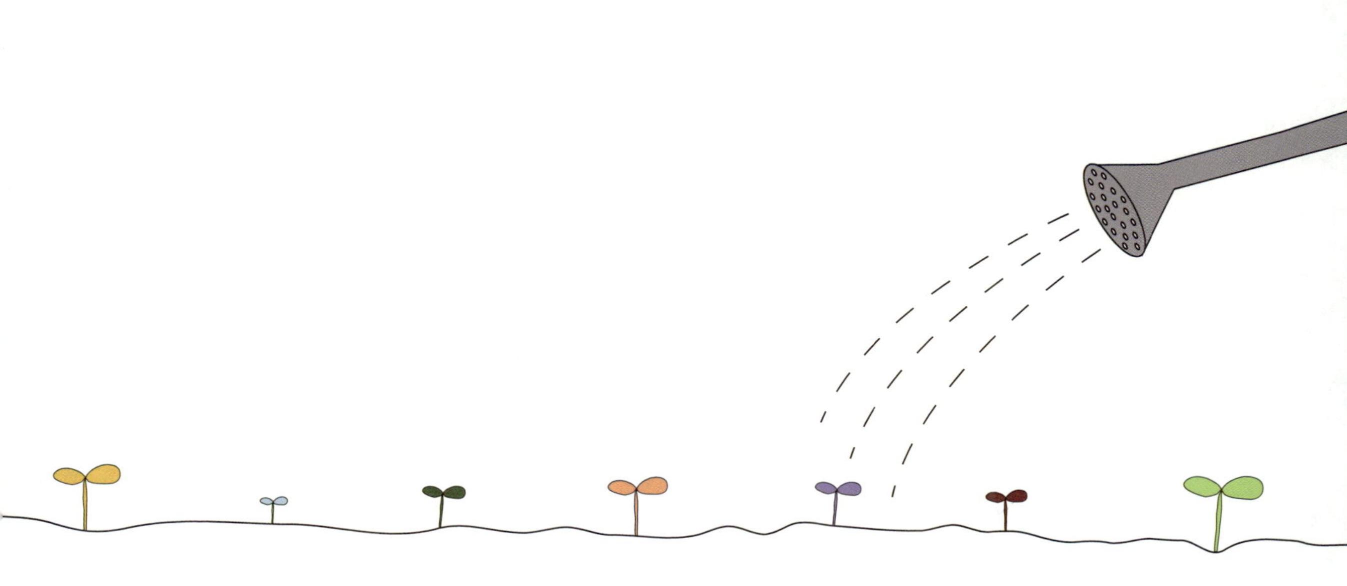

마 인드맵으로
술 풀어 가는
용어 사전